绚丽甘肃
MAGNIFICENT GANSU

华夏文明之源

陇文化的历史面孔

SHIBU JUESHU DE WULIANG WENHUA

# 史不绝书的五凉文化

赵向群 / 著

甘肃教育出版社

**图书在版编目（C I P）数据**

史不绝书的五凉文化 / 赵向群著. -- 兰州 : 甘肃教育出版社, 2014.6(2019.5 重印)
(华夏文明之源·历史文化丛书)
ISBN 978-7-5423-3188-5

Ⅰ. ①史… Ⅱ. ①赵… Ⅲ. ①文化史—甘肃省—古代 Ⅳ. ①K294. 2

中国版本图书馆 CIP 数据核字(2014)第 111811 号

**史不绝书的五凉文化**

赵向群　著

---

责任编辑　刘正东
美术编辑　马吉庆

---

出　版　甘肃教育出版社
社　址　兰州市读者大道 568 号　730030
网　址　www.gseph.cn　　E-mail　gseph@duzhe.cn
电　话　0931-8773145（编辑部）　0931-8435009（发行部）
传　真　0931-8773056
淘宝官方旗舰店　http://shop111038270. taobao.com

---

发　行　甘肃教育出版社　　印　刷　河北画中画印刷科技有限公司
开　本　787 毫米 × 1092 毫米　1/16　　印　张 15　　插　页 2　　字　数 180 千
版　次　2014 年 12 月第 1 版
印　次　2019 年 5 月第 4 次印刷
印　数　13 001 ~ 23 000
书　号　ISBN 978-7-5423-3188-5　　定　价　45.00 元

---

华夏文明之源

# 《华夏文明之源·历史文化丛书》

## 编　委　会

# 总　序

华夏文明是世界上最古老的文明之一。甘肃作为华夏文明和中华民族的重要发祥地，不仅是中华民族重要的文化资源宝库，而且参与谱写了华夏文明辉煌灿烂的篇章，为华夏文明的形成和发展做出了重要贡献。甘肃长廊作为古代西北丝绸之路的枢纽地，历史上一直是农耕文明与草原文明交汇的锋面和前沿地带，是民族大迁徙、大融合的历史舞台，不仅如此，这里还是世界古代四大文明的交汇、融合之地。正如季羡林先生所言："世界上历史悠久、地域广阔、自成体系、影响深远的文化体系只有四个：中国、印度、希腊、伊斯兰，再没有第五个；而这四个文化体系汇流的地方只有一个，就是中国的敦煌和新疆地区，再没有第二个。"因此，甘肃不仅是中外文化交流的重要通道、华夏的"民族走廊"（费孝通）和中华民族重要的文化资源宝库，而且是我国重要的生态安全屏障、国防安全的重要战略通道。

自古就有"羲里""娲乡"之称的甘肃，是相传中的人文始祖伏羲、女娲的诞生地。距今8000年的大地湾文化，拥有6项中国考古之最：中国最早的旱作农业标本、中国最早的彩陶、中国文字最早的雏形、中国最早的宫殿式建筑、中国最早的“混凝土”地面、中国最早的绘画，被称为“黄土高原上的文化奇迹”。兴盛于距今4000—5000年之间的马家窑彩陶文化，以其出土数量最多、造型最为独特、色彩绚丽、纹饰精美，代表了中国彩陶艺术的最高成就，达到了世界彩陶艺术的巅峰。马家窑文化林家遗址出土的青铜刀，被誉为“中华第一刀”，将我国使用青铜器的时间提早到距今5000年。从马家窑文化到齐家文化，甘肃成为中国最早从事冶金生产的重要地区之一。不仅如此，大地湾文化遗址和马家窑文化遗址的考古还证明了甘肃是中国旱作农业的重要起源地，是中亚、西亚农业文明的交流和扩散区。“西北多民族共同融合和发展的历史可以追溯到甘肃的史前时期”，甘肃齐家文化、辛店文化、寺洼文化、四坝文化、沙井文化等，是“氐族、西戎等西部族群的文化遗存，农耕文化和游牧文化在此交融互动，形成了多族群文化汇聚融合的格局，为华夏文明不断注入新鲜血液”（田澍、雍际春）。周、秦王朝的先祖在甘肃创业兴邦，最终得以问鼎中原。周先祖以农耕发迹于庆阳，创制了以农耕文化和礼乐文化为特征的周文化；秦人崛起于陇南山地，将中原农耕文化与西戎、北狄等族群文化交融，形成了农牧并举、华戎交汇为特征的早期秦文化。对此，历史学家李学勤认为，前者“奠定了中华民族的礼仪与道德传统”，后者“铸就了中国两千多年的封建政治、经济和文化格局”，两者都为华夏文明的发展产生了决定性的影响。

自汉代张骞通西域以来，横贯甘肃的“丝绸之路”成为中原联系西域和欧、亚、非的重要通道，在很长一个时期承担着华夏文明与域外文明交汇、融合的历史使命。东晋十六国时期，地处甘肃中西部的河西走廊地区曾先后有五个独立的地方政权交相更替，凉州（今武威）成为汉文化的三个中心之一，“这一时期形成的五凉文化不仅对甘肃文化产生过深刻影响，而且对南北朝文化的兴盛有着不可磨灭的功绩”（张兵），并成为隋唐制度文化的源头之一。甘肃的历史地位还充分体现在它对华夏文明存续的历史贡献上，历史学家陈寅恪在《隋唐制度渊源略论稿》中慨叹道：“西晋永嘉之乱，中原魏晋以降之文化转移保存于凉州一隅，至北魏取凉州，而河西文化遂输入于魏，其后北魏孝文宣武两代所制定之典章制度遂深受其影响，故此（北）魏、（北）齐之源其中亦有河西之一支派，斯则前人所未深措意，而今日不可不详论者也。”“秦凉诸州西北一隅之地，其文化上续汉、魏、西晋之学风，下开（北）魏、（北）齐、隋、唐之制度，承前启后，继绝扶衰，五百年间延绵一脉”，“实吾国文化史之一大业”。魏晋南北朝民族大融合时期,中原魏晋以降的文化转移保存于江东和河西（此处的河西指河西走廊，重点在河西，覆盖甘肃全省——引者注），后来的河西文化为北魏、北齐所接纳、吸收，遂成为隋唐文化的重要来源。因此，在华夏文明曾出现断裂的危机之时，河西文化上承秦汉下启隋唐，使华夏文明得以延续，实为中华文化传承的重要链条。隋唐时期，武威、张掖、敦煌成为经济文化高度繁荣的国际化都市，中西方文明交汇达到顶峰。自宋代以降，海上丝绸之路兴起，全国经济重心遂向东、向南转移，西北丝绸之路逐渐走过了它的繁盛期。

“丝绸之路三千里，华夏文明八千年。”这是甘肃历史悠久、文化厚重的生动写照，也是对甘肃历史文化地位和特色的最好诠释。作为华夏文明的重要发祥地，这里的历史文化累积深厚，和政古动物化石群和永靖恐龙足印群堪称世界瑰宝，还有距今 8000 年的大地湾文化、世界艺术宝库——敦煌莫高窟、被誉为“东方雕塑馆”的天水麦积山石窟、藏传佛教格鲁派六大宗主寺之一的拉卜楞寺、“天下第一雄关”嘉峪关、“道教名山”崆峒山以及西藏归属中央政府直接管理历史见证的武威白塔寺、中国旅游标志——武威出土的铜奔马、中国邮政标志——嘉峪关出土的“驿使”等等。这里的民族民俗文化绚烂多彩，红色文化星罗棋布，是国家 12 个重点红色旅游省区之一。现代文化闪耀夺目，《读者》杂志被誉为“中国人的心灵读本”，舞剧《丝路花雨》《大梦敦煌》成为中华民族舞剧的“双子星座”。中华民族的母亲河——黄河在甘肃境内蜿蜒 900 多公里，孕育了以农耕和民俗文化为核心的黄河文化。甘肃的历史遗产、经典文化、民族民俗文化、旅游观光文化等四类文化资源丰度排名全国第五位，堪称中华民族文化瑰宝。总之，在甘肃这片古老神奇的土地上，孕育形成的始祖文化、黄河文化、丝绸之路文化、敦煌文化、民族文化和红色文化等，以其文化上的混融性、多元性、包容性、渗透性，承载着华夏文明的博大精髓，融汇着古今中外多种文化元素的丰富内涵，成为中华民族宝贵的文化传承和精神财富。

甘肃历史的辉煌和文化积淀之深厚是毋庸置疑的，但同时也要看到，甘肃仍然是一个地处内陆的西部欠发达省份。如何肩负丝绸之路经济带建设的国家战略、担当好向西开放前沿的国家使命？如何充分利用国家批复的甘肃省建设华夏文明传承创新区这一文化发展战略平台，推动甘肃文化的大发展大繁荣和经济社会的转型发展，成为甘肃面临的新的挑战和机遇。目前，甘肃已经将建设丝绸之路经济带“黄金段”与建设华夏文明传承创新区统筹布局，作为探索经济欠发达但文化资源富集地区的发展新路。如何通过华夏文明传承创新区的建设使华夏的优秀文化传统在现代语境中得以激活，成为融入现代化进程的“活的文化”，华夏文明的传承保护与创新，实际上是我国在走向现代化过程中如何对待传统文化的问题。华夏文明传承创新区的建设能够缓冲迅猛的社会转型对于传统文化的冲击，使传统文化在保护区内完成传承、发展和对现代化的适应，最终让传统文化成为中国现代化进程中的“活的文化”。因此，华夏文明传承创新区的建设原则应该是文化与生活、传统与现代的深度融合，是传承与创新、保护与利用的有机统一。要激发各族群众的文化主体性和文化创造热情，抓住激活文化精神内涵这个关键，真正把传承与创新、保护与发展体现在整个华夏文明的挖掘、整理、传承、展示和发展的全过程，实现文化、生态、经济、社会、政治等统筹兼顾、协调发展。华夏文化是由我国各族人民创造的“一体多元”的文化，形式是多样的，文化发展的谱系是多样的，文化的表现形式也是多样的，因此，要在理论上深入研究华夏文化与现代文化、与各民族文化之间的关系以及华夏文化现代化的自身逻辑，让各族文化在符合自身逻辑的基础上实现现代化。要高度重视生态环境保护和文化生态保护的问题，在华夏文明传承创新区中设立文化生态保护区，实现文化传承保护的生态化，避免文化发展的“异化”和过度开发。坚决反对文化保护上的两种极端倾向：为了保护而保护的“文化保护主义”和一味追求经济利益、忽视文化价值实现的“文化经济主义”。在文化的传承创新中要清醒地认识到，华夏传统文化具有不同层次、形式各样的价值，建立华夏文明传承创新区不是在中华民族现代化的洪流中开辟一个“文化孤岛”，而是通过传承创新的方式争取文化发展的有利条件，使华夏文化能够在自身特性的基础上，按照自身的文化发展逻辑实现现代化。要以社会主义核心价值体系来总摄、整合和发展华夏文化的内涵及其价值观念，使华夏的优秀文化传统在现代语境中得到激活，尤其是文化精神内涵得到激活。这是对华夏文明传承创新的理性、科学的文化认知与文化发展观，这是历史意识、未来眼光和对现实方位准确把握的充分彰显。我们相信，立足传承文明、创新发展的新起点，随着建设丝绸之路经济带国家战略的推进，甘肃一定会成为丝绸之路经济带的“黄金段”，再次肩负起中国向西开放前沿的国家使命，为中华文明的传承、创新与传播谱写新的壮美篇章。

正是在这样的历史背景下，读者出版传媒股份有限公司策划出版了这套《华夏文明之源·历史文化丛书》。“丛书”以全新的文化视角和全球化的文化视野，深入把握甘肃与华夏文明史密切相关的历史脉络，充分挖掘甘肃历史进程中与华夏文明史有密切关联的亮点、节点，以此探寻文化发展的脉络、民族交融的驳杂色彩、宗教文化流布的轨迹、历史演进的关联，多视角呈现甘肃作为华夏文明之源的文化独特性和杂糅性，生动展示绚丽甘肃作为华夏文明之源的深厚历史文化积淀和异彩纷呈的文化图景，形象地书写甘肃在华夏文明史上的历史地位和突出贡献，将一个多元、开放、包容、神奇的甘肃呈现给世人。

按照甘肃历史文化的特质和演进规律以及与华夏文明史之间的关联，“丛书”规划了“陇文化的历史面孔、民族与宗教、河西故事、敦煌文化、丝绸之路、石窟艺术、考古发现、非物质文化遗产、河陇人物、陇右风情、自然物语、红色文化、现代文明”等 13 个板块，以展示和传播甘肃丰富多彩、积淀深厚的优秀文化。“丛书”将以陇右创世神话与古史传说开篇，让读者追寻先周文化和秦早期文明的遗迹，纵览史不绝书的五凉文化，云游神秘的河陇西夏文化，在历史的记忆中描绘华夏文明之源的全景。随“凿空”西域第一人张骞，开启“丝绸之路”文明，踏入梦想的边疆，流连于丝路上的佛光塔影、古道西风，感受奔驰的马蹄声，与行进在丝绸古道上的商旅、使团、贬谪的官员、移民擦肩而过。走进“敦煌文化”的历史画卷，随着飞天花雨下的佛陀微笑在沙漠绿洲起舞，在佛光照耀下的三危山，一起进行千佛洞的千年营建，一同解开藏经洞封闭的千年之谜。打捞“河西故事”的碎片，明月边关的诗歌情怀让人沉醉，遥望远去的塞上烽烟，点染公主和亲中那历史深处的一抹胭脂红，更觉岁月沧桑。在“考古发现”系列里，竹简的惊世表情、黑水国遗址、长城烽燧和地下画廊，历史的密码让心灵震撼；寻迹石上，在碑刻摩崖、彩陶艺术、青铜艺术面前流连忘返。走进莫高窟、马蹄寺石窟、天梯山石窟、麦积山石窟、炳灵寺石窟、北石窟寺、南石窟寺，沿着中国的“石窟艺术”长廊，发现和感知石窟艺术的独特魅力。从天境——祁连山走入“自然物语”系列，感受大地的呼吸——沙的世界、丹霞地貌、七一冰川，阅读湿地生态笔记，倾听水的故事。要品味“陇右风情”和“非物质文化遗产”的神奇，必须一路乘坐羊皮筏子，观看黄河水车与河道桥梁，品尝牛肉面的兰州味道，然后再去神秘的西部古城探幽，欣赏古朴的陇右民居和绮丽的服饰艺术；另一路则要去仔细聆听来自民间的秘密，探寻多彩风情的民俗、流光溢彩的民间美术、妙手巧工的传统技艺、箫管曲长的传统音乐、霓裳羽衣的传统舞蹈。最后的乐章属于现代，在“红色文化”里，回望南梁政权、哈达铺与榜罗镇、三军会师、西路军血战河西的历史，再一次感受解放区妇女封芝琴（刘巧儿原型）争取婚姻自由的传奇；“现代文明”系列记录了共和国长子——中国石化工业的成长记忆、中国人的航天梦、中国重离子之光、镍都传奇以及从书院学堂到现代教育，还有中国舞剧的“双子星座”。总之，“丛书”沿着华夏文明的历史长河，探究华夏文明演变的轨迹，力图实现细节透视和历史全貌展示的完美结合。

读者出版传媒股份有限公司以积累多年的文化和出版资源为基础，集省内外文化精英之力量，立足学术背景，采用叙述体的写作风格和讲故事的书写方式，力求使“丛书”做到历史真实、叙述生动、图文并茂，融学术性、故事性、趣味性、可读性为一体，真正成为一套书写“华夏文明之源”暨甘肃历史文化的精品人文读本。同时，为保证图书内容的准确性和严谨性，编委会邀请了甘肃省丝绸之路与华夏文明传承发展协同创新中心、兰州大学以及敦煌研究院等多家单位的专家和学者参与审稿，以确保图书的学术质量。

《华夏文明之源·历史文化丛书》编委会

2014年8月

# 目录

Contents

# 前　言

五凉是甘肃古代在河西走廊存在过的五个地方政权。它们分别是前凉、后凉、南凉、西凉、北凉。作为甘肃历史上一个多头政权时代，这个时代从3世纪初至4世纪上半叶，存在近一个半世纪。这一个半世纪正是古代史中的十六国时期。

十六国时期是魏晋南北朝历史的一个阶段。这个阶段，起于西晋灭亡，止于北魏统一黄河流域。其间，我国北方民族关系复杂，地域政权此起彼伏，民族之间、政权之间你争我夺，战乱不息。秦汉以来数百年创造的政治、经济、文化等文明成果历经磨难。社会生活的各个方面都比统一时期显得艰难曲折。特别是社会文化方面，随着政治大一统局面的破坏，原先儒学处于“一尊”的学术思想格局发生动摇。由于存在于不同地域的不同政权对文化的取向不同，导致它们选择文化形态时的态度和政策也有不同，这就使地域间、政权间在文化发展上产生差别。这种差别表现在地域之间，便是有些原先文化发达地区落伍了，而一些原本文化落后地区反而长足进步了。表现在文化现象方面，则是文化形态的多样性或称文化形态的多元化。上述变化在五凉时代的河西走廊显得尤其明显。

五凉时代，是一个伴随中原发生持续不断战乱而产生的时代，或直接叫它中原战乱的产物。具体说，从公元291年“八王之乱”爆发到公元316年“永嘉之乱”将西晋王朝摧毁，以洛阳、长安为中心的中原腹地连续不断经历战乱以及灾荒，迫使大量汉族人口向包括河西走廊在内的周边地区逃亡，其结果是中原悠久的文明历史发生中断，而像河西这样原本文化不发达的偏远地区开始接过中原文明的接力棒，在积淀和传承汉文化方面开始发挥作用，并逐渐成为引人注目的人文荟萃之地。

古代每个历史时代，都有属于那个时代的英雄人物，他们对历史的存在和发展起着重要作用。他们的活动是古代文化的重要内容之一，这就是所谓的“英雄文化”。了解五凉时代的历史，英雄文化是不能回避的话题。像张轨、吕光、秃发乌孤、李暠、沮渠蒙逊等，这些出身不同民族的历史人物或称英雄人物，还有那些与他们共同创造了地域文明的学者士人，他们都对历史产生过重大影响。不认识他们，就难以了解五凉文化的产生和发展过程。

五凉历史的第一页是张轨翻开的。张轨不是五凉政权的建立者，他只是西晋派往凉州的州刺史，但西晋的政治动荡和民族关系的发展，却将他推到了五凉奠基者的位置。由于他筚路蓝缕打造了4世纪初河西走廊安宁祥和的政治局面，才有了西晋亡国后前凉的出现。而由于有了前凉，也才陆续有了后凉、南凉、西凉和北凉，这是历史发展的必然因素和偶然因素共同起作用的结果。当然，五凉在河西的次第兴替，也只是古代历史“合久必分，分久必合”的一个插曲，但由于这个插曲是汉族及氐、鲜卑、匈奴等所谓的“胡戎”民族一起表演的，作为古代甘肃地区民族融合的进行曲，它留给后来北朝乃至隋唐历史宝库的价值是无可估量的。

人类所有的物质文明和精神文明都是靠人来创造，安宁的社会环境加上人才，是财富产生的源泉。五凉文化之所以在东晋十六国和南北朝时期璀璨夺目，正是由于河西走廊是那个时期环境最安静和人才最集中的地方。

张轨出任西晋凉州刺史后不久，中原地区陷入了所谓“永嘉之乱”，这场被旧史称作“五胡乱华”的民族战乱带给中原大地深重的灾难，驱使中原人口四散流亡。而河西走廊因远离中原，既是最安宁的地方，又由汉族政治人物张轨所掌控，对于陷于民族战乱旋涡中的中原士庶，无疑具有极大吸引力。于是，中原士民大量逃到河西，这不仅使4世纪初的河西走廊人口猛增，也成为保存中原传统文化的福地。后来的五凉时代，无论政权怎样更替，也无论政权的建立者属于哪个民族，他们都无一例外地礼遇士人，尊重文化，这不仅使保存下来的中原汉族传统文化得以传承和弘扬，而且也使本土文化与中原文化相得益彰。

地域文化发展的另一个重要条件是地域的包容性，其积极的态度表现在对外部文化的兼容并蓄，而五凉时代的河西走廊正是这样一个文化开放的地域。

河西走廊与西域有相邻的地缘，是西域文明的近水楼台。五凉时代，各政权实行兼容并蓄的文化政策，容许乃至鼓励外部文化成果传入河西，于是，西域佛教文化、音乐歌舞艺术都在河西找到了适合生存的土壤。西域文明与华夏文明在河西走廊的交汇融合，使五凉时代不仅呈现了文化形态的多样化，而且也使五凉时代河西社会生活变得格外丰富多彩。

总之，五凉时代的河西走廊之所以有发达的文化，是由多方面的历史原因造成的。其中，人才、政治、环境等三个方面是最基本的原因。

当然，五凉时代并非太平盛世，它也有战争，有灾荒，而且五凉的迭起迭亡本身就说明社会环境并不安宁。但是如果拿当时的河西与中原相比，它确实称得上是北方最宁静的地方。特别是前凉开创以及它向割据发展的那段时期，中原地域正经历着“八王之乱”和“永嘉之乱”的浩劫，人口大量死丧流移，社会经济严重破坏。在中原人士眼里，河西走廊不但是他们向往的乐土，而且是他们未来的希望。前凉存在了76年之久，它在各方面都为后来的诸凉树立了典范。特别是在文化教育方面，给整个五凉时代开了好头，带出了一个好风气。不管是氐族的后凉，鲜卑的南凉，都受此风气的影响。特别是汉族的西凉和匈奴的北凉，它们在学风上，更是继承和发扬了前凉留下的“张王遗风”。由四个不同民族建立的五凉政权，它们都致力于文化教育，这使两汉以来的凉州面貌有了根本性改观，五凉时代的河西走廊，已远远脱离了“戎狄”之域的蛮荒状态而跃入了中华文明的行列。适如那时代去过河西的关陇名士胡叟所言：“凉州虽地处戎域，号有华风。”而且五凉时代所拥有的文明成果，已远远不是昔日那单一的中华文明所能概括得了的，它是在兼收并蓄中外文化精髓的基础上，糅进河西地域自己的文化成分而形成的庞大的文明集合体。它后来被隋唐社会所接纳，成为隋唐文明宝库的重要组成部分，从而也影响到我国文化史的发展。

当然，五凉政权跨居的范围，不仅限于河西走廊，其实力所及，往往东越黄河，涵盖陇上；西越流沙，辖治西域。在现如今甘肃省的整个地域乃至今青海省、新疆维吾尔自治区的部分地域，它们也宣示过武功，彰显过文治。

以史为鉴，温故知新。本书努力通过浅显易懂的语言为五凉文化勾画一个大致轮廓，因为既不想斟字酌句，又想用今天的语言表述古文献原来的意思，虽尽力而为，也很难做得周到，不准确之处在所难免。另外，由于所引文献不注明出处，虽专业人士一看便知，但一般读者却难知来源。好在本书不是学术著作，也就这样了。

甘肃人民出版社在1996年6月出版了拙作《五凉史探》，该书《文教篇》对五凉文化已有涉及，但仓促之间疏漏甚多。就用手中的这本小册子聊为补充吧。

这本小册子应甘肃教育出版社之约而写。作者与出版方所持初衷相同，那就是在追忆甘肃古代文明时，为打造文化强省尽一份绵薄之力。

# 汉代的凉州人文

古人有言："不知有汉，无论魏晋。"探寻五凉文化，汉以来的凉州是绕不开的话题。

先说凉州的来历：

凉州作为地名，最早出现在西汉史书上是在汉武帝时。汉武帝设刺史制度，分天下为十三州部，每州部置刺史一名。刺史的管理职能是每年一次下到所负责的各郡以及与郡同等级别的诸侯国，监察郡国官吏的治绩和有关的社会情况，相当于现在的"调研"。列为主要监察事项的有六个方面，合称"巡行郡国，六条问事"。这六个方面中，一条是针对地方豪强霸占田地，鱼肉百姓的，其余五条都是针对郡太守等二千石官吏行为的，如是否遵从圣命和典制，是否贪赃枉法苛剥百姓，是否任人唯亲选署不公，是否放纵子弟为非作歹等等。刺史将监察所得上述情况在当年底向中央汇报，供朝廷黜陟赏罚官吏之用。这时的刺史相当于朝廷派出的监察御史。刺史们出行郡国的时间，大概在阴历的九、十月，总之是百姓农事稍闲，官员接待有暇的秋凉时节。待调研完成，时令也到了年终岁末，该是地方官去京向中央朝廷述职的关口了。朝廷根据各州部刺史"问事"所得结论，结合郡太守们自己的述职，决定郡太守二千石官员们的去向，或升或降，或死或活。因此，可以说州部刺史在很大程度上关系着郡一级官吏的前程和命运。这时期，刺史在地方上没有固定署衙，不属于地方行政官员，但权力之重可见一斑。另外，刺史问事中的“六条”，事事维系着民生问题和社会治安。

凉州刺史是十三州部刺史之一。

东汉以后，刺史的职能发生了重大变化。变化之一是刺史部成了地方常设行政机构，成了原先郡级行政的领导机构。于是，刺史虽仍称作刺史，但他从原来一年一度“巡行”变为常驻一地，成了州级行政长官，常驻地简称州治，衙署所在称为州府。在东汉，凉州刺史主要管辖区域是河西四郡，即武威、张掖、酒泉、敦煌，有时把原属于雍州的金城郡划归凉州，合河西四郡而称为“河西五郡”。当然，这样的建置有时会随形势和政治需要发生变化。如汉献帝时，凉雍二州就变来变去，但魏晋时又恢复如初。所以，从东汉到魏晋，凉州刺史的管辖地域总体上是河西，有时是四郡，有时是五郡。而凉州的名字在人们言谈中，按《晋书·地理志》上的解释，凉州之所以叫凉州，是因为它独特的地理位置和气候条件。“汉改周之雍州为凉州，盖以地处西方，常寒凉也”，意思是凉州处在中原西陲，所辖地域内气候冬寒夏凉，故命名为“凉州”。但人们提起凉州，常俗称它为“西州”或“西土”。

五凉政权是西晋亡国后陆续出现在凉州境内的五个政权，它们都以“凉”为号，分别是前凉、后凉、南凉、西凉、北凉。今天为说起来方便，将它们概括为五凉。

西汉王朝在河西走廊设置四郡，是出于军事战略的需要，也就是说是制远之策。秦汉时期，蒙古草原上兴起的匈奴汗国势力日益强大，常侵犯秦汉边境。汉初，匈奴占领河西走廊，既威胁到长安一带的安全，又阻断中原通西域的道路。有鉴于此，汉武帝即位后，为联络大月氏共击匈奴，于建元元年（公元前140年）派张骞通西域。而后，从公元前

127年到前119年，汉武帝派卫青和霍去病统率大军，三次出击，最终将匈奴主力驱逐至大漠以北，并夺回被匈奴占据的河西走廊。河西走廊的回归，打通了中原通往西域的道路，将西汉王朝统治的疆域拓展到葱岭以西。由于此前匈奴犯边常胁迫生活在今青海境内的羌人为援，汉武帝为彻底隔绝匈奴和羌人间的联系，采取了在河西设立郡县的办法，这被称作“断匈奴右臂”。至于河西四郡或河西五郡，是从汉武帝开始，陆陆续续建立起来的。汉武帝时，先设置了酒泉、张掖、敦煌三郡，驻军戍守河西走廊，并从中原移民到各郡屯田。到汉宣帝时，又分出张掖郡以东部分土地，设置了武威郡。至此，奠定了河西四郡规模。汉昭帝时，再从张掖、陇西、天水三郡中各划出二县，设置了金城郡。于是，河西四郡加上金城郡，被后来人合称为“河西五郡”。实际的情况是金城郡不完全处在黄河以西，它地跨黄河东西两岸。

河西置郡后，随着大批戍边军队及中原移民源源不断地到来，五郡经济逐渐起步，而由于汉族人口的到来，原先“西戎所居”的民族格局也被打破。天长日久，与农业经济开发同步，汉文化在河西生根发芽开花结果，整个河西从此热闹起来。伴随着连幢的烽燧拔地而起，块块屯田星罗棋布，片片村落鳞次栉比，在昔日蛮荒偏僻的土地上，产生了乡村和城镇；在原先“羌胡”的畜牧业之外，汉族的农业和手工业竞相发展。与此同时，由河西五郡连接起来的通衢大道成了商人们熙熙而来，攘攘而往的辐辏之地，有了沿途戍军们的保护，他们放心地向西贩运中原丝绸，向东贩运西域“宝货”。由于丝绸在今新疆以西中亚、西亚乃至地中海一带的西域贵族名媛那里“价比黄金”，因此成了商人们最热衷的货物和河西商道上最大宗的货物。于是，贯通中原和西域之间的商道被人称作“丝绸之路”，而河西走廊地当丝绸之路的咽喉，敦煌则是咽喉的锁钥。东汉一代，“胡商贩客，日款塞下”，就是指敦煌两关即阳关和玉门关的繁忙景象。

但有一点值得注意，那就是丝绸之路从开通之日起，它不仅只是中西贸易之路，也是中西文化交流之路。丝绸和来自波斯等国的银币本身是文化符号，而汉文字传入新疆地域，佉卢文字传入河西地域，这些，已被考古发现所证实。而西域佛教经由河西传入中原，更是不争的事实。

上述一切说明，丝绸之路河西段一经开通，河西走廊便是东西文化碰撞交汇之地。也就是说，河西走廊从它被开发时起，即掀开了开放的历史。正是这种开发开放的并行不悖，孕育了新的人文精神，为后来的五凉以汉文化为主流的文化多样性开辟了一片沃土。

无论何时，教育都是文化的先导。河西文化的真正苏醒，是汉代学校制度建立以后的事。汉武帝时期独尊儒术，朝廷下令天下郡国，要求“皆立学校官”。汉平帝元始三年（3），颁定的学校制度是：设在郡国一级的教育机构为“学”，乡一级的教育机构为“庠”，村一级的教育机构为“序”。当然，中央一级的教育机构自然是“太学”了。具体到河西五郡是何时有了学校的，正式记载虽难找到，但可以肯定，它是在汉代的事，这一点已被考古发现所证实。敦煌马圈湾出土的汉代烽燧简牍中，有些文书就与学校有关系。其中，编号为481的木简，它的A面文字说：“建明堂，立辟雍，设学校详（庠）序之官，兴礼乐，以风天下。诸生庶民，翕然响应。”这说明在河西五郡设置后不久，与教育有关的“名堂”“辟雍”“庠序”“礼乐”等制度和设施已在官方的操作下变成事实，而敦煌各阶层人士也乐见其成。与此同时被考古工作者发现于河西的还有汉代童蒙读物如《仓颉篇》和《急就章》等。尤其是汉代独尊儒术的教材“五经”现身于河西走廊，进一步表明这时的河西已有了学校教育，但它是否一定“学在官府”，这一点不十分明确。可以说清的事是汉代的河西儒学教育基本上与中原地区处于同步，这从出土于武威磨嘴子6号汉墓的《仪礼》简可见一斑。这批木简数量多达469枚，内容共分9篇27 298字。将简文与现存《十三经注疏·仪礼》进行对比，发现篇目和文字存在的歧异有300多处。可见，木简中的《礼仪》更为珍贵，它属于未经窜改过的原始版本。

延至东汉，河西文化教育进入发展的重要时期。有记载说，光武帝建武年间，武威太守任延在姑臧“造立学校”，规定对凡是入学读书者，一律免除徭役。待他们通晓文墨后，征拔录用。此举很快为武威郡培养了一批“儒雅之士”。在武威大兴文教时，敦煌更加文蔚葱茏，那里走出了以渊泉人张奂为代表的文化精英，他精通《尚书》，著有《尚书记难》以及其他著作数十篇。在洛阳游学期间，他和武威人段颎，还有安定朝那人皇甫规，三人因品学俱佳，被人誉为“凉州三明”。张奂去世后，百姓为他立祠祭悼，他的长子就是著名的书法家张芝。

凉州文化从起步时就是中原文化的移植。其移植的途径大致有两个，一个是中原移民和戍边将士带来了文化种子，催生着儒家文化在原本属于“戎域”的土地上生根发芽，分枝散叶；二是为避乱河西的中原难民带来了传统思想，将忠孝节义观念潜移默化地植入人们心里。由于凉州远离中原腹地，而自汉及晋，中原战乱连续不断，这后一个途径竟成了河西人文精神积累的捷径。

早在两汉，每当中原有战乱爆发，总有人口逃到河西。其中不乏衣冠士族和高官显宦。这里就以敦煌令狐氏家族为例，这个家族在魏晋南北朝名声显赫，是“西州冠冕”中的翘楚，但追踪起家世来，原本是中原难民。西周时，这个家族是王室功臣。周初大封建，这个家族被封在太原（今山西太原）。王莽篡汉建立“新”朝，效忠西汉皇室的令狐氏家族起兵讨伐王莽，失败后举家西逃，到达敦煌后定居下来，东汉一代，其家族人物很少见于经传，直到西晋五凉时，重新崭露头角。仅一部《晋书》上，所涉及的令狐氏人物就有13位之多，如令狐亚、令狐丰、令狐宏、令狐迁、令狐浏等等，他们或以才学见长，或因忠勇留名。到北朝时，令狐家族更因出了令狐整而更加出名。令狐整为宇文泰平定了瓜凉二州反叛，从而维护了西魏北周对河西的有效统治，以致后来的隋唐统治者也对令狐氏家族刮目相看。唐代编修《周书》的令狐德棻，就是令狐氏后裔。由于这一支居住中原日久，史书上把他们的籍贯写成宜州华原，但因为敦煌令狐氏太有名气，所以史书又特别交代令狐德棻的来历说："先居敦煌，代为河西右族。"

中原战乱也迫使一些权势者从战乱中抽身出来，向河西寻求托庇，以便积蓄力量，以待东山再起的天时到来。开创此先例的人是窦融。

窦融，原籍扶风平陵（今陕西咸阳西北）。王莽夺取西汉政权建立了"新"朝，窦融任强弩将军司马，并参加过镇压绿林和赤眉起义军。王莽统治被推翻后，他投靠了新建的更始政权。在这过程中。窦融经历了长安一带战乱的风风雨雨，随即产生了避开风雨远走他乡的念头。由于他的高祖父当过西汉张掖太守，从祖父当过西汉护羌校尉，祖辈几代接连生活在河西，所以窦融自己对河西的山川形胜和民俗人情也比较了解。他眼里的河西，物产丰富，是一个有险可依，有兵可恃的地方。他描述自己为何选择河西做退步之地时说："天下安危未可知，河西殷富，带河为固，张掖属国精兵万骑，一旦缓急，杜绝河津，足以自守，此遗种处也。"意思是：天下治乱，形势难以预见。河西人殷物丰，张掖属国有一万多精锐骑兵可以利用，一旦内地战火蔓延过来，只要把住黄河天堑，阻断过河渡口，便能做到安全自守。所以，河西堪称是传宗接代的理想地方。

就是基于上述原因，窦融毅然离开中原，带着手下人马转移到河西。他在河西受到地方官员和豪强势力拥戴，被推举为"河西五郡大将军”。从发现的居延汉简看，窦融在河西兴利除弊，做了许多有益的事情，他体恤汉族百姓，善待生活在张掖郡内的卢水胡等民族，发展经济，乃至铸造货币，整顿文教，移风易俗，使河西呈现一片升平气象。未过多久，他等来了“广武中兴”。刘秀一建立东汉，窦融便归附朝廷，成了东汉的开国元勋。

到了五凉时代，窦融保据河西的先例不仅为张轨家族、李暠等汉族官僚所仿效，也成为像沮渠蒙逊这样的“胡夷之杰”割据河西时的榜样。后来，他们不约而同地喊出“追踪窦融”的口号，以“保境安民”为宗旨，在天下大乱的形势下，使河西经济和文化的发展有了时间和空间。

河西走廊的文化区位优势，还在于它出敦煌过白龙堆沙漠，便是西域地界。两汉是西域文明昌盛时期，也是西域文明东渐的时期。大约在公元前1世纪中叶的西汉文景时，天竺佛教传到新疆塔里木盆地周边的西域诸国，离河西一步之遥的大月氏、龟兹等城邦国家很快成为佛教昌盛之地。史料说，与张骞通西域同时，中国已有人从大月氏那里听到了佛经，而彼时的龟兹有“佛寺千所”。按理说，即使这时佛教还没有传到长安以东，那至少响天动地的佛教钟鼓声已越渡流沙，吵醒了河西走廊。但文献记载却告诉我们，迟至公元1世纪中叶，中原只有少数人知道“佛”为何物。东汉明帝做梦，梦见“金人长大，项有日月光”，他问群臣，梦里的“金人”为何物？群臣中有人回答道，那是西方的神，名字叫“佛”；而明帝儿子楚王刘英因喜爱“黄老”，“学为浮屠斋戒祭祀”，连佛、老是不是一回事都分辨不清。可见，佛教在东传的过程中，至少在河西驻足了一段时间。换言之，自从有了河西五郡，河西文化中除汉文化以外，西域文化也开始加入。

延至魏晋以后，西域文化向中原传播进入快车道，河西作为中转站的地位更加突显。仍拿佛教做例子，魏晋时期，中原去西域求佛法的人日渐增多，西域僧人到中原传佛法者也与日俱增。不论西行求法，还是东来传教，也无论来来去去的是僧还是俗，在途经河西走廊时必然驻足小憩。为什么呢？具体原因虽各不同，但过沙漠前要养足体力，出沙漠后要恢复精力，这一点是必需的。举法显为例。东晋高僧法显去西域求法于公元399年抵达金城，先在乞伏乾归的西秦国内夏坐静修，公元400年渡黄河后经南凉进入北凉张掖，受到礼敬，得遇智严、慧简、僧绍、宝云、僧景等一行僧众，于是相约一起西行。后经西凉敦煌，出关至沙海(今白龙堆沙漠)。法显后来写《佛国记》叙述过沙海时备尝的千辛万苦说：走进沙海后，上不见飞鸟，下不见走兽，眼前只有无边无际的漫漫黄沙。实在辨不清方向时，只能以死人枯骨做路标。试想一下，入沙海的人如此，出沙海的人又当如何？可见，河西走廊，特别是敦煌，一定是西去东来的佛教徒们心中的福地，是积蓄佛教三宝最多的地方。所以，《魏书·释老志》在记述佛教文化在河西的沉淀时说，河西人人信佛教，“敦煌地接西域，道俗交得其旧式”，这里的“旧式”，应是指汉代以来佛教斋戒膜拜等仪式。

自汉代以来佛教文化在河西传承和积累的成果，到五凉时代构成一笔巨大的精神财富，被北魏所继承并传输进中原。这已是公元439年北魏灭北凉后的事了。这一年北魏席卷河西佛教文化，一股脑儿搬迁“佛教皆向东”，成了北魏佛教昌盛的重要原因。

当然，除搬迁佛教外，北魏还将河西积累的西域乐舞等艺术成果也搬到中原。这留待后面叙述。

总之，两汉是河西文化大苏醒的时期，河西五郡和凉州的相继设置，是河西文化苏醒的基本原因。

# 曹魏对河西走廊的经营

东汉中期以后，河西经历了长时间的羌人起义。东汉朝廷为镇压羌人，费尽了人力和财力，凉州的经济文化也遭受重创，陷入了史书所说的“虚耗”中。接着，黄巾起义及军阀混战在北方打响，造成整个北方社会政治失修和经济文化残破。但比起中原地区遭受的破坏程度，河西走廊仍属于较轻地区。这时期的凉州有一个现象颇值得注意，那就是武威、敦煌等城市在慢慢崛起，原先城市单纯的军事政治功能有所改变，城市承载的经济文化功能和作用逐渐显现。处在西陲的敦煌，因远离历次战乱，聚集的人才更加众多，加上有呼吸西域文化空气的方便，所以文化进步的步子迈得较快。从东汉开始，敦煌文明逐步跃居于河西各郡的前列。

1世纪末到2世纪初，曹操在军阀混战中崭露头角，陆续消灭北方各路军阀，统一了黄河流域，并开始修复北方社会。公元220年，曹操的儿子曹丕取代东汉建立了曹魏王朝，在发展经济的同时，也兴文化教育。恢复经济只须安辑流民返乡，实行诸如“屯田”一类的措施即可奏效，但恢复文化教育绝非一朝一夕之功所能做到。原因是经过黄巾起义和军阀混战长达数十年的破坏，汉代以来中原积蓄下来的文明成果损失殆尽，而文献和人才更是奇缺到极点。据史料记载，东汉初平元年

(190)，关东盟军讨伐董卓，董卓为避开盟军锋芒，挟持汉献帝离开洛阳迁往长安。当此之时，缺乏装备的兵士们劫掠国家馆藏的绢帛典籍，拿来做衣被、帷帐、行军背囊之用。而大军临行前，一把大火，将前代人苦心经营数百年的古都洛阳霎时变成废墟。后来的日子里，由于战乱不息，中原许多地方“白骨露于野，千里无鸡鸣”，再也不闻读书之声。

曹魏建立后，典籍无存，士人绝迹，学校废弛，一片文教凋零景象。造成这种景象的根源在于战乱。史家描述说：从初平元年（190）到建安末年（219），中原幸免于难的人们只存一个念头，那就是想着怎样活命，成天在战战兢兢中度日，谁还有心读书学习？

文教凋零的景象一直延续到正始年间（240—249），这时曹魏建国已经20多年，但历数位列在朝堂上的400多位官员，中间能提笔撰文的不到10人，其余全是酒囊饭袋之辈。他们每日的工作不过是来去游走，待酒足饭饱之后下朝回家。看着这样的景象，人们只能怀着失落的心情，感叹“学业沉陨，以至于此！”

其实，早在黄初元年（220），曹丕一登基就着手恢复太学。事情的第一步是清扫沉积几十年的垃圾，再对刻在碑上的“石经”做修修补补。下一步是粗备教室和教材后，开始模仿汉代规制，按甲乙等第考试和选拔士人，以供配备和充实教学的博士队伍。为了实现圆满开学，朝廷特别行文州郡，下令刺史和郡太守们，要他们千方百计地选送有志于学的人进入太学。这样，太学总算凑齐数百学生开学了。但开学不久，太学就变了味道，特别是到魏明帝太和（227—233）时，一些耍奸溜滑之徒看到入太学可享受免除徭役的特权，于是纷纷混入太学，搞得太学爆满，学生达到千人之多。即便那些被甄选来任教的博士们，依旧是滥竽充数者居多，通晓文墨者无几。如此粗陋疏简的博士队伍又怎能培养合格的人才呢？好在所谓的太学生大都为避役而来，无心学习，于是师生合起来混日子。就这样，曹魏苦心经营的太学，就在年复一年冬去春来的岁月中，白白浪费钱财和光阴。

酒泉西沟《骑吏和背水女子》图

但不管怎样说，中断已久的学校制度，毕竟在曹魏朝廷手里被艰难地恢复起来了。

那么这时期凉州的情况又怎样呢？

曹魏统一北方后，把凉州作为防蜀的大后方重点整治，下气力要摆脱长期“羌乱”带给将河西社会的危害。

所谓“羌乱”，是东汉统治者对羌人起义的称呼。河西羌人反抗东汉统治的斗争，起于永初元年（10），初发地在酒泉郡，以后蔓延到关陇以及以并州（今山西省）为主的内地各郡。其间断断续续，历时百余年之久。直到延熹六年（163），才被东汉政府镇压下去。凉州作为战乱发源地，酒泉以东地方兵连祸接，人口大量死丧流移。在朝廷无力拯溺救焚的情况下，个别公卿甚至建议朝廷放弃凉州，退守关陇。当然，此建议被否决了。当东汉朝廷竭尽全力平息了“羌乱”后，军阀混战又接踵而起。这次，凉州虽有韩遂、马腾等军阀势力，但由于军阀混战的主战场在关陇以东，河西幸免于难。但“羌乱”毕竟给凉州留下许多积重难返的社会问题，这需要统一北方后的曹氏政权去应对。有鉴于此，曹操及曹丕、曹叡三代统治者先后派出“治能”之臣去凉州，从安定社会和民生入手，开展了对凉州新一轮的治理。

曹魏时期，为治理凉州付出心血并留名青史的人物有张既、苏则、徐邈、仓慈和皇甫隆等。

张既（？—223），字德容，冯翊高陵（今陕西高陵）人。他的功绩是彻底结束了河西动乱，把凉州重新拉回到北方统一政权的有效管理之下。

张既是深受曹操和魏文帝曹丕信任的老臣。曹魏初建时，由于凉州长期处于无政府状态之下，地方豪强和一些民族势力仍然尾大不掉。朝廷一开始派去的凉州刺史邹岐，也因名位较轻，不被地方势力放在眼里。公元221年，魏文帝将任职未及一年的邹岐召回，因曹操时张既多年任职关陇一带，对治理“西土”较有经验，于是改派张既去做凉州刺史。当年八月，张既带军队到达金城郡，与金城太守苏则会合。此前，河西走廊最嚣张的汉族豪强势力有四股，一股是武威的颜俊，一股是张掖的和鸾，一股是酒泉的黄华，最后一股是西平的麹演。他们四人都自封为“将军”，打着朝廷的旗号，你争我夺，各不相让。他们之外，还有一支强大的民族反叛势力，那就是卢水胡。在张既还未到金城前，苏则已采取策略，使颜俊与和鸾在鹬蚌相争中双双死于非命。趁他们落败，苏则又将黄华和麹演各个击破。这样，留给张既解决的就只剩下卢水胡反叛问题了，这个问题也最棘手。

酒泉西沟《羌戎少女》图

卢水胡是匈奴族中的一支，也是汉武帝将匈奴大军赶出河西后唯一留下来的一支。它以强悍善战著称，原从属于汉朝，但却不与曹魏合作。得知张既向河西开来，卢水胡便集结众兵，把住鹯阴口（今靖远县西北），试图阻张既和魏军西渡黄河。张既根据长期在陇西作战的经验，知道以自己的3千军队和卢水胡7千军队做正面交锋定难取胜，于是密令军队避开鹯阴口，绕道且次（今古浪县北），翻越洪池岭（今乌鞘岭），抢先占据姑臧城。卢水胡得知张既占据姑臧，以为张既有神相助，赶忙调回鹯阴口的军队，准备与魏军作战，但军队的斗志却已丧失殆尽。张既以逸待劳，埋伏大军在姑臧城外，命将军成公英率小股部队做诱兵，将卢水胡军队诱进了伏击圈，一举将其击败并全部俘虏。

是战，张既实际上并未大动干戈。他对卢水胡采取了临以神威，挫其锐气，再稍施兵刃，逼其缴械的战术。这有利于安定河西少数民族的人心。

河西走廊自古是多民族聚居的地方。汉代以后，居住在河西走廊的卢水胡大约有十多万人，是羌族之外人口最多的少数民族。所以张既获胜的消息传到洛阳时，满朝文武齐声庆贺，称赞张既为河西带去了平安。事实也是这样，自从张既妥善处理了卢水胡问题，自魏及晋，此后近两百年间，河西卢水胡人丁繁衍，部众越来越多，但很少再有反叛的事情发生。直到4世纪末叶，沮渠蒙逊率卢水胡反抗后凉吕光的统治时，河西卢水胡才重新显示出他们强大的民族力量。

公元223年，张既因病去世，他做凉州刺史两年多时间。张既去凉州前，担任雍州刺史。在雍州期间，他贯彻曹操的“唯才是举”政策，向朝廷推荐了扶风庞延、天水杨阜、安定胡遵、酒泉庞淯、敦煌张恭、敦煌周生烈等一大批西州英才。这些人后来多数成了曹魏名臣或学问大家。以胡遵为例，他随司马懿东征西讨，官至车骑将军。自此，安定胡氏成了陇右首屈一指的名门望族。西晋取代曹魏，胡遵之子胡广、胡奋、胡烈及胡广子胡喜，都名位显达。十六国时期，胡氏后裔胡叟、胡方回等，分别效命秦、夏，皆为学术名流。胡方回文采超人，长于书法。夏主赫连勃勃筑统万城，由他撰写《统万城铭》，文章优美，为世人称颂。受张既举荐的敦煌人周生烈，成为曹魏著名学者，魏明帝时名满天下，与大学问家董遇、隗禧并称于世。

从张既推荐西州英才为中原王朝效力看，在曹魏时期，河西走廊已是人才辈出，并向中原输送人才的地方。而最远的敦煌更是人才济济。

张既之后，凉州又经历了三任州刺史，一任是温恢，他不幸在上任途中病故；另一任是孟建，史书上只说他"有治名"，但具体做了哪些事，则语焉不详。接下来的刺史是徐邈。徐邈曾先后担任过陇西郡和南安郡太守，到凉州后，他兴利除弊，做了许多有益于地方的事。如开水田，修盐池，发展经济；再如他积极沟通与西域的交通，吸引西域商人到河西来贸易。特别是在移风易俗和兴办教育方面，徐邈功不可没。史书记载说，他率导仁义，立学明训，禁止厚葬，断绝淫祀，惩恶扬善，使凉州风化大行，百姓归心。应当说，是徐邈将历经劫难的河西文教再度兴盛了起来。

在郡太守之中，金城太守苏则和敦煌太守仓慈是值得称道的。

苏则的年龄与张既相仿，并且与张既同在公元223年去世。他担任金城太守时的治绩，除上述削平豪强势力外，主要是在民生方面。如他以牧补农，先借用牧区民族畜产品解决返乡汉民的衣食之需，待粮食收获后再偿还牧民，用这种胡汉互济的办法，将战乱中外流的金城百姓招诱回乡，使金城郡在一年内就显出生机，从当初人户不满5百，一下上升到拥有4千多户人家。

仓慈是淮南（今安徽寿县）人，他任敦煌郡太守是在魏明帝太和年间（227—233）。他未到敦煌时，敦煌郡满目疮痍，已"旷无太守"二

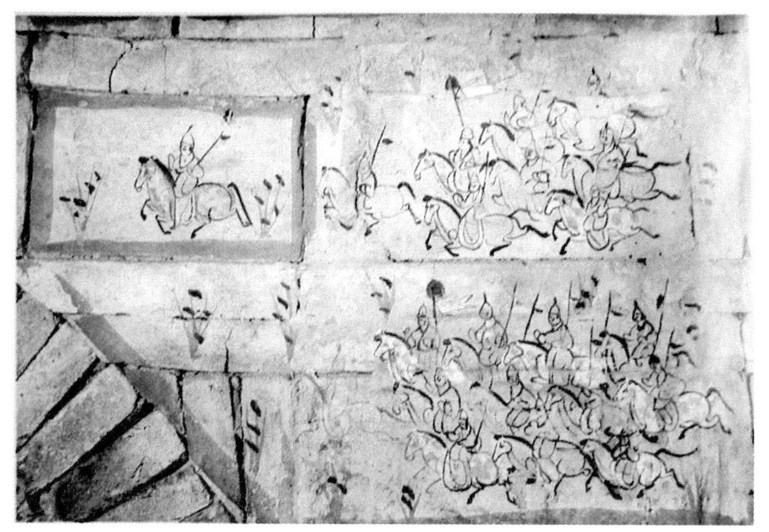

| 新城魏晋墓出行图

十多年。作威作福惯了的地方豪强，随意欺凌百姓，盘剥西域客商，已成普遍现象，常闹得地方鸡犬不宁，人心惶惶。仓慈到来后，先从抑制豪强入手，针对大姓人家“田地有余而百姓无立锥之地”的贫富不均现象，由政府出钱征收富人多余土地，交无地农民耕种，在此基础上，又实行“随口割赋”，向人口多土地多的家庭多征收赋税，向人口少土地少的家庭少征收赋税。对西域商人来河西贸易，政府也提供方便，或拿出官府闲置资金平价购买他们的货物，或发给“过所”（通关文书），让他们去中原贸易。通过这些措施，很快将敦煌治理得井井有条。

由于施政得法，治理有方，仓慈不但深得敦煌老百姓的爱戴，也受到西域人的普遍敬仰。他病逝后，人们如丧亲人，纷纷画像进行悼念。西域商人则聚集戊己校尉帐下，痛哭志哀，甚至有人以刀划面，表示心迹。更多的则是为之立祠，进行遥祭。

仓慈以后，天水人王迁、金城人赵基先后当过敦煌太守，他们继续兴利除弊，发展仓慈开创的局面，但治绩和威望不及仓慈。

嘉平中（249—254），司马氏掌握了曹魏朝政，安定人皇甫隆被任命为敦煌太守。他针对敦煌农耕条件，大力改进农业生产技术，制作耧犁，教百姓播种，使农作变得省时省力；又教百姓做“衍溉”，节约了大量农业用水，使敦煌雨水缺少的困境得以改善。这两项技术上的改革推广，使往日耗费的人力牛力节省了过半，而收成却成倍增加。皇甫隆提倡移风易俗，杜绝铺张浪费，他从妇女们的衣着入手，把过去需用一丈布做成的“挛缩如羊肠”衣裙改作简约直筒裙，既节省了制衣时间，又省下了布料。

从上述可见，曹魏统治北方时期，在对凉州的治理上是下了功夫的。虽然这种治理偏重于社会秩序和民生方面，在恢复发展文教方面着力不够，但它改变了凉州从东汉“羌乱”发生后长期孤悬的状况，增强了凉州各族百姓的归属感。其影响深远，及于西晋。当西晋取代曹魏后，面对外族进攻时，凉州人总是以“晋人”自居，心系中原，与中原百姓遥相呼应，同仇敌忾地坚持抗战。永嘉之乱中，中原百姓称赞“凉州大马，横行天下”，就是这个道理。

曹魏时期，武威开始有了学官制度，此事见于《晋书》上记载的一个故事。故事说：东汉末年，有个名叫侯瑾的太学博士，是敦煌人，生活在姑臧城里。一次，他突然对把守门人说，将来有一天，姑臧城西的泉水会干涸。干涸后，泉所在的地方上将有双阙拔地而起，与东门遥遥相望，那里会产生一位霸者。后来的曹魏嘉平中（249—254），武威郡建立学馆时，果然在已干涸了的泉址上建筑双阙，而且双阙确与东门相望。汉魏时期，是个迷信谶纬的时代。借侯瑾的谶言目的是为张轨掌控凉州制造舆论，本不足为凭。但其中透露出曹魏在武威设立学馆的事，应不是杜撰。这说明曹魏时期，凉州的文教事业也在发展。

# 张轨出任凉州刺史

五凉时代的序幕是张轨拉开的。西晋永宁元年（301）,他出任凉州刺史，这是五凉历史的起点。

张轨（255—314），字士彦。原籍安定郡乌氏县。乌氏县的位置，至今说法不一。有人说它在今泾川县的北边，也有人说它在今宁夏回族自治区固原县界。总之它地处今平凉市西北，这是可以肯定的。西晋时，乌氏县属凉州安定郡管辖，因此，张轨就是凉州人。史书不写张轨与凉州的关系，只说他的籍贯是“安定郡乌氏县”，这源于汉魏晋以来史书的叙事方法。汉魏晋时期的人很看重“郡望”，特别是那些颇有社会名气者，都要标榜自己是哪郡哪里人，借此光祖耀宗和抬高家乡名气。因此，在魏晋时代，只要知道某人出身于某郡某氏，就能数出他的先世和同宗人有谁做过官和做过多大的官。如东汉的汝南袁氏，家族的籍贯是汝南汝阳（今河南省商水县西北），因从袁绍曾祖父以来，四代中出了五个位至三公的人，于是汝南郡也跟着沾光，成了天下名郡。西晋时期的琅琊王氏、陈郡谢氏也概莫能外，尽管当时天下有不少姓王姓谢人家，但只要是琅琊郡的王氏和陈郡的谢氏，论起门第来，其他王谢家族就不可同日而语了。到北朝时，北方门第最高的陇西李氏，连李唐皇室在认祖归宗时都要攀附，其他姓氏就更难以望其项背了。门第高低实际反映着血统的高低，在讲究血统的汉魏晋时期，门第高的家族做大官乃至做皇帝，很容易取得公众认可，似乎在合法、合理、合情上都略胜其他家族一筹。

魏晋南北朝时期，像汝南袁氏、琅琊王氏、陈郡谢氏、陇西李氏这样的家族，被人称为“门阀世族”。他们的成员在社会上受人另眼相看，政治也给了他们高于一般人的权力。尤其到了西晋，由于西晋选官实行“九品中正制”，凡是想通过读书去做官的人，他们入仕的第一步是经过原籍“乡里”的“荐举”。名为乡里荐举，可实际操作权都掌握在郡“郡中正”手里。郡中正将士人的操行学识表现，形成类似今天鉴定的“品状”，再将每个人分别高下，列为九等，以备对应擢用。由于“郡中正”职务一般都由该郡走出去的高级官僚担任，他们多出身于门阀世族，其“九品定人”的结果，必然是家庭门第或官位高者其品第必高，门第或官位低的子弟其品第必低。所以，九品中正制下的仕途经济现象必然是“上品无寒门，下品无势族”。凡是门阀世族，他们代代都做高官，而庶族寒门想出头则是难上加难。

现在再看张轨家族。在西晋之世，这个家族不算是门阀世族，但算是官族。由于他的父祖也在朝廷为官，但与公卿相比，在官位上尚有距离，因此虽称得上“门庭生辉”，但只属于“西州著姓”一类人家，称不上门阀世族。但出身于“西州著姓”家庭的人，他们身上也戴着光环。第一他们一定是官宦家族；第二他们家族必有文化根底。这两个光环有点类似门阀世族，但差别在于光环的亮度不够。由于光环亮度不够，著姓在社会地位方面，自然比门阀世族要逊色。当然，我们也可以把张轨的家族称为西州地方的门阀世族。因为张轨家族确实够得上显赫。史书叙述张轨的家世，说他是西汉常山景王张耳的十七世孙。这就是拿血统说事，意思是张轨家族源于名门贵胄。其实，这一叙述是多余的，因为西晋时，张轨的父亲张温已在京都洛阳供事，他是朝廷官员，官职是太官令，属于光禄卿属官。职责是负责宫廷膳食，算得上是皇帝身边的近臣。

具体到张轨个人，他虽出身于官宦家庭，但没沾染上西晋之世一些“贵二代”的浮奢虚诞之风。史书介绍说：“少明敏好学，有器望，姿仪典则。”意思是张轨少年时既聪慧又思维捷敏，他好学上进，在同辈中有器宇有声望，其举止高雅和仪态端庄堪称典范。这是说张轨虽是官宦子弟，但他无论学识还是品德，都值得称道。

西晋时，最受士人青睐的官位有两个，一个是黄门侍郎，一个是散骑侍郎。处在这两个位子上的人既贴近皇帝而又不承担庶事杂务，因此被视作最高尚的“清要之职”。凡应选这两个职务，必须“人门兼美”。也就是说一要门第好，二要个人的品德学识出众，只有这样的人才可能入选“黄散之职”。而张轨在仕途中就有这种幸运，他就担任过散骑常侍。

张轨的人品修养来自他所受的良好教育。张轨的青少年时代是在洛阳度过的。从东汉曹魏到西晋，数百年间洛阳作为国都，一直是全国的政治经济中心，也是人文最发达的地方。国家最高学府太学就设在这里，国家最多的图书经籍保存在这里，天下最优秀的文化人才和学术思想也汇聚在这里。西晋时，统治者提倡“名教”治国，“忠孝礼义”是士人的必修课。张轨随父亲在洛阳生活，从小受到儒学文化思想熏陶，又因是官宦子弟，常接触京城名士和朝廷要员，耳濡目染较多治国平天下方面的知识。青年时代，他在经学上苦下功夫。为此，他拜隐居在宜阳（今河南宜阳）女儿山的同乡名儒皇甫谧为师，专攻《孝经》。今天，我们只注意皇甫谧在中医经络学和针灸学方面的成就，而忽略了他在其他学术方面的造诣。其实，皇甫谧不仅精于经络、针灸、方剂等中医学各领域，也明于天文地理和阴阳术数，更是一位享誉西晋之世的经学大家。作为东汉太尉皇甫嵩的曾孙，他出身名门，立志高远，生性沉静，淡泊名利，追求清心寡欲。西晋初年，朝廷征聘天下名士到洛阳做官，士人趋之若鹜，要么当了骑都尉，要么受封关内侯，皇甫谧虽无法抗命到了洛阳，但却称病不去入朝，而是选择宜阳女儿山，过起了隐逸生活。他“带经而农”，自称“玄晏先生”，名言是“居田里之中亦可乐尧舜之道，何必崇接世利”。他著作等身，最著名的有《历代帝王世纪》《高士传》《逸士传》《列女传》《元晏先生集》等。他培养出许多学生，不少人成了“西晋名臣”，张轨、挚虞、牛综、席纯等就是他们中的代表。

因为有良好的环境熏陶和名师培养，张轨未入仕先享名洛阳。史书上说他“家世孝廉，以儒学显”。

而仕宦之路向他铺开却得益于中书监张华的奖掖。一次，张华与张轨谈起关于儒家经典的话题，想听听张轨对《五经》微言大义的见解。张轨侃侃而谈，条分缕析，连张华也被深深折服。那么，张华又何许人呢？按史书记载，他是西汉留侯张良的十六世孙，父亲张平是曹魏时期的渔阳太守。但张华却幼年丧父，因家境贫寒只能靠为人牧羊过活。但他勤奋上进，博览群书，因博闻强识终成大器，虽居于名士之列，仍属于寒门庶族。后任曹魏著作郎、中书郎等职务。他为人卓尔不群，刚正不阿。曹魏末年，他因愤世嫉俗，借禽鸟为题作《鷦鷯赋》抒发政见，被阮籍誉为“王佐之才”。西晋建立，张华迁任黄门侍郎。公元280年，他力主对吴用兵，晋武帝统一全国，得封壮武县侯，官至司空。张华一生著述甚多，至今犹存诗作三十二首；他搜集民间掌故编成的《博物志》一书，对后世志怪题材作品很有影响。另外，《隋书·经籍志》中记载有《张华集》十卷，已经散佚。就是这样一位在西晋时期深得晋武帝信任和朝臣敬仰的人，对张轨的经学造诣大加赞赏，那张轨的仕途前程可想而知。作为伯乐，张华不仅称赞张轨，更认为安定中正在按九品计资定等时，对张轨评定太低，犯有“蔽善抑才”过错。于是，安定中正为纠正错误，将张轨由原定的“五品”一下升为“二品之精”。这样超常的拔擢，使张轨达到了九品中的极致。因为九品定等，一品之列是谁也进不了的。

从此，张轨迅速步入官场，先被征聘到卫将军杨珧府中做掾属，后入东宫，做太子舍人，效力于晋惠帝太子司马遹，后又出任散骑常侍、安西军司等职。

那么，一开始看中张轨的卫将军杨珧又是何许人呢？西晋有“三杨”之说，是指杨骏、杨珧、杨济三兄弟。其中，杨骏是晋武帝杨皇后之父，晋武帝时，官居太尉、太子太傅、假节、都督中外诸军事、侍中、录尚书、领前将军，晋惠帝即位，进位太傅、大都督、假黄钺、录朝政、百官总已。杨珧历位尚书令、卫将军，因受晋武帝宠幸，名望在其兄杨骏之上。杨济历位镇南、镇北将军，迁太子太傅。可以说，杨氏一门，贵盛无比。

但不幸的是，张华、太子遹、“三杨”后来都因为被卷进政治旋涡而死于非命。晋惠帝即位，皇后贾南风弄权，先废杀太子司马遹，继而挑起“八王之乱”，灭杨氏一门，诛其九族，后赵王司马伦讨伐贾后，殃及张华，被夷灭三族。

按史书的记载，张轨获准去凉州，是因为朝廷看到凉州“数有乱”，急需一位有能力的臣子去操控大局。而张轨因官居安西将军司马一职，有处理关陇羌戎问题的经验，以此受到满朝公卿推荐，认为他“才堪御远”，是凉州刺史和护羌校尉的最适合人选。另外，张轨自己也主动请缨，自愿去边远荒僻的凉州任职，于是，公卿乐得顺水推舟，做出异口同声的附和。但透过史书看，事实真是这样的吗？

如果这样看，那就太不了解张轨的隐衷了。永宁元年（301），张轨出任凉州刺史，此前的元康元年（291），即晋武帝死后一年，“八王之乱”在洛阳发生。这场由贾皇后挑起，由楚王司马玮发难的战乱，很快把整个统治集团都席卷了进去，其惨烈程度适如干宝写《晋纪总论》所言，在刀光剑影里，杨骏被诛，“朝臣夷灭者数十族”，在京的朝臣无时不面临“颠覆奴辱之祸”。而对张轨来说，他与被夷灭了三族的张华有“举主”和“门生”之谊，而与被废杀了的太子司马遹和被灭了九族的杨氏，他又有昔日的“故吏”关系。可以想见，去凉州前的张轨，除去张、杨等的惨剧给他造成的内心的悲凉外，还有在腥风血雨笼罩下的如履薄冰。而公卿们看好张轨“才堪御远”，不过是朝堂上的期许文章。说到底是公卿们也另有打算，那就是把自家的退路寄托在张轨身上。

《晋书》和《资治通鉴》在记述张轨去凉州的心理活动时说：“轨以时方多难，阴有保据河西之志。”可见，为离开祸乱旋涡去河西找新的出路，这是张轨的所思所想。但在乱事之秋，谁也说不清自己的明天究竟怎样，于是，张轨也按魏晋时一般人的惯常做法，去求神问卜，他用豆荚占卦，占得的是“泰”，这预示他能在河西成为“霸者”，于是下定决心“走为上”。

这些，就是张轨离开京城远赴凉州的原因。说到底，张轨是想效法窦融，保据河西。

其实，当时的满朝公卿何尝不想逃离洛阳呢？但毕竟人人不可能像张轨那样：长期担任安西军司，有在关陇主持军政事务的经验，并具备“才堪御远”之能。于是，为自己日后计，推举张轨去凉州，这是上上之策。后来的事实说明，如太常卿挚虞、秘书监缪世征等，都是这样盘算的。挚虞和张轨既是昔日同窗，又是今日同僚，他和张轨之间心有灵犀。史书记载：张轨到达凉州后的一天晚上，挚、缪二人一起观察星象，挚、缪相对而言："天下方乱，避难之国唯凉土耳。张凉州德量不衡，殆其人乎！"把虞挚这话倒着看过去，能看出这样的意思：我们看对了张轨，他的德量值得信赖。现在天下乱成这样，避乱的地方只有凉州了。这说明，在公卿中，挚虞、缪世征是力主推举张轨出任凉州刺史的人。他们把保门户全宗族的厚望寄托于张轨。但是，最终他们也未从洛阳抽身出来。

公卿举荐张轨去凉州，一条理由是"河西数有乱"，需要张轨去治理。事实上，当时河西确有鲜卑"反叛"问题存在。但大的风潮已经过去。治理河西民族问题不是张轨去河西的主要原因。

河西民族问题是伴随周边民族向内地的移动而发生的。魏晋时期，以匈奴、鲜卑、羯、氐、羌等所谓的"五胡"纷纷冲破汉族统治者的封堵，从边地进入汉族地区，这使北方一些地区民族关系变得复杂，民族间的矛盾和纠纷也开始多发。"五胡"中，属于鲜卑民族的拓跋部，在魏晋之际从阴山一带辗转南下，进入河西走廊。到河西后，他们的姓氏由原先的"拓跋"变为为"秃发"，被人称为"河西鲜卑"或"秃发鲜卑"。由于这支鲜卑勇武强悍，他们的内迁引起了西晋朝廷和凉、秦各州地方官的警觉。为防范他们进一步向东移动，晋武帝在泰始六年（270）将原在江淮前线防御孙吴的胡烈等抽调到西北，担任秦州刺史，驻守陇右。但胡烈既无绥边之才，又刚愎自用，他下马伊始，便对活动在万斛堆（今靖远县西）的鲜卑发起攻击。鲜卑反抗，燃起了起义烽火。在秃发首领树机能领导下，鲜卑与羌人等民族结盟，击杀了胡烈。接着又在咸宁三年（277）以后，在连续击杀两任凉州刺史牵弘和杨欣后，占据金城到武威大片土地。到咸宁五年左右，鲜卑取得了"尽有凉州"的战果。这一连串的事态，被西晋朝廷叫作"河西之乱"。

河西之乱震惊了西晋朝廷。有记载说，晋武帝司马炎因忧虑连饭也吃不下去。公卿们盼望有人来为朝廷分忧解愁，但满朝文武竟无人奋勇自荐。许久，一个名叫马隆的司马督表示甘当重任。但马隆官卑位微，他的自告奋勇被公卿们看成是“小将妄说”，但晋武帝却认为不妨一试。他破格擢升马隆任武威太守，同时许诺给三年军资，并答应由马隆自己挑兵选将，择日出军。不久，马隆率领自己挑选的3 500人马，出洛阳，“鸣鼓西行”去河西作战。在战场上，马隆临阵机动，扬己之长，攻敌之短，牢牢掌握战场主动权。他见鲜卑兵善使弓箭长矛，战场又在狭窄的山谷里，便依“八卦图”制作“偏箱车”，让士兵凭箱作战。如战场在辽阔地带，他便将偏箱换成小木屋，让弓箭手在木屋内开弓放箭。当他发现鲜卑兵身穿铁制铠甲，而自己军队则身着犀甲时，立即采来磁石，造成敌人行动不便，而自己方面则进退自如。就这样，马隆一路取胜。咸宁四年（278），马隆以3 000多军队与1万多鲜卑军决战于姑臧城下，鲜卑人心不齐，发生部落离叛，马隆乘机一举击溃鲜卑主力，并击杀鲜卑首领树机能。至此，“河西之乱”的大规模战事结束，但战火余烬还没完全散尽。及至张轨出任凉州刺史时，史书上所说的河西“数有乱”，实际上就指战火余烬。这些余烬在张轨到凉州后，很快就被平息下去了。

# 中原避难河西者日月相继

通过卜筮，张轨找到慰藉。他在晋惠帝永宁元年（301）告别中原故地，携家带口与随从兵将向凉州西行。这年他四十七岁，对一位封疆大吏来说，这年龄正是壮心不已之时。由于长子张寔公务缠身，难以随父亲西行，张轨的身边，只有次子张茂跟随。一路走去，张轨思绪万千，他既对中原大地有依依不舍之情，又为自己远走高飞而感到庆幸。这些年，他经历了太多的官场艰难，总算能长舒一口气了。

谁能揣摩张轨在去凉州途中都想到些什么？这里，我们尝试着勾画一下张轨的心境。

我们知道，张轨到凉州后，怀揣“上思报国，下以宁家”的理想，兴废理乱，做了许多造福河西的事，可以说为西晋王室是鞠躬尽瘁了。但西晋王朝又是一个怎样的王朝呢？

首先，西晋是一个弥漫着门阀世族腐朽堕落气息的王朝。它建立于公元265年，是司马懿孙子司马炎废掉曹魏最后的小皇帝曹奂改朝换代的结果。司马氏家族，原籍河内温县（今河南温县），是著名的门阀世族。从汉代算起，到司马炎的伯父司马师、父亲司马昭，这个家族八世中共出过一个征西将军，一个豫章太守，一个颍川太守，一个京兆尹，可谓是世代簪缨之家。而从司马懿开始，到司马师和司马昭，他们父子两代玩弄曹魏皇帝十多年，以他们为代表的门阀势力早已盘根错节，只等着司马炎篡位换代，建立完全由自己集团操控的新天堂。于是，西晋一建立，门阀世族们纷纷各据权要，成了新王朝的中流砥柱。他们在公元280年灭掉江南孙吴统一全国后，凭借着集中在自己手里的巨大财富，开始尽享荣华富贵，从不知什么叫腐朽堕落和厚颜无耻。拿司马炎来说，他后宫本来就有数千女子，灭掉吴国后，又把孙吴末代皇帝孙皓后宫的5 000多宫女接收过来，充入自己后宫，使后宫人数达到万人。由于女人太多，他不知道该去找哪个好，为表示公平，命人制作了一乘小车，让羊拉着走，羊在哪个宫女门前停步，他就在哪里安歇。一些聪明的宫女为得到皇帝宠幸，便将竹叶撒在寝宫门口，还在自己门前的路上洒下盐水，招诱羊车到来。

皇帝如此，贵族官僚们自然竞相效尤，很多人在奢靡无度之外，还以残暴苛虐为能事。以石崇为例，他当荆州刺史时，为聚敛财富，派人扮作强盗，抢掠长江上的往来客商，靠杀人劫货成了当时天下首富。人们常将他与古代巨富陶朱公（范蠡）等相提并论。他家里有奴仆800多人，歌伎无数。他对待奴仆，生杀任情，在宴飨宾客时，选年轻貌美的女子劝酒，如客人饮酒不尽，就杀掉劝酒的女子。一次，一个客人就是不饮酒，石崇竟连杀三个劝酒者。像石崇这样残暴的人，在西晋贵族群里不是少数。王恺是晋武帝的小舅舅，他请客吃饭时，命令女伎吹笛行乐，吹笛者稍有停顿，他便令手下将女伎乱棍打杀。目睹暴行，在座者无不惊骇万分，而王恺神色不变，谈笑自若。他与石崇比富，为此常常互相斗气。王恺有晋武帝赏赐的一株珊瑚树，高二尺多，“枝柯扶疏”，为世人罕见。王恺展示给石崇看，被石崇用铁如意击碎。王恺痛惜之余，认为石崇在嫉妒自己，大声指责石崇。石崇不慌不忙，命人取出自家的珊瑚树，足有三四尺那样高的就有好几株，而光彩夺目，栩栩如生的还有六七株，与被他随手击碎的珊瑚树一样的，更不在话下。为了斗富，石王两家费尽了心机：得知王恺家用饴糖水刷锅，石崇便拿石蜡当柴；见王恺家有长40里的紫丝步障，石崇便制作长50里的锦步障。王恺得知石崇用香椒泥做涂料，他便拿名贵的赤石脂糊墙。

石崇与王恺斗富的事情，在西晋王室贵族集团中只是笑话一则，人们见怪不怪。一些达官贵人，平日里衣冠楚楚，但生活却是另一回事。有人直言道西晋的“奢侈之费，胜于天灾”。再拿太傅何曾为例，史书说他“性至孝，闺门整肃”，老年的何曾，与妻子见面，都先整理衣冠，然后面对面正襟危坐。但他平日生活却务求奢华，尤其讲究口腹之欲。去晋武帝那里赴宴，他不吃太官设的菜肴，要吃自家厨师特制食物。端上来的蒸饼不切作十字不吃。每天仅吃饭就花费1万钱，他还嫌吃得不好，发脾气说没有可以下筷子的菜肴。

将门阀士族这一系列的贪残腐朽推演到政治上，便是统治集团内的尔虞我诈和钩心斗角。演到极致，便是围绕权力的你争我夺。而最高统治者的昏聩无能，则会助长野心家的贪欲，使你争我夺演成你死我活的内讧。“八王之乱”就这样发生了。

在西行路上的张轨，当然知道朝堂上的荒诞不经。他提出要到凉州去的前夕，即永康元年（300），石崇死在赵王司马伦手里。据说，赵王伦杀石崇，除认为石崇是贾皇后侄子贾谧的死党外，还与一个叫“绿珠”的女子有关。绿珠生得极其貌美，善音律，会吹笛，十五岁就被石崇纳为小妾，深得石崇宠爱。司马伦打着为太子司马遹报仇的旗号攻入洛阳，废掉贾南风执掌朝政后，他的党羽孙秀派人去石崇住的“金谷园”，向石崇索要绿珠，石崇不肯放手，于是在孙秀挑唆下，司马伦杀掉了石崇。石崇死前，绿珠先跳楼自杀。其实，绿珠的故事也不过是门阀士族荒淫贪残的一个侧面。

张轨更清楚“八王之乱”发生的深层次原因。虽说这场乱事是晋武帝死后发生的，但祸根是晋武帝埋下的。

晋武帝是个具有多面性的皇帝。一方面他颇有能力，被史家誉为开创了“太康盛世”。公元265年，他废掉曹魏小皇帝曹奂，登基称帝；继而在太康元年（280）兴师南下，灭掉割据江南的孙吴，俘虏孙吴皇帝孙皓，结束了三国鼎立的纷争局面，重新完成了统一大业。他在位时，实行占田课田制度，不仅使农民有了归自己使用的土地，而且通过户调制减轻了农民负担，推动了农业经济发展。因农业连续丰收，以致出现“天下无穷人”的谚语。这就是“太康盛世”的来历。但晋武帝的另一面，不仅是他纵容了门阀士族集团的荒淫腐朽，还在政治上留下了败笔。

第一个败笔是让同姓王掌握军权。晋武帝总结曹魏亡国的教训，不说自己“欺人孤儿寡妇”说人家是“孤立而亡”。他认为从魏文帝曹丕起，皇帝不把实际权力交给兄弟子侄，以致当危难发生时，宗族亲人无能为力。为此，西晋一建立，便大封宗室子弟为诸侯王，规定诸侯王以郡为国，各国按所领户口拥有人数不等的军队：2万户人口的诸侯国可置兵5 000人，万户人口的诸侯国可置兵3 000人，5 000户人口的诸侯国可置兵1 500人。

我们知道，西汉初年，汉高祖刘邦曾经大封同姓王，结果到汉文帝和汉景帝时，诸侯王与皇室之间纷争不断，以致发生了吴楚“七国之乱”，几乎将西汉政权摧毁。从文景直至汉武帝，朝廷费了很大气力，实行“削藩”，才使政局趋于平稳。曹魏正是吸取前朝政治教训，才不给宗族子弟以实际权力。而晋武帝不仅大封宗室诸王，还让他们个个手握重兵，一旦诸侯王野心膨胀，或有人盯上了皇权，那祸乱势在难免。

第二个败笔是立嗣不明。晋武帝皇后杨氏生了三个儿子，长子司马轨，次子司马衷，三子司马柬。因司马轨两岁就夭折，按顺序该司马衷为太子。但司马衷生来“不慧”，说轻了叫弱智，说重了就是白痴。在晋武帝决定立司马衷为太子时，朝廷许多大臣感到不安，但谁也不敢公然反对。一次，晋武帝在陵云台和群臣饮宴，尚书令卫瓘佯装酒醉，跪在晋武帝的龙床前说有事启奏。晋武帝问：你要说什么？卫瓘吞吞吐吐，迟疑了许久，手摸龙床叹息道：“此座可惜。”晋武帝明白卫瓘的言外之意，打趣地问：“老先生，你真的醉了吗？”但卫瓘再也闭口不语。晋武帝知朝臣们早在议论太子“不慧”，便派人去做面对面的测试。然而有人提前连如何问如何答一一告诉了司马衷。结果可想而知：司马衷圆满通过测试，被立为太子。

公元290年，晋武帝一死，司马衷就成了晋惠帝。他当皇帝后的一些愚顽言行被史书保留下来，成为千古笑料。一次，奏报称地方上发生灾荒，老百姓在饥饿中挣扎。他反问：“民大饥，何不食肉糜？”意思是老百姓没饭吃，为什么不吃肉粥呢？还有一次，他在华林园游玩，听见有蛤蟆咕咕叫，便回头问陪侍的人：这些东西叫个啥？是为公家叫还是为私人叫？被问的人急中生智，回答说：在公家地是为公家叫，在私人地是为私人叫。

晋惠帝的身后，有个会玩弄权谋阴险狡诈的女人，这就是皇后贾南风。

贾南风是权臣贾充之女。司马昭专擅曹魏朝政时，贾充因效忠司马昭有功，被晋爵宣阳乡侯，先任廷尉，主管刑狱，后升中护军，执掌禁卫军。公元260年，曹魏皇帝曹髦不甘心受司马氏摆布，铤而走险，率领亲随出永宁宫，去杀司马昭，早已有备的司马昭命贾充率禁军数千严阵以待。在丞相府门外，贾充下令将曹髦刺死，从此为后世留下了“弑君”的恶名。但在司马氏当权的时代，这不过是“各为其主”罢了。司马炎建立西晋后，拜贾充为车骑将军、散骑常侍、尚书仆射，封鲁郡公。尽管这样，正直点的公卿仍不愿与贾充为伍。于是，在泰始七年(271)“凉州之乱”发生后，侍中任恺、中书令庾纯等，建议晋武帝派贾充做秦、凉两州都督，借此将贾充排斥出京城。不甘心被外放的贾充与任中书监的心腹荀勖等商量对策，认为办法只有一个，那就是让贾充赶快将女儿充入东宫，嫁给太子司马衷。贾充依计而行，果然有效果。晋武帝以为太子完婚为由，下诏留贾充继续在京城供职。而贾南风也由此做了太子妃，后来成为贾皇后。

贾南风是贾充的三女儿，生得黝黑短小，相貌丑陋且心胸褊狭。据说贾充原定将小女儿贾午送入东宫，但贾午当时年仅十二岁，年纪小得连嫁衣都抻不起来，贾充不得已让十五岁的贾南风代妹出阁。而这个贾午也非等闲女子，她钟情于一位风流倜傥的年轻男子韩寿，偷情时将皇帝赐予贾家的西域异香送给韩寿。这种香发出的香气沁人心脾，一旦接触，香气经月不散。韩寿的同伙知道韩寿身上的香气来自贾午，一时传为笑谈，流传至今，成了“韩寿偷香”的典故。后来贾充把贾午许配给了韩寿，生下儿子韩谧，因贾充无后，为爵位后继有人，将韩谧收养过来，改姓为贾，成了贾谧。贾谧因姨姨做了皇后，自己也身价百倍，平日生活极度奢侈，“器物珍丽，歌伎美女，选极一时”，结交了一大批贵游子弟和浮华之徒，大宴宾客，门庭若市。不仅有石崇这样的富豪权贵追随左右，就连写有《三都赋》导致洛阳纸贵的左思，还有文学家陆机，名士潘岳、挚虞等都依附其门下，号为“文章二十四友”。每当贾谧出门，左思等在车驾后面望尘而拜。贾午和贾谧如此，贾南风更不用说，生性放荡的她贵为皇后，却又不甘心陪伴一个傻皇帝，除私通太医程据外，还随时派人出宫，一旦发现年轻貌美的男子，便绑架进宫，供自己享乐，用腻了杀掉再换新人。但她生活荒淫还在其次，尤其是野心勃勃，总在想方设法攫取权势。在这方面她和贾谧合谋，狼狈为奸。

晋武帝死前，安排杨皇后父亲杨骏为太傅、大都督，掌管朝政。对杨骏专权，贾南风耿耿于怀。她与贾谧合谋，要把权柄夺回自己家族。永平元年（291），贾南风唆使楚王司马玮，在洛阳发动禁军政变，杀掉杨骏，诛其九族，并株连数千名朝臣贵戚死于横祸。杨骏死后，朝廷公卿推出老臣卫瓘，让他与汝南王司马亮一并辅政，这使贾南风专权的图谋落空。于是她继续挑起事端。当年六月，贾南风再次指使楚王玮杀掉卫瓘和司马亮，继而以楚王玮擅杀朝臣的罪名，处死了司马玮。这样，贾南风终于把权柄抓到了手里。元康元年（291）她唆使晋惠帝废去太子司马遹，次年又将其毒杀。这个司马遹在史书中又写作愍怀太子，他原是宫人谢玖所生，素与贾谧过节很深，被贾南风视为眼中钉。

贾南风连续屠戮朝臣和废杀太子的行径，激起了朝廷上下的愤懑。就在愍怀太子被杀后一个月，即永康元年（300）四月，典掌禁军的赵王司马伦利用禁兵对贾后废杀太子的不满情绪，发动政变，将贾南风杀掉，连带诛杀裴頠、张华等一批朝廷重臣。永宁元年（301）正月，赵王伦废掉晋惠帝，自立为帝。紧接着齐王司马冏从许昌起兵，镇守邺城的成都王司马颖和镇守关中的河间王司马颙起兵相应，三王各带军队杀向洛阳，司马伦寡不敌众，兵败被杀。接着，三王迎惠帝复位，司马冏以大司马名义入京辅政。但司马冏辅政又引起其他诸王不满，于是长沙王司马乂、东海王司马越等又带兵卷入纷争，使洛阳所在的中原和长安所在的关中，到处被战火燃遍。直到光熙元年（306），河间王司马颙、成都王司马颖相继被杀，政权落到东海王司马越手里，“八王之乱”才算结束。

“八王之乱”结束时，张轨做凉州刺史已六年时间。他离京启程的前一年，正是赵王起兵诛贾后杀裴頠、张华的一年。张华被杀完全是无辜的，按理说他怎么也不该遭此杀身之祸。他出身庶族，平日廉洁自守，与门阀士族少有搭界。贾后掌权后，为争取人望，硬把他拉进政治圈里。张华感到贾后过于嚣张，写《女史箴》以为讽谏。由于张华等人励精图治，在贾南风掌权的八年间（291—299），西晋政治还算稳定。张华被杀一事，会带给张轨多大刺激，这可想而知。张轨离开京城时，适逢齐王、成都王、河间王三王起兵，从洛阳到关中，到处都变成了屠场，张轨一定目及了中原百姓尸横遍野和流离失所的景象，这又会给张轨留下多么惨痛的记忆呢？

西行路上的张轨，必然想着在“保全门户”之外，此番去河西任职，首先任务就是求得凉州的安定。他会不会在过黄河时，站在岸边登高望远，将目光投向劈波斩浪的船夫，再回头顾望远去了的中原大地？

古代的读书人，个个怀揣修、齐、治、平的梦想，并将它当作毕生奋斗的志向。张轨是读书人，他饱读儒家经籍，深知生于乱世要做兼济天下的“达者”有多么不易,但自己又食君之禄，不可能只满足于独善其身。怎样才能既保全了家族，又不负圣恩呢？思来想去，他给自己和家人拟定了以“弘尽忠规”为理念，以“上思报国，下以宁家”为宗旨的治凉方略，以后又将此作为对凉州文武将佐的要求，亦作为临终遗嘱要后世谨记。

张轨的“上思报国”是指为西晋皇室效忠。在这一点上他竭尽所能，做到了鞠躬尽瘁，公元305年夏，东海王司马越在山东起兵，打败河间王司马颙，迎被挟持到关中的晋惠帝返还洛阳。张轨得知这个消息后，立即派出3千军队，千里迢迢去洛阳勤王。从公元307年永嘉之乱爆发开始，张轨不断给遭受匈奴军队围攻的洛阳君臣输血打气，从未间断向朝廷呈送“计簿”，除屡屡派凉州“义兵”去中原作战外，还源源不断地以战马、毡毯等物资支援京师抗战。

张轨的“下以宁家”虽指保全宗族，求得家庭的安宁，但也包括了家族的担当，那就是保宁地方，惠及凉州，尽力在施政上求得各方面的满意。后来他选贤任能、发展经济、兴理文教等一系列举措实践了这点，获得了凉州吏民的拥戴。

由于张轨在凉州励精图治，在中原经历永嘉之乱的战火洗劫时，凉州却显得平安富足，成为中原人最向往的地方，而张轨则是他们的希望所寄。无数中原士庶人口为躲避战乱逃到河西，一时之间，出现了如史书所说的“中州避乱来者日月相继”局面。这不但使河西人口骤然增加，而且由于大量中原士人汇聚河西，给河西走廊文教学术领域增添了推动力量，成为后来五凉文化繁荣的重要原因。

# 张轨的施政为前凉奠基

张轨的开局之作是恢复发展农村经济，增加粮食生产和储备。措施之一是“课农桑”。

“课农桑”是“劝课农桑”的简称，是汉魏历代政府管理农事活动的一种传统措施，其做法是官府在春种时节深入田间地头，督促劝导农民，让农户“尽力南亩”，做到人无余力，地无余利，以保证当年农业有收获，国家租税有来源。可见，课农桑的前提条件一是要有农村劳动力，二要为有劳动能力的农村人口提供一定土地。张轨初到凉州时，凉州地广人稀，保证农民家庭有一块可耕土地，这一点是可以做到的。另外，张轨是西晋封疆大吏，晋武帝统一天下后，在太康元年（280）颁布过“占田课田制”，规定了农民占有土地和缴纳赋税的标准，同时还设定了政府“课督”农民的具体办法，张轨只须照章办理即可。史料说，西晋“占田课田”制度实行后，农业经济获得发展，农村“余粮栖亩”，迎来了“太康盛世”，张轨在凉州实行“课农桑”，如果水旱宜人，加之环境安定，获得农业好收成是不成问题的。

张轨在“课农桑”的同时，着力为凉州各级政府配备官吏。史书把这项措施称作“拔贤才”。张轨在考察人选时，重点突出“贤”和“才”这两个字，可见他已经摆脱了“九品中正制”，强调用人重在看品德和才能。

我们知道，西晋统治的腐朽源于世袭的门阀世族政治，而造成门阀世族政治的根子是九品中正制。张轨实行“拔贤才”政策，重视个人才德，不论门第高卑，这就为人尽其才提供了机会和条件，对振兴凉州政治、经济、文教十分有利。

当然，张轨的“拔贤才”也有重点实施对象，那就是豪族人家和士人群体。豪族人家主要是那些“西州著姓”和避难而来的官僚和贵胄，而士人群体则包括河西本土士人和中原流寓到河西的士人。

史书说：永嘉之后，中原流人纷纭而至，张轨对其中许多人“礼而用之”。而此前，张轨早已着手对河西本土人才的选拔和任用。

魏晋之际的凉州，武威郡是门户，也是州治所在。但这里因遭河西鲜卑乱事，人才流失严重。相比之下，敦煌郡不仅著姓人家众多，士人也比较集中。张轨首批选拔来的本土贤才，大都是敦煌籍士人，其中，以宋、阴、氾、索、张、令狐等家族成员为最多。宋配、阴充、氾瑗、阴澹以杰出的品德和才能，被人们视为张轨的“股肱谋主”。在中原人口大批涌入河西前，他们成为凉州地方政府的骨干力量。

张轨最倚重敦煌宋氏。宋配是这个门中的代表人物，他身材短小，胸怀博大，生活清素简朴，讨厌浮华，是个文武全才。他被张轨任为州司马，受命料理鲜卑问题。宋配不辱使命，恩威并施，招抚“善戎”，分化反叛力量，杀掉桀骜不驯的部落首领若罗拔能，最终在永兴三年（306）完全征服了河西鲜卑。从此，十余万口鲜卑被安置在武威以南的河湟流域，过上耕牧生活，在以后半个多世纪内，他们接受前凉管理，与汉族友好相处，直到后凉吕光时，秃发乌孤才重振兵马，参与到河西争霸中。而宋氏家族中的宋矩、宋混、宋澄、宋繇等，他们在五凉的各个时期，都有非凡的作为。阴氏家族给予张轨的帮助也很大，阴澹历任敦煌太守等职，史料说："轨据凉州，阴澹之力。"阴氏门中的阴充、阴监、阴浚等也都树名五凉时代。至于汜、索、张、令狐等家族，他们对张轨政治的贡献就不再一一说了。

史书记载：由于宋、阴、汜、索等家族自汉代以来"五百年乡党婚亲相连"，在凉州威望素著，张轨将他们引为"股肱谋主"，委以重任，河西各种势力心悦诚服，一时，"州中父老莫不相庆"。

"课农桑"措施使农业振兴，待公私仓廪有一定储蓄后，张轨遵"富而教之"的古训，开始在凉州兴教宣化。

首先是置崇文祭酒，设立州学。为倡导尊师重教，张轨给了担任崇文祭酒者以极高待遇，规定其"位视别驾"，相当于刺史之副，可与刺史并驾车马出行。州学设立后，第一批被征入校学习的有五百人，他们全是"九郡胄子"。这九郡指两周所辖金城、西平、西郡、武威、张掖、酒泉、敦煌，以及后为安置中原流人新立的武兴和晋兴二郡。州学以儒学为主修课程，春秋"行乡射之礼"。所谓"乡射之礼"是劝学活动，它源于《周礼》，盛于先秦两汉，以"观盛德，司礼乐"为典礼主题。届时，当地行政长官要以主人身份，邀请当地名流和士人学子在州立学校中进行或观看射箭比赛。射箭不决出胜负，而是让地方官员借机与学界人士面对面相聚，以表示官府对教育的重视，从而鼓励学子们勤勉上进。另外，"乡射"还有一个寓意，那就是借射箭比喻修身立志。意思是勉励士人端正做人，道德为先，勤学苦练，积业成山。

张轨举办的学校只是培养贵胄子弟的场所，并非普及性教育机构。但在整个关陇及中原大地连一张安静的书桌都摆不下时，凉州传出的读书声就有重要的时代意义，它不仅标志着中华文明在河西得以延续，也召唤着中原学人向河西靠拢。也就是在此时，在洛阳的挚虞发出了"避乱之土惟凉州"的感叹。

凉州是多民族区域，民风朴实，民情剽悍，有鉴于此，张轨实行风教为先，德化为治的方略，大力提倡忠孝节义传统礼教，通过前代典型事例，进行具体说教。如张轨用汉末金城郡的一个事例，告诉人们，什么叫“忠”。事例是这样的：金城人阳成远大逆不道，他杀掉太守造反。而同郡冯忠，冒着被叛匪杀害的危险，伏太守尸身号啕大哭，直哭到最后自己呕血而死。张轨引述一个张掖人的事例，告诉人们，什么叫“义”。事例是：张掖人吴咏开始时受护羌校尉马贤征辟做官，后来转迁到太尉庞参府中任职。马贤与庞参二人因事被朝廷查纠，一旦查明责任，二人中有一人论罪当死。于是二人互相推诿，彼此攻讦，都提出让吴咏做证人，以证自己清白。吴咏身为二人故吏，深感左右为难，痛苦万分。他想来想去，知道“计无两全”，自己做不到证明马、庞两人都无过错，而一旦偏袒了谁，都会落下“大逆不道”的恶名。思来想去，吴咏干脆自刎而死。吴咏自杀，使马贤和庞参深受震动，他们主动和好，而事情也不了了之。张轨不但以这些发生在州内的前朝事例教导人们鉴古知今，感受教化，还亲自去冯忠和吴咏墓前祭奠，旌表他们的子孙，以示范社会。

后来，张轨为使郡县将“风教德治”制度化，专门颁布条制，下令有司“推详”自东汉凉州建立以来的人和事，将有以下品行者“具状以闻”。这些品行是：“清贞德素，嘉遁遗荣；高才硕学，著述经史；临危殉义，杀身为君；忠谏而婴祸，专对而释患；权智雄勇，为时除难。”指令显然是要树立典范，供人效法。另外，与“扬善”同时，也要求“惩恶”，将有过“谄佞误主、陷害忠良”等恶行者公之于世，让人口诛笔伐，感到不齿。

张轨所奖掖的品德，包罗了封建伦理的基本内容，对五凉时代人文精神有启迪作用，其中专门将“高才硕学，著述经史”罗列在内，对后来五凉学术的发展有重要意义。

公元307年是晋怀帝永嘉元年，上一年凉州结束了鲜卑“反叛”，进入了安宁祥和，而中原却是“八王之乱”硝烟未散，“永嘉之乱”又起。这一年，在并州平阳（今山西临汾市）建都的匈奴刘汉政权发兵大举进攻中原，羯族首领石勒进逼洛阳，将撤出洛阳的西晋王公士庶十多万人屠杀在苦县宁平城（今河南郸城县东北）。在“胡羯”铁蹄下挣扎的中原士民，纷纷四散逃难，源源不断来到河西。张轨一方面忙于派兵为新即位于洛阳的晋怀帝输血打气，另一方面忙于接纳安置纷纭而至的难民。

在安置难民上，张轨采取了因人而异、分流安置的办法。对一般百姓，安置他们到姑臧周围去从事农业生产，为此，他奏明朝廷，专门为流民设立了两个新郡，一个是武兴郡，设在姑臧城的西北，下辖武兴、大城等八个县；一个是晋兴郡，分西平郡（今青海西宁市一带）而设，下辖晋兴、枹罕等十个县。两个新郡的设置，既解决了流民的去向问题，又合理地统筹了农业劳动资源。

对从关陇和中原来到河西的官僚和学者，张轨另有政策，那就是优礼他们，为他们提供发挥才干的条件。史料是这样记述的：“永嘉之乱，中州之人避地河西，张氏礼而用之，子孙相承，衣冠不坠，故凉州号为多士。”意思是：张轨对因永嘉之乱而来的中原文化人，给予尊重和地位，以便他们代代相袭，传承学业。正是有了这样优厚的政策和宽松的环境，吸引越来越多的文化人来到河西，使河西获得了“多士”的称号。所谓“多士”，就是士林济济，才俊众多。

永嘉之乱中投靠张轨的中原人士，不少出身学术世家，或本人就是著名学者。如杜骥，原籍关中，是京兆杜陵人，他的高祖父杜预，任西晋征南将军，因富有文韬武略，被人称为“武库”。杜预学问渊博，在经学方面独树一帜，创立“杜氏春秋学”，被史家誉为“《春秋》有五，而独擅其一”。杜预自称有“左传癖”，著有《春秋左氏经传集解》等。他的儿子杜耽避乱来到凉州，传到杜骥，在河西已历四世。公元376年，前秦灭前凉，杜氏家族才重返关中。在河西期间，杜氏一门或任职前凉，或继续传习家学。杜骥兄长杜坦后来说：自己本是“中华高祖”，自迁居凉州后，《春秋》家学“代代相承，不殒其旧”。与杜氏经历相仿的还有陈留（今河南陈留）江氏家族，其代表人物是江式，这个家族集古文字学和音韵学于一身；广平程氏，其代表人物程骏，以哲学和玄学见长。所有这些家族的学术都因在河西得到弘扬而不致失落，这就是河西走廊在接纳中原人口时为保存中原文化做出的贡献。这些，在后文还有进一步的交代。

张轨为接纳安置中原流民，设置侨郡时，对凉州城也进行扩建。

当年的凉州城就是今天的武威城，汉代叫“姑臧城”，有的书上写作“盖藏城”。这座原本由匈奴所建的小城呈长方形，南北长7里，东西长3里。又因为城池狭长宛若卧龙，又称“卧龙城”。如果拿“盖藏城”字面理解，匈奴建它可能是为储存物资。匈奴过的是马上生活，通常以毡帐为家。但匈奴又常劫掠汉朝周边地区，所获粮食等物，须有固定储存地方。当然，这只是对盖藏城最初用途的估计。大概用途有限，初建成时规模较小，总面积仅相当于今天的5.25平方公里。但有研究者认为，古今长度单位不同，最早的姑臧城，实际面积只相当今天的2.427 6公里。

房玄龄主修的《晋书》上，对张轨扩建姑臧城的记载是“大城姑臧”，而王隐《晋书》描述姑臧城：“张氏据之，增筑四城厢，各千步，并旧城为五。”这告诉我们，张轨在原有的城池外，又增筑了四座新城池，将一个姑臧城扩成五个。新筑起来的城每个“城厢”长度有1 000

步。“城厢”即城池的周边，它的长度就是城墙的总长。

城市之建，源于政治经济需要，但建筑本身也是一种文化行为。城市的设计，市井的布局，道路的纵横，宫室的造型、结构、装饰，凡此种种，都融入无穷的匠心，是闪光的艺术。张轨扩建的凉州城，当取法于中原的建筑，但保留了凉州的风格，其中亦含有匈奴民族的风格。应当说是五凉时代第一个中原文化与河西文化的合璧之作。关于五凉的凉州城建文化，容待后文再予以叙述。

“立制准布用钱”是张轨另一项重大举措，也是张轨经营凉州的大手笔。它使凉州从此进入独立经济区时代。它之所以能实施，是因为这个时期河西社会安宁，民生状况良好。

永嘉五年（311），匈奴大军对洛阳步步进逼，西晋朝廷如同凄风苦雨中的一叶小舟，随时可能倾覆。晋怀帝把生存的唯一希望寄托在凉州，委任张轨为车骑大将军。这时的张轨，已是风痹病缠身，“口不能言”，但他仍竭尽全力，一如既往地忠于朝廷，按时呈送“贡计”，以马匹、毡毯支援京师，派凉州“胡骑”入中原参战。但一面也在为日后的“杜绝河津以自守”做准备。在继续农牧业经济的同时，为了满足城市人口消费的需要，公元314年，张轨临死之前，按太府参军索辅的建议，完成“立制准布用钱”的经济改革。

所谓“立制准布用钱”，就是废除布帛交易，恢复钱币流通。

我们知道，整个东汉至魏晋南北朝时期，是中国历史上货币经济极度萧条的时期。从东汉中后期开始，原来发达的货币不再使用，不光政府向民间征收的赋税变成了粮食布帛等实物，民间交易也用布帛代替钱币。河西走廊因为遭受“凉州之乱”，情况更加严重。按照索辅所说，当时“河西荒毁”，民间交易近乎废止。在这样的交易方式下，城市里的人手握积攒许久的汉魏“五铢钱”，却又派不上用场。在这种局面下，大量中原侨寓人口，还有那些来河西的西域商人，无论是生活还是经商，都举步维艰。于是，改变这种情况已刻不容缓。

索辅是太府参军，变通财货是他的职责。他为张轨建策，提出改革凉州“钱货无所周流”的现状。建策说：古代人用金、贝、皮等作为货币，消除了用谷物、布帛相互交换带来的物资损耗。两汉政府为更方便起见，制作了五铢钱。它一经发行，便畅行无阻。泰始年间，因为河西战乱，凉州百业萧条，钱币不再流通，人们为得到需要的物品，便将成匹的缣布截成段，用来替代钱币。结果损坏了“女工”，交易起来也不方便。天长日久，造成家庭手工业和商业两耽误，弊端实在太大。“今中州虽乱，此方安全，宜复五铢以济通变之会”。

索辅的建策以“凉州安全”为改革前提，以“济通变之会”为改革目的，很有真知灼见。他的建策立刻得到张轨首肯，付诸执行，并据此设立制度，将缣布的购买力折算成五铢钱，开始了真正意义上的货币交易。史料记载说实行之后，“钱遂大行，民赖其利”。就是说，“立制准布用钱”后，人们都拿五铢钱买进卖出，既感觉方便，又感觉实惠。

另有记载说，五铢钱开始流通的当年，有西域商人来到凉州，他们随身带来两个“拂菻”形状的硕大金瓶，被凉州政府买了下来。我们知道，外形像“菻”一样的瓶器，至今常见于我国新疆乃至中亚一代的工艺品中。可见，张轨在凉州恢复五铢钱流通，不仅对河西社会经济生活的发展有利，也对进一步开放与西域的商业和文化交流有积极作用。

张轨在凉州的十三年深得凉州士民的爱戴。在最后的几年，他因为患病，由次子张茂代理凉州政务，趁此机会，一些地方豪强欲取而代之。他们造谣生事，网罗党羽，伺机发难。公元309年，河西大族张镇、张越兄弟勾结西平曹祛、金城麹配等，发布檄文，鼓动人们废除张轨。而朝廷里也有人对张镇等的煽动信以为真。一时之间，令张轨既苦恼又被动，他为自己不是生在本土而怅惘，产生了退避山林的想法，想派人去向朝廷请辞，再返回宜阳养老。但被下属众官员劝止。有官员站出来痛斥张镇说："张轨，当今名士，张镇你有何能何德取代他？"治中杨澹愤懑之下，径直跑到长安，将自己的耳朵割下，盛在盘中，比喻朝廷耳目不明，专听奸人一面之词。他向代表朝廷的南阳王司马模哭诉张轨的功业。此前，司马模已将晋怀帝赐给自己的佩剑赐予张轨，并给了张轨"自陇以西，征伐断割悉以相委"的大权，现在听杨澹这番哭诉，更坚信张轨的忠正了。后来，张镇势力因不得人心，被永嘉中（307—313）返回凉州的张轨长子张寔一举镇压。

建兴二年（314），张轨病逝，死时刚60岁。就在此前一年，洛阳被刘曜的匈奴大军攻破，晋怀帝做了俘虏。接着，晋愍帝在长安登基，年号建兴。在此国难之秋，张轨留给子弟及属下的遗令是："文武将佐，咸当弘尽忠规，务安百姓，上思报国，下以宁家。素棺薄葬，无藏金玉。"

张轨死后，他的儿子张寔（？—320）和张茂（？—324）兄弟相继代理凉州政务。

史书说张寔"学尚明察，敬贤爱士"。他以举秀才入仕而为尚书郎。永嘉之乱发生后，他被朝廷任为骁骑将军。但随着中原士民避乱外逃，他也以父亲年老病重为借口，辞职赶回河西。这时，他的弟弟张茂正替生病的父亲处理凉州政事。张寔一到凉州，张茂立即将凉州事务推给兄长。此时，凉州最忙的事情除接纳和安置中原士人外，就是支援危在旦夕的长安朝廷。特别是建兴元年（313），晋怀帝被匈奴军队俘杀在平阳，晋愍帝在长安即位后，刘曜军队步步进逼，长安危在旦夕。绝望中的晋愍帝把生死存亡全系于凉州，他派使者送圣命给张寔，册封张寔为持节、都督凉州诸军事、西中郎将、凉州刺史、护羌校尉、西平公。信中不尽凄婉地说：乃父武公（张轨死后封谥）在西夏（指关陇以西）为国效力，功勋卓著。以前匈奴侵逼京畿，他派劲锐之师，不远万里以赴国难，又贡献凉州物产和远方珍奇，岁岁如此，从无间断。现在我将专征大权托给你，希望不负厚望，澄清宇域。面对国家凋零和令人悲观的现实，我内心十分哀伤。唯望你弘扬乃父事业，继续辅助和保卫王室。

这与其说是册封诏书，还不如说是哀告信。张寔知道晋王朝大势已去，应早为家族的未来考虑。他此前只是凉州群僚公推的代刺史，现在有了晋愍帝的册封，他名正言顺掌起了凉州大印。

张寔首先发布告全凉州父老书。在书中称孤道寡地说：孤（自己）继承父位，期望刑政举措不危害到百姓利益。这些年，境内发生旱灾和饥荒，或许就因政治疏漏所致。常想听取批评言论，以便弥补过失。自今往后，凡当面指我过错者，用束帛相酬；书面讲我过错者，以筐篚（物器）相报；在街衢闹市诽谤我者，以羊米相谢。

文告发布后，有个家在高昌（今新疆吐鲁番）的小官隗瑾上书，指出张寔有违“三讯之法”古训，政事不够透明，朝中未置谏官，蔽塞了言路；一人做主，不设辅弼，无人补阙拾遗；事无巨细，亲自料理，兴军布令，朝中不知。天长日久，做错了事，无人分担责任。他希望张寔决策，与人共议，政刑大小，与众共之。还说：“若恒内断圣心，则群僚畏威而面从矣。善恶专归于上，虽赏千金，终无言也。”

隗瑾貌似批评实则阿谀的上书叫张寔感到高兴，他下令给隗瑾“增位三等，赐帛四十匹”。

张寔的下书，一方面反映张寔想借“开明”来笼络人心，另一方面也说明张寔在为割据凉州做舆论准备。虽然这样，他仍按父亲“弘尽忠规”的遗训办事，送贡计、名马、方物、图书经籍到长安。后来刘曜的前赵军队围攻长安，他派王该率军去长安与匈奴作战。

公元316年底，前赵大军攻破长安，俘晋愍帝。当前赵军队围攻长安时，张寔虽有所表示，但已开始为保存家族力量做考虑，他的叔父张肃得知长安形势紧急，要求亲自带军队去勤王，但被张寔以“年迈”为由予以阻止。后张肃得知长安失陷，竟悔愤而死。有一首民谣形容当时的情势说：“秦川中，血没腕，惟有凉州倚柱观。”就这样，一直被张氏家族奉为“故国”的西晋王朝被匈奴前赵摧毁了。

晋愍帝被俘前，西晋黄门郎史淑、侍御史王冲逃出长安，西奔凉州。第二年春，二人到达姑臧，他们带给张寔一道诏书。这份诏书是愍帝出降前赵的前一天下的，诏书册封张寔为大都督、凉州牧、侍中、司空，许他“承旨行事”。另外，特别提示张寔拥戴即将即位于江南的司马睿。但西晋的灭亡标志着张寔掌控的凉州已无所宗属，它不再是西晋的地方政权，而成了独立于西州的割据政权，这就是前凉。

公元317年，晋愍帝在平阳被刘曜杀害，琅琊王司马睿即位于建康(今江苏省南京市)，建立了东晋王朝。加封张寔为征西大将军。但张寔及其后的张轨后裔虽“遥宗”东晋，但却用西晋愍帝“建兴”年号，而不奉东晋的“正朔”。

前凉的出现是西晋政治和民族关系发展的结果。从此，河西走廊进入了“五凉”时代。这是河西民族自我谋生存求发展的时代。

西晋王朝灭亡后，凉州以东的陇西、天水两郡内，还有一支西晋王族残余势力，那就是南阳王司马保。张寔表面上做出支持司马保的样子，但实则担心司马保会退居河西取代自己，于是，将军队派向陇西和天水，打的旗号是“翼卫”司马保，实际是在防备万一。

公元320年，司马保被部将张春杀掉，其部下一万多人逃到凉州。司马氏在北方的最后一点余烬熄灭。

司马保死后不久，张寔也死于一场谋杀。事情是这样的：有个关中人叫刘弘，他在姑臧城南的天梯山洞穴里传道，传道时“燃灯悬镜”以象征光明。一时间，有上千信徒。刘弘自称上天给他“神玺”，让他“王”凉州。张寔身边的帐下阎沙、牙门赵仰是刘弘的信徒，也是刘弘老乡，刘弘与二人密谋暗杀张寔，夺取凉州。但事机不密，刘弘被张寔逮捕处死。而阎沙等则于当晚潜入张寔住处，将张寔杀死。

天梯山是五凉时代最早开凿佛教石窟的地方。刘弘在天梯山洞穴“燃灯为光明”传道，很可能传的是佛教。而张寔认为刘弘在“左道惑众”，可能是出于对佛教不了解，也可能是出于对刘弘聚众的恐惧心理。另外，佛教作为异域信仰，它传入河西后，与传统的汉文化必然发生某种碰撞。刘弘与张寔的死，是否反映了佛教与世俗政治之间的斗争呢？

张寔被杀死时儿子张骏尚在年幼，由弟弟张茂再次代理凉州刺史之职。史书称张茂“虚静好学，不以世利婴心”。就是说，张茂崇尚老庄，钦慕安静恬淡的生活，好读书而不热衷功利。据说晋愍帝在长安时，驻秦州的南阳王司马保曾多次要他做官，他都予以回绝。但史书又说张茂“雅有志节，能断大事”，是个有领导能力的人。在兄长遇害后，他舍弃“虚静”，接受属下推举，以“凉州牧”名位开始主持政务。他做出的第一个决定是为兄报仇，诛杀阎沙及其党羽数百人。第二个决定是任命14岁的侄儿张骏为抚军将军、武威太守。

张茂认为兄长张寔之所以遇难，原因之一是失于防范。为此，他再次对武威城进行扩建，并完善防卫设施。他的计划是筑一座“周轮八十余堵，基高九仞”的灵钧台。但工程刚动工，便有人表示反对。一天晚上，一个叫阎曾的人叩开张茂的府门，传话说：我是你父亲武公（指张轨）派来的。你父亲叫我问你，你为什么要劳役百姓筑灵钧台？张茂没有作答，他把事情告诉了姑藏县令辛岩。辛岩认为阎曾装神弄鬼半夜敲门，是一种“妖妄”行为，建议杀掉阎曾。张茂说：我相信劳苦百姓是一句真话。阎曾是替先君传话，怎么是妖妄呢？张茂话音刚落，太府主簿马鲂便进谏说：现在州里许多困难亟待解决，是应当弘扬简素，不该奢侈，更不该劳役百姓去搞楼台亭榭。几年来，普遍感到工程一件比一件奢华，规模也有违背成规祖制的地方，这有失子民百姓对明公的期望。张茂听了这番话，连声道：我错了，我错了。下令停建灵钧台。

张茂时，刘曜已在长安称帝，继而开始进攻陇右。张茂趁司马保败亡，派军东出，攻占了原在司马保控制下的陇西、南安两郡，将这片区域置为秦州。为延缓赵军西攻，他主动向刘曜称藩，献上马、牛以及无数的珍宝。但张茂始终不忘“王公设险，武夫重闭”是保据凉州的生命线，不久灵钧台工程重新上马，并最后按计划完成。这样，姑臧城以更完备的城防成了前凉都城，而张氏家族也开始一代接一代地世袭统治河西。

# 强盛期的前凉政权

公元324年，张茂病死，张骏继位。

张骏（307—346），字公庭，是张寔之子。接掌前凉时他只有18岁，死时也才40岁。在短短的一生中，张骏继承祖辈遗志，励精图治，奋发有为，将前凉引上了强盛道路。

张骏嗣位，面对的是四分五裂的天下形势。辽阔的黄河流域被匈奴的前赵和羯人的后赵所瓜分，氐人李雄的成汉割据巴蜀，而东晋偏安江南。在各政权中，前凉力量最弱小，它最盛时不过5万军队，其他政权兵力都超过它，与它相邻的前赵有军队30万。如何在这种复杂的局面中图存，这对年轻的张骏是个严峻考验。为此，张骏审时度势，灵活地开展权变外交。他先表示拥戴东晋，鉴于暂未取得与东晋的联系，他利用西晋灭亡前夕到达河西的钦差史淑，让他作为东晋朝廷的代表，加封自己为使持节大都督、大将军、凉州牧、领护羌校尉、西平公。接着，又假意做出谦卑的样子，向前赵和后赵这两个“胡羯”政权称臣纳贡。

张骏深知前赵早晚会兴兵犯凉，届时能帮助自己的只能是东晋。但问题是面对东去道路被前赵阻断的形势，如何与在江南的东晋取得直接联系呢？张骏想到一个办法，那就是先与成汉建立起良好关系，再派使臣从汉中取道巴蜀去通表江南。他之所以这样想，是认真分析了形势

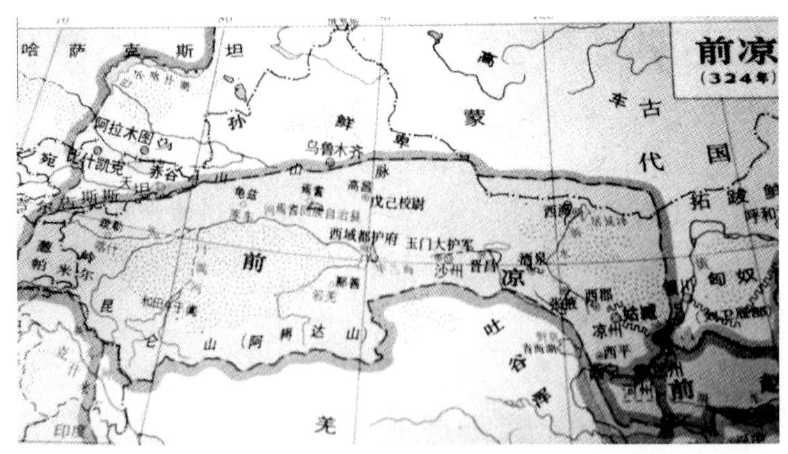


| 前凉疆域

的。他清楚这时期的天下，不仅汉族人视“侵暴”中华的“胡羯”为寇仇，连一些汉化程度较深的氐、羌民族有时也以“晋之遗黎”自居，与颠覆了西晋的“胡羯”划清界限。而建立于巴蜀的成汉政权，本是西晋关陇六郡流民领袖李特创立的。公元306年，李特子李雄在成都登基称帝。李雄自称“我乃祖乃父亦是晋臣”，东晋建立后，一直与东晋关系比较好。张骏接掌前凉后，还因这个缘故给李雄写过亲笔信，他规劝李雄去掉帝号，共同执守臣节。

公元329年，前赵被后赵灭掉，原被前赵占领的关陇大地转入后赵。趁前后二赵酣战时，张骏抢先收复被前赵占去的“河南地”（今洮岷一隅），扩境到狄道（今临洮县）。后赵代替前赵与前凉为邻的最初，后赵主石勒因早先张骏已向自己称藩，为向张骏示好，派鸿胪寺卿孟毅去河西，给张骏加官晋爵。本来，张骏向石勒称藩只是出于策略考虑，现在见石勒真把自己当“臣下”了，叫他顿时感到耻辱难耐。他不但拒绝受封，还将石勒的使者孟毅予以扣押。通过这件事，张骏更坚定了派人去江南联系东晋的决心。但一开始，张骏想得简单了些，他派傅颖做使者，去向李雄借道，结果被李雄挡了回来。但张骏没有泄气，决定再派一位敢于担当的能言善辩之士，继续去成都说服李雄。这次，他选中了治中从事张淳做使者。

公元333年，张淳入蜀。他带着张骏向李雄称藩的许诺，去与李雄谈判。张淳知道李雄有时承认自己是晋臣，也了解李雄一向与氐人杨氏建在陇南的仇池国为敌，便先从赞扬李雄祖上效忠西晋入手，再斥责杨氏的无状行径，最后表态说，前凉早想与成汉联手，先扫灭掉仇池，再“两国并势，席卷三秦”，实现灭“胡羯”，光复西晋的大业。满以为这样一来，李雄会答应借道的要求。但张淳想不到自己这次犯忌了，他“两国并势，席卷三秦”的话，将前凉与成汉并提，使李雄心中十分不快，但他表面上不但丝毫没流露出来，甚至还表示接受张淳意见。但张淳刚离开，李雄便怒气大发，他下令手下，将张淳沉入东峡（今岷江）秘密处死。幸而李雄手下有个叫桥赟的人，他偷偷把消息透漏给张淳，才使张淳及时躲过一劫。张淳去见李雄，义正词严地谴责李雄说：我受君命不远万里，出使你这人迹罕至的地方，意在向你表达我君的诚意。原以为陛下有抱负明道义，一定能成人美节。现在看来想错了。如果你想杀我，可以放在大庭广众的闹市区，那样也好宣布说，是凉州不忘西

骆驼城遗址

晋旧义而通使东晋。你也因此决定借给道路，以显示成汉的君圣臣明。现在，发觉这个决定做错了，杀人是为了纠正过错。你这样宣布，既可以使你义声远播，又可以叫天下人怕你，不是一举两得吗？而你偷偷地杀我，尽管威风很大，可是也显现不出，怎叫天下人感知你的轰轰烈烈？又怎叫人因此惧怕你呢？李雄听了张淳这一番话，深感惭愧。他佯装不知这事，并答应送张淳回河西。而司隶校尉景骞对李雄说：张淳是壮士，应当留住为我所用。而李雄反问景骞：既是壮士，岂能留得住！你这样说那就试一试吧。景骞见张淳，劝张淳先派个人回姑臧复命，留自己多住些时日，待天气凉爽些时再回去。张淳毅然地回答说：我身负军国重任，此责非手下能代。当初受命，不惧火山汤海，今天岂能怕天气暑热？李雄听景骞说张淳不为所动，于是备了厚礼送张淳返回凉州。

张淳一回到凉州，马上按张骏指令，招募人手，陆续出发，途经成汉辖区，转道去东晋都城建康（今江苏省南京市）。时为张骏十年，前凉称建兴二十一年，东晋成帝咸和八年。

事有凑巧，在前凉从成汉借得道路派首批使臣出发时，东晋早在八年前派出使团历经曲折到达了姑臧。

东晋使团原由耿访和贾陵带队，从建康出发，取道襄阳（今湖北省襄樊市），经汉中前往凉州。但使团走到汉中后，因遇到后赵军队盘查受阻，不得不停下来。这一停就停了七年。七年间，耿访被东晋召还建康，而贾陵则在梁州等待机会，最后他扮作商人，躲过后赵军队盘查，到达了河西。

耿访是张寔时的敦煌计吏，长安被刘曜攻破前，他因事到长安。后因道路被战火阻断，他无法返回凉州，一路南下到汉中。建兴二年(314)，他跑到江南。东晋建立后，他多次给朝廷上书，书中充满对家乡的深情，希望东晋朝廷关注河西，称凉州人至今尚不知道东晋建国的事，他请求朝廷派出使团，去凉州宣布此事，并希望让自己当向导，尽快带使团前往。贾陵就是在这种背景下舍生忘死，千辛万苦到达凉州的。贾陵很可能是西晋末年安定太守贾疋族人。如果是，姑臧是他的故里。他到达凉州，既遂了耿访心愿，自己也落叶归根。

有人说，“凉州信多君子”，意思说前凉时，许多汉族士人面对外族强权坚守民族气节，执守大义，忠心耿耿。这里再举王骘为例，看他是如何不辱使命的。

张骏继位当年，派参军王骘去长安向前赵卑辞言好，以改善与前赵关系，以免前赵提前进攻河西。赵主刘曜问王骘：你来言好，能保证张骏始终如一吗？王骘回答：不能保证。刘曜一旁的侍中徐邈听这话后很生气，他质问王骘：你既受命与我们交好，又不能保证始终如一，你究竟想干什么？王骘答道：当年齐桓公在贯泽会盟诸侯时，怀有一颗为天下而忧之心，谦虚谨慎，礼待各国，故诸侯们不召自来。到后来的葵丘之会，他威风八方，自以为是，结果众叛亲离，至者寥寥。你赵国如保证始终如一善待别国，我便能保证始终如一对待赵国。假如有朝一日你政治败坏，自己尚且朝不保夕，怎么能要求我们凉州对你一如既往呢？一席话说得徐邈哑口无言。刘曜听了王骘这番话，却颇为赞赏地说：你真是凉州君子啊，选择你做使者，是选得其人！

张骏作为前凉最高统治者，也有士人的一面。史书上说，张骏“幼而奇伟”，他文思敏捷，“十岁能属文”。他在东晋咸和九年（334）给东晋的上疏，全文四五百字，但文辞慷慨，文笔犀利，满怀激越感情向晋成帝司马衍发声，批评司马氏偏安江南置北方领土丧于外族而不顾的行为。抒发自己夙夜匪懈、枕戈待旦渴望与东晋合力扫平后赵的心情。

“陛下雍容江表，坐观祸败，怀目前之安，替四祖之业，驰檄布告，徒设空文，臣所以宵吟荒漠，痛心长路者也。”

“臣闻少康中兴，由于一旅，光武嗣汉，众不盈百，祀夏配天，不失旧物，况以荆扬剽悍臣州突骑，吞噬遗羯，在于掌握哉!”

像这些铿锵作响的词句，今天读起来，仍感到几分壮烈。张骏作为一位统治者，也许已不具备纯粹的士人品格，如史书一面说他生活放纵，喜欢聚敛，自己不遵法制而对他人讲严刑峻法；又一面说他善于听言纳谏，能批评自己，故能“励操改节，总御文武”。就是说他有很多缺点，但最大的优点是志向远大，能将修身和治国通盘考虑，调动臣僚一起努力，这才把凉州治理得风生水起。

史书记载：自从张轨据有河西，内外都有一些战事，所在征伐不断。到张骏时，“境内渐平”。这时的前凉，“刑清国富”，“尽有陇西之地，士马强盛”。也就是说，张骏时，凉州境内境外都已安宁，前凉进入了太平年月，它的疆域包括了今天甘肃省陇东和陇南以外的全部土地。

随着强盛期到来，前凉的王权政治也节节上升。凉州官员们纷纷上书，劝张骏称凉王，置公卿百官，“如魏武、晋文故事”。但张骏却言不由衷地说：这些不该是人臣者讲的话，再讲要治罪。但事实上，张骏这时出来进去的服饰仪仗，都在按王的等级和规模设置。在凉州境内，人人尊称他为“王”。与此同时，姑臧的大街小巷传唱着一首民谣：“鸿从南来雀不惊，谁谓孤雏尾翅生，高举六翮凤皇鸣。”比喻这时的张骏像羽翼已丰的鲲鹏，他不再为东晋加封而受宠若惊，要效法振翅高飞的凤凰，发出鸣叫，直冲九霄。

将西域并入前凉版图，是张骏霸业的顶峰，也是前凉盛极的标志。按魏晋定制，今新疆境内的西域诸国属凉州刺史管辖。刺史的属官西域长史具体负责西域事务。但朝廷为便于控摄西域，又在西域派驻戊己校尉。魏晋时，戊己校尉的驻地在高昌（今吐鲁番）。由于凉州刺史兼任的护羌校尉与朝廷委任的戊己校尉级别相同，因此，实际掌管西域的是戊己校尉。张轨时，西晋朝廷名存实亡，已不可能任命戊己校尉，它可能是由凉州政府决定。

张轨在河西恢复五铢钱后，西域诸国与河西的商贸联系变得活跃起来，西域商人以所谓的“使者”来往于河西者络绎不绝。公元329年，即张骏继位的第六年，西域诸国“使者”再次到河西，他们名为“贡献”，实为“货易”。这次，他们带来了汗血马、火浣布、犎牛、孔雀、巨象及其他奇珍异宝共二百多种商品。这一方面使张骏感到高兴，另一方面也因得知戊己校尉赵贞从中作梗颇为生气。当时，身为西域长史的李柏建议张骏对赵贞的“叛逆”行为问罪，张骏同意，并授命李柏率兵讨伐赵贞。结果，李柏在作战中，反被赵贞打败。这件事轰动前凉朝野，被称作“李柏造谋致败”事件。李柏兵败，西域问题变得进一步复杂化，群臣纷纷要求处死李柏向赵贞谢罪，但张骏独不以为然，他要求对李柏“以减死论”，也就是在死刑以下讨论处理。不仅这样，他还借此连以前“父母有罪儿女不得为官”的条令都废了，改为父母有罪限制儿女“参宿卫”。

其实，张骏早有将西域直接置于前凉管辖下的战略考虑，所谓“李柏造谋”只不过是战略实施前的投石问路。

公元331年，张骏决定实施西域战略。他派军队进攻戊己校尉驻地高昌（今新疆吐鲁番），一举擒获了赵贞，接着派杨宣统帅大军，去征讨忠于赵贞的龟兹（今新疆库车）、鄯善（今新疆若羌）诸国。

杨宣的西征大军在前锋将领张植的统领下走向流沙（今白龙堆大沙漠）。史书上有张植穿越流沙时的传说。

酷暑六月，张植率前锋部队进入流沙，因连日无雨，军队很快在炎热干燥中精疲力尽，行军十分困难。张植心急如焚，他期盼上天能发慈悲，降下甘霖。无奈之下，他决定向上天祈雨。他命兵士在沙漠中筑起神坛，自己剪去头发，袒露上身，然后赤足登坛，一边放声恸哭，一边祷告上天垂怜。张植的爱士之心终于有了回报。不大一会儿，只见西北天边乌云渐起，接着倾盆大雨从天而降，不一会儿脚下沙漠水流成河。张植下神坛，命令部下杀掉自己的战马，以敬谢上天，然后命令军队继续前进。张植得上天相助的消息传入西域，原准备抵抗的西域诸国自动束手归降。第二年，鄯善、焉耆（今新疆焉耆）、于阗（今新疆和田）等国派使者向张骏朝贡，并敬献西域“方物”和美女。张骏将原戊己校尉驻地高昌壁设置为高昌郡。从此，西域的广袤土地，被纳入前凉的版图。

早在公元329年，张骏趁前赵被后赵摧毁的当儿，夺回被前赵占去的洮岷地区，在那里设置武街（今临洮县东）、石门（今临夏县南）、侯和（今临潭县东南）、漒川（今洮河流域）、甘松（今迭部县一带）等“五屯护军”，与石勒的后赵“分境”。现在又占有了西域，前凉的疆域已远远超越了河西走廊，奄有了东起今甘南，西包今新疆，南及今青海，北到今甘蒙交接带的辽阔土地。鉴于疆域辽阔，张骏重新划分行政区域，将原先只有一州之地的前凉，变为有三州之地的前凉。这三州之地是凉州、河州（金城以东以南）、沙州（玉门以西包括西域）。从此以后，河州和沙州这两个地域行政名称出现在了古代的甘肃。早先按地理位置称呼为“河南地”的黄河以南洮岷一域，现在被正名为“河州”，而自东汉以来属于凉州的玉门以西，包括敦煌郡、西域36国在内的辽阔地域被命名为“沙州”。河州和沙州的得名也和凉州一样，是取意于自然生态条件：河州多河流，沙州多沙漠。

自张骏将西域置于沙州管辖后，在后来的近半个世纪中，前凉和西域间一直保持着紧密的政治经济和文化关系。直到前凉被前秦灭掉，这种关系才告结束，这是公元376年的事了。其间，在西域与河西的丝绸之路上，商队、使臣、僧侣、士人你来我往。与此相伴随，西域的文化成果及艺术珍品大量输入河西。虽然有关材料在史书中只是一鳞半爪，但也可以看出很多端倪。如《吐鲁番出土文书》中有属于前凉的买卖合约、官方书契等，说明高昌郡设置后，汉文化在今新疆境内传播的情况。而《魏书·释老志》上关于“河西地接西域”，自前凉起，“村坞之间塔寺林立”的记载，更说明这时佛教盛传的情况。也就是说，张骏将西域纳入前凉版图，等于拆除了佛教自西域传入河西的门槛，从此，佛教三宝在河西的普及再无障碍，以致塔寺到处拔地而起。而西域的艺术珍品，历来是汉族统治者心中的“宝货”，自然也是性好聚敛的张骏的向往之物。西域成为前凉沙州属地后，大量西域珍贵艺术品被充入王府，这在张骏的墓葬中得以证明。后凉吕光时，有个胡人名叫安据，他盗挖张骏墓，“得真珠簏、琉璃榼、白玉樽、紫玉笛、珊瑚鞭、玛瑙钟，水陆珍奇不可胜纪”。其中的珍珠玛瑙制品不知产于西域何地，但白玉紫玉制品很可能产在于阗等地或昆仑山下，至于珊瑚鞭那只能来自遥远的地中海一带。

随着前凉的强盛，张骏计划着对河西生态环境进行改造。他勾画的第一个图景是“治石田”。设计的步骤是“徙石造田，运土植谷”。就是今天俗话说的“移石造田”或“变沙漠为良田”。第一步是将戈壁砂石搬走，第二步是再运来土壤，播种作物。张骏把他的想法和臣僚讨论，结果遭到参军索孚的反对。索孚说：后稷是农神，连他都不肯在磐石耕种。索孚为说服张骏放弃计划，还当众算了一笔账，他说：按北方的良田计算，一亩地不过收获3石粮食，而“治石田”所费人力却不知几许，恐怕所费超过所收许多倍。这叫事倍功半，得不偿失。索孚的话使张骏觉得不自在，他将索孚贬到敦煌宜禾去做都尉，用意是惩罚他去沙漠屯田区，体验一下沙漠能否变成良田。由索孚被贬一事可见，张骏在“治石田”上，态度是相当坚决的。至于“治石田”具体实施的情况和结果，因史书缺载，我们不得而知。但通过张骏做的另一件生态善举，可认定他起码在姑臧附近搞了“治石田”实验的。当时河西并没有槐、楸、柏、漆等树种。张骏在向东扩张领土时，有意在陇右收集上述优良树木的种子，带回河西进行播种。但不知何故，播下去的树种竟无一粒发芽。但张骏并不知道，时隔60多年后，西凉国主李暠惊奇地发现，他的酒泉宫有一棵槐树破土而出。李暠有感于此，即兴写下《槐树赋》，借槐树比喻世事难料。这从另一侧面告诉人们，张骏这次发动的种树活动不仅规模很大，而且范围很广，遍及河西走廊。

张骏尊崇士人。他在位时，凉州郡县曾有过轰动一时的征聘士人活动。当时的酒泉太守马岌，素有学养，更礼贤下士，他为邀请隐迹在山林中的学者宋纤，不惜屈驾枉顾，多次碰壁而不休。史料上是这样说这事的：

敦煌宋氏中的宋纤，自幼志向高远，注重士人节操。他性情沉静，不愿与世俗之人为伍。为躲避名利纠缠，早年就去酒泉南山隐居。深隐期间，潜心学术，“明究经纬”，同时教授慕名求学者，培养弟子三千多人。但无论州郡官府如何邀他出山，他一概置之不理。好友中，也只待见志同道合的阴颙和齐好二人。马岌的前任杨宣因慕其名而难见其人，只能挂宋纤画像于堂，并题诗感叹道：“为枕何石，为漱何流，身不可见，名不可求。”意思是说：宋纤啊，宋纤啊，你在哪块青石上休憩，你在哪条溪流中洗濯，见不到你的身影，叫不应你的名字。马岌继杨宣为酒泉太守，依然对宋纤钦慕不已，他为请出宋纤，采取高规格聘士礼，“具威仪，鸣钟鼓”，亲身去山里造访。最后虽找到了宋纤隐修的地方，但面对重楼层阁，竟不知哪里是宋纤住处。无奈之下，马岌感叹道：“名可闻而身不可见，德可仰而形不可睹。吾而今而后知先生人中之龙也。”临离去，在石壁上留下一首诗说：“丹崖百丈，青壁万寻。奇木蓊郁，蔚若邓林。其人如玉，维国之琛。室迩人遐，实劳我心。”简单地翻译一下，大意是：山崖高百丈，青石耸万寻。奇树蔽沟壑，蔚然一海林。斯人贵如玉，维国无价琛。隐遁实难觅，为此劳我心。

宋纤的经学著作有《论语注》。此外，还有文学类的诗、颂作品数万言。史书说他“年及八十，犹笃学不倦”。

前凉时，像宋纤这样隐而不仕的饱学之士还有氾腾、索袭等，这里不一一列举了。

张骏对发展教育也比较着力。公元339年，他仿照西晋教育制度，设立国子学，任命右长史任处领国子祭酒，并遵照礼制立辟雍、明堂，“以行礼”。辟雍作为学宫源于西周，原是古代培养贵族子弟的场所。贵族子弟幼年入辟雍学习“六艺”等各种术业，如礼仪、写作、诗歌、音乐、舞蹈、驾车、骑马、射箭等。后来辟雍和明堂成了教化的象征，演变为帝王倡导礼乐尊儒敬学的场所。张骏设辟雍明堂，有承袭王制显示自己王者地位的意思，也表明自己尊圣贤重儒学的文化政策。

俗话说盛世修史。张骏开了五凉官修史书的先河，他命索绥领衔，由西曹掾搜集史料，开始编修前凉国史《凉春秋》。

张骏时，对前凉都城姑臧的营建有大规模的投入，特别是对宫室的建设，在极尽奢华之余，其建筑风格也颇具匠心。这时期，按王制设计建造的大量殿阁楼台拔地而起，像宾遐观、闲豫堂、谦光殿都属此列。其设计之精巧典雅，令人称奇。以闲豫堂为例，殿堂的巍峨壮丽自不必说，仅殿前花池就堪称杰作：池内碧水荡漾，池底装饰五龙，龙影随日光游弋，日出则现，日落则隐。每当朝阳初升，池面波光粼粼，池底五龙犹如嬉水。以建筑格局而论，谦光殿堪称当时北方宫室中的典型之作。此殿建在姑臧城南，由主殿一座和配殿四座组成一个大型宫殿群。

四座配殿环列在主殿的东南西北，暗含青龙、白虎、朱雀、玄武寓意。东殿取名宜阳青殿，南殿取名朱阳赤殿，西殿取名政刑白殿，北殿取名玄武黑殿。各殿颜色有别，用途不同。青殿供春季三个月之用，朱殿供夏季三个月之用，白殿供秋季三个月之用，黑殿供冬季三个月之用。居中的主殿则是朝会群臣和商讨军国大事的地方。在各殿的外围，布列着供值省官员和近卫办公使用的署衙，也都与旁边的大殿配色相同。一应建筑，装饰华美，“饰以金玉，穷尽珍巧”。

公元346年张骏病死，当时才40岁。他统治前凉22年，被凉州人称作“积贤君”，这其中有史家的谀美嫌疑。但史家也说他年轻时放荡不羁，常喜欢夜晚微服出宫，寻欢猎艳于街区里巷，以致带坏了姑臧少年，扰乱了社会风气。无论如何，张骏在他短短的一生中，以超人的“计略”，将前凉引向强盛，这留给五凉史册的是浓重的一笔。另外，他在文学方面，也很值得称道。对此，后文再予以叙述。

# 前凉保据河西和亡于前秦

张骏死后，他的世子张重华（329—353）即位。张重华实行减轻徭役，减轻关税，赈恤贫弱，修养民生的措施，继续了前凉的强盛局面。他在巩固局面和实行防御战略上有一定作为。

张重华主政后，后赵仗着军事上的强大，屡屡进犯陇西，有时甚至西渡黄河，入侵河西走廊的前凉腹地。所以，张重华面临的重任是守土抗战。为此，张重华礼贤下士，改革用人方略，擢拔士人，启用新秀，屡次实现有效防御，击退了强大的来犯之敌。

谢艾是受张重华选用的士人之一。重用谢艾，表现了张重华不拘一格用人的革新精神。

谢艾，原任凉州主簿，是一位文职官员。史书上称他“资兼文武，明识兵略”。关于他统率前凉大军屡次拒敌于国门之外的事迹，史书记载得颇为详细。

张骏在位时，后赵虽对前凉虎视眈眈，但一方由于张骏通过向石勒称臣纳贡取悦后赵，另一方面也因后赵始终视东晋为主要敌人，从而暂时放弃了对前凉的进攻。公元335年，石虎即后赵皇位，他是个有名的暴君，生性好穷兵黩武。不久，他便开始向陇西用兵，有时还将兵锋伸展到河西。公元344年四月，石虎派将军王擢率军进攻陇西，被张骏的河州刺史张瓘击退。公元346年，张重华即位，当年五月，石虎出动两路大军：一路由王擢统率进攻陇西，另一路由麻秋、孙伏都统率进攻金城。后一路进攻顺利，赵军一到，金城太守张冲望风而降。

金城失守，赵军隔河呐喊声清晰可闻，这使前凉境内人心惶惶。张重华调集全境军队，命征南将军裴恒为统帅。但裴恒作为老将，只带着军队到达广武（今兰州市西固区），然后竟怯战而不敢东渡黄河。在这种情势下，凉州司马张耽建议临阵换将。他对张重华说：军队关系着国家存亡，将领决定着战争的胜败，而主帅关系到全军的吉凶存亡。看一下春秋战国的历史，燕国任用乐毅，克平了齐国；任用骑劫，丧失了七十余城。因此，凡古代明君，无不不慎于选将。今天的情况是众人举荐，都把眼光盯在老早建功立业的人身上，这不一定能选出真正的英才。英明的君主，应该不拘一格选人用人，让那些真才实干者担当军国重任。他建议以谢艾取代裴恒，并深信谢艾一定会克敌制胜。因为谢艾只是一个“年少书生”，张重华对张耽有些怀疑，他召见谢艾，问御敌之策，谢艾不言战阵，只要求配给自己7 000军队，去“吞灭”来犯之敌。张重华见谢艾成竹在胸，自己也信心陡增，他当即委任谢艾为中坚将军。

谢艾统领张重华配给的步兵骑兵共5 000人，到达金城前线。史书记载他临阵时的风度说：“艾乘轺车，冠白帢，鸣鼓而行。”谢艾的斯文和淡定激怒了曾身经百战的麻秋，他十分恼怒地对左右说：谢艾，不过区区年少书生，竟狂妄如此，这明摆着在欺侮我！麻秋盛怒之下，命令3000“黑矟龙骧”发起冲击。这“黑矟龙骧”是后赵骑兵中的劲旅，披坚执锐，所向无敌。凉军将领素闻其名，不免有些慌张。但谢艾神态自若，他不慌不忙地走下轺车，改坐胡床，静候赵军临近。谢艾的从容镇定叫麻秋吃惊，他远远望见谢艾指指点点，以为凉军定有埋伏，立刻下令自己军队撤退。趁赵军撤退，谢艾命令大军出击，一举将敌军击溃。统计战果，这次战役，凉军共歼敌5 000，取得了守土抗赵战争的首战胜利。

首战胜利后，谢艾又在公元347年以少胜多，指挥2万军队阻击了后赵12万大军的进犯，将前凉防线牢牢固定在黄河以东的河州一线。后赵大军屡遭挫折，使暴君石虎十分懊丧，他决定放弃灭凉的打算，并说：我仅用一支偏师便平定了九州，今天倾九州兵力却受挫于枹罕，对方有高人，凉州不可图啊！

后来的历史是：公元349年，石虎的东宫卫士在梁犊领导下哗变，后赵暴君石虎因惊吓而死。不久，随着后赵被冉闵灭掉，石虎占领前凉土地的美梦永远地破灭了。

谢艾在五凉的学术史上也有一席之地。《隋书·经籍志》收录的五凉著作，其中有《谢艾集》一书。因此书今已不存，书中内容不得而知。

由于前凉的抗赵守土是民族间的战争，这使前凉士庶同仇敌忾。而身负重任的一些汉族士人，更是恪守着民族情操，面对强敌，他们大义凛然，不屈不挠。以宋配后裔宋矩为例，赵军攻入大夏郡（今临夏东南），麻秋亲自写信给前凉宛成都尉宋矩，劝他投降。宋矩对麻秋的答复是：辞别父母为君王效力，当立功树义。功义不立，当守名节。我宋矩决不做背叛国主苟且偷生的事。他先杀死妻子和儿女，然后自杀。

张重华在位时，虽外临劲敌，政务纷繁，但对待礼制这样的“国之大事”，却不轻忽怠慢。公元346年，该秋祀了，谢艾引述《春秋》之义，说先王张骏刚去世，国家处在大丧期间，建议来年再行秋祀。别驾从事索遐认为这样不妥，他说：依照周礼，天子或诸侯在丧尚未殡葬，不进行五祀；已殡葬了的话，还是要进行。立秋是稼禾蔬果万物成熟时，行秋祀是为天下人祈求福祉，不能不搞。张重华点头称是。

这件事折射出一个事实，那就是这时的前凉虽有强敌压境，但河西走廊一切如旧，姑臧一带人们生活平静祥和。这一点，被随后出使前凉的东晋使臣俞归亲眼目睹。

公元348年，俞归作为东晋使臣，于冬季到达了姑臧。此前，晋、凉两国因受阻于后赵，从公元335年起，间断使者往来已有十多年。这次俞归到河西，是奉了晋穆帝之命，来向张重华封授爵位的。但晋穆帝哪里知道他的"圣命"对张重华来说，已无足轻重了。这时的张重华早已像他父亲一样以王者自居。他根本没将晋穆帝封赠的"西平公"爵位看上眼。但作为初次来到河西的南方人，俞归在稽留凉州的日子里，对所见所闻无不感到好奇。他看到姑臧一带，人文鼎盛，物产丰富，民风朴实，和江南人想象中的"戎狄之域"大相径庭。姑臧里巷之间，人们衣着既时尚又光鲜。特别是妇女们，喜欢穿着碧缬布裙，再罩上玲珑细布小袄，其风姿绰约，与江南妇女不相上下。"碧"是今天俗称的"青绿色"，"缬布"是绣花的丝绸。以底色青绿上有提花的丝绸做成宽裙，上身配以麻布小袄，这就是4世纪中叶河西女性的服装。就服饰文化而言，其绝妙只有在壁画中去找。俞归在姑臧居住14年之久，在此期间，他写成《西河记》一书，将他在前凉所见所闻的人文掌故做了翔实记载。

公元353年，24岁的张重华病死，他在位共八年。张重华的死，成了前凉由盛入衰的分界线。

张重华继掌前凉时，是个刚满14岁的孩子，这比他父亲当年继位时的年龄还小四岁。这说明张重华时，前凉已进入幼主时期。历史上任何一个朝代，凡幼主当政，离乱世就不远了。张重华死后，前凉的政治危机纷至沓来。

张重华死后，年仅10岁的儿子张曜灵继位，称大司马、校尉、刺史、西平公。但大权很快落入他的伯父张祚手中。张祚勾结张重华之母马氏，废张曜灵。不久，张祚称帝，并一改前凉一直使用的西晋“建兴”年号，自建年号，以公元354年为和平元年。张祚淫乱后宫，不仅与张重华妻裴氏私通，还将内廷媵妾及张骏、张重华未出嫁之女淫暴殆尽；张祚滥杀无辜，迫害忠良，杀害谢艾、丁琪等有功之臣，罢免忠正耿直的马岌等。张祚一系列的祸国行径，很快激起前凉臣民的愤怒，他们起而反抗。河州刺史张瓘首先发难，兴兵进攻姑臧。宋配后裔宋混、宋澄兄弟在姑臧城外聚合士民1万多人，与张瓘遥相呼应。在外临强兵内有离叛的情势下，张祚担心张曜灵有所动作，命令叫杨秋胡的力士，将张曜灵杀害，埋尸于东苑沙坑。不久，宋氏兄弟的义军包围了姑臧，而姑臧城里，张瓘的弟弟张琚及其子张嵩招募市民数百，揭竿而起，打开姑臧西门，放宋混兄弟的军队入城。义军很快攻下王宫，杀死张祚和他的两个儿子。这样，“张祚之乱”被平息了。此事发生在公元355年秋天。张祚篡夺前凉统治权总共3个年头。

张祚被杀后，张瓘率河州军队进入姑臧。接下来，他立张曜灵之弟张玄靓为凉王，以宋混为尚书仆射、辅国将军，自任使持节、都督中外诸军事、尚书令、凉州牧、张掖郡公，将军权独揽。张瓘为人苛暴，嫉贤妒能。他为使军政权柄悉归自己，开始谋划先除去宋混兄弟，再进一步废掉张玄靓由自己取而代之。为此，他暗中从河州继续调集军队数万，向武威郡内集中。但早有防范的宋混不等张瓘动手，先发制人，他带领宋澄和壮士40多人，骑马入张玄靓所在的姑臧南城，召集城内诸营将士，假传接太后命令来诛杀张瓘，要将士们配合自己。张瓘得知宋氏兄弟已入南城，急忙召集部队去迎击，结果反被攻过来的宋氏武装击败。走投无路的张瓘、张琚兄弟知大势已去，便同时自杀而死。

张瓘兄弟发动政变的阴谋被粉碎后，张玄靓在宋混建议下，去掉凉王的称号，改称凉州牧。由宋混辅政，前凉有了稍许安宁。

公元361年，宋混病死。临死，他告诫其弟宋澄，要他谦虚谨慎，不要恃权傲物，更不要倚势骄慢他人。还告诫群僚，让他们忠于前凉，效忠张氏家族。

宋混死后，宋澄受命辅佐张玄靓。右司马张邕一向对宋氏家族心怀不满，宋混辅政不久，他做了张瓘未能做成的事，发动政变，起兵杀掉宋澄，并“尽灭宋氏”。由于宋氏家族在前凉素有威望，张邕“尽灭宋氏”的暴行让人人侧目。身为张骏最小的儿子，也是张玄靓叔父的中领军张天锡决心杀张邕夺权。他与亲信刘肃、赵白驹合谋后，趁张邕入朝时，发动突然袭击，逼得张邕走投无路，最后自杀。接着，张天锡又按张邕对待宋氏的办法，将其家族满门抄斩。消灭张邕势力后，张天锡以使持节、冠军大将军、都督中外诸军事，掌握了前凉军政大权。当年(362)，按前凉奉行的西晋正朔算，是建兴四十九年，张天锡定这一年为升平元年。

公元363年秋天，也就是张天锡独揽前凉军政大权两后年，张玄靓提出让位给张天锡，张天锡开头还推辞，但一月后，他命刘肃入宫，杀掉张玄靓，然后自己做了凉州牧、西平公。当时的他也才18岁。

前凉从张重华以后，历经张祚、宋混、宋澄、张邕、张天锡等，演出了一连串宫廷政变，统治高层自相屠灭的惨剧，虽保住了割据局面，但衰败气数已现。张天锡掌权后，内部虽暂得安宁，但外部威胁却又临近，因为在关中的前秦正在以摧枯拉朽的实力扫荡中原割据者，并确定了不日进攻河西的战略，这注定前凉保据河西的岁月不会太久了。这时的张天锡把更大的希望寄托在东晋那里，“升平”原是东晋穆帝的年号，他改原尊奉的西晋纪年为东晋纪年，就是为拉近与东晋的关系。不但如此，在用晋穆帝年号后，他立即派司马纶骞去建康，向东晋朝廷请命，同时护送已在姑臧居留十多年的原东晋使臣俞归回江南。

但靠拢东晋并未改变历史的进程。

公元376年，秦王苻坚在完成统一黄河中下游的大业后，亲率大军进攻河西，前凉无力抵抗，张天锡出姑臧城向苻坚投降。至此，前凉国亡。

如从西晋灭亡张寔在位算起，到张天锡投降前秦，前凉统治河西整整60年时间；如从张轨出任凉州刺史算起，到张天锡投降，张氏保据河西长达76年。作为十六国中历时最久的政权，它被史家称赞为“内抚遗黎，外攘逋寇。世既绵远，国亦完富”。

灭掉前凉后，苻坚将张天锡和凉州豪右7 000多户迁到关中，给了张天锡国士待遇，封为归义侯，被安置在早已备好的长安馆舍居住。

公元383年，苻坚进攻东晋，结果惨败于淝水之战。在前秦军中的张天锡趁前秦失败，逃到东晋。作为丧国失土的小国之君，虽依然忝列国士群中，却难免受东晋门阀贵胄们戏谑。有一次，权臣司马道子问张天锡：河西出产什么？张天锡不甘受辱，便厉声言道：“桑葚甜甘，鸱鸮革响，乳酪养性，人无妒心。”

前凉亡国时，张天锡的儿子张大豫藏匿在前秦长水校尉王穆处，后趁机逃往河湟河西鲜卑驻地。吕光建立后凉后，张大豫在王穆和鲜卑首领秃发乌孤支持下，起兵进攻姑臧，意欲复辟前凉。一时之间，河西士人纷纷响应。但因事起仓促，最后在吕光反击下失败，张大豫被杀。这件事只是五凉历史的小插曲，但它说明前凉张氏家族在河西民族中的威望。

张天锡时，一个叫乐僔的佛教僧侣在敦煌境内徜徉，突然见鸣沙山有金光泛出，金光中有千尊佛时隐时现。乐僔禅心萌动，决定在这里修行。这一年是公元366年，即张天锡统治前凉的第四年，也是东晋太和元年，前秦建元二年。乐僔为静心修行，在鸣沙山东麓岩壁上开凿洞窟，他被认为是敦煌莫高窟的开创者。这说明敦煌莫高窟发端于前凉统治的晚期。

# 氐人吕光与西域文明

前秦在河西的统治随苻坚在淝水之战的失败宣告结束。接下来，五凉进入了后凉时期。后凉的建立者是吕光。

吕光（337—399），字世明，略阳氐族人。史书说西汉文帝时的吕文和是吕光先祖，但这点很难考证。很可能是吕氏为证明家族血统高贵而做的附会。但吕光是氐族勋贵出身，这一点无可置疑。他的父祖是前秦的开国元勋，与苻坚家族休戚与共。公元333年，统治中原的后赵，为分散关陇民族的反抗，强制羌氐民族中的一部分人口迁往关东，吕、苻两家一起被迁到了枋头（今河南浚县西南）。此期间，吕光在枋头出生。公元349年以后，趁着后赵陷入衰乱，吕氏随苻氏重返关陇，并建立前秦。苻坚在位时，吕光父亲吕婆楼官至太尉，他和汉族士人王猛一道，协助苻坚改革前秦政治，破除氐族贵族保守势力，竭其股肱之力。而吕光也因此见知于王猛，又经王猛推荐，得到苻坚赏识。

吕光自幼生活在氐族贵游子弟群中，他最爱玩的游戏是排兵布阵和架鹰走马，最不爱的是读书学习。也许正是这个缘故，他很早就具备了过人的勇力和战阵才能，并因此受到氐族少年的敬佩。史书说，长大后的吕光，身高八尺四寸，眼有重瞳，性格凝重，喜怒不形于色。后通过举贤良入仕，从美阳县令做起，以后随战功累积，官职步步上升，直到出任骁骑将军，成了前秦的骑兵统帅。

公元376年，苻坚灭掉前凉接管河西时，正值前秦的强盛期。苻坚在大力发展关陇经济和推行汉化政策的同时，并善待周边民族和地区。占领凉州后，他严令禁止将领擅自对氐羌部落使用武力，还颁令准许昔日从中原逃到河西的士族人家返回故乡。

苻坚委任的首任凉州刺史是梁熙。梁熙到任后善待凉州百姓，推行德治，使新接管的河西安堵如故，很快赢得了凉州的人心。但随着前凉的覆灭，原属于前凉沙州管辖的西域诸国陷于无所宗附状态。

公元378年，梁熙受苻坚之命，派人去西域向诸国宣示苻坚“威德”，并代表前秦招怀西域诸国。当年，便有大宛（在今乌兹别克斯坦费尔干纳盆地）使者到长安，向苻坚敬献汗血马。苻坚联想起史书关于汉文帝拒绝西域骏马的故事，他以史为鉴，对臣下说：我一向视汉文帝为表率，汉文帝当年不受西域千里马，我怎么能要它？接着，他下令群臣写《止马诗》，将大宛使者献的马退了回去。其实，苻坚明白，只有大宛使者来长安，说明西域其他城邦和自己离心离德。但苻坚这时集中心思于休整国力，准备日后消灭东晋统一六合。因此他暂不去计较西域的事。但时间到了公元382年秋天，也正是苻坚准备倾全国兵力，要南下与东晋决战前夕，有一件事叫苻坚下决心去处理西域问题。这件事是车师前部王弥阗（国在今新疆吐鲁番西，治交河城）、鄯善王休密驮前来朝觐，主动提出愿为秦军做向导，去讨伐不服前秦统治的西域小国。弥阗等还建议苻

高台前秦墓《骑士牵乘图》

坚，希望能按照汉代的办法，设立西域都护以统领西域。这些建议被苻坚采纳。

接下来，苻坚委任骁骑将军吕光为使持节、都督西讨诸军事，命令他与将军姜飞、彭晃、杜进、康盛等统率大军，去讨伐不听命的西域诸国。吕光带往西域的兵力，有史料说是总兵力7万，铁骑5 000，也有史料说总兵力10万。

吕光这次受命出征西域，成了他建立后凉统治河西的契机。他统率的数万大军，特别是那5 000氐族铁甲骑兵，成了他征服西域和统治河西的军事资本。

吕光的军事使命中还有一项重要任务，那就是将西域高僧鸠摩罗什迎取到长安。原来，当时苻坚正在关中大兴文治，为此，他大力提倡儒学和佛教，禁止《老子》《庄子》和图谶之学。在兴儒方面，他立太学，亲去太学课试诸生；在崇佛方面，他在公元379年派苻丕攻下东晋襄阳，将名满天下的高僧释道安迎到长安，开辟道场，供释道安传道译经，并向他咨询军国大事。苻坚对佛教高僧敬仰备至，他曾就此对仆射权翼说：我出十万大军攻襄阳，只为得到一个半人。权翼问：是谁啊？苻坚答：安公是一个人，习凿齿是半个。苻坚所说的安公就是释道安。释道安在襄阳时，已仰慕鸠摩罗什多时，到长安后常向苻坚称赞罗什的大德高行，这使苻坚对罗什心仪已久。所以吕光临出兵，苻坚千叮咛万嘱咐，命令吕光征服西域后，无论如何要找到罗什，并尽快恭送到长安。

公元383年初，吕光的西征大军出长安。八月，苻坚下达了进攻东晋的命令，其弟苻融带领鲜卑将领慕容垂，二人统率20多万人的前锋部队南下，向淮水一线挺进。时至年底，吕光统率的西征军穿过河西走廊，临近西域沙漠边缘的高昌（今新疆吐鲁番市），他准备在这里小住休整，等待苻坚的下一步命令。但他哪里知道，这时的苻坚已被东晋军队在淝水之战中打败，虽逃回长安，却再也无暇顾及西域了。到达高昌后，吕光因连日不见长安有命令下达，开始犹豫起进退。这时杜进提醒他说：既受任去征西域，就应该从速前进，不必为别的事逗留不前。吕光觉得杜进说得在理，于是，他下令军队向流沙出发。

吕光率大军渡流沙的故事与前凉张植的经历如出一辙，其间充满了神话色彩：

横亘在河西与西域之间的沙漠道路有300里，一路充满了灼热与干燥。来自关陇的将士们从没和沙漠打过交道，进入茫茫沙漠后，连日受干渴煎熬，担心将葬身沙海，恐惧和抱怨交织在一起。吕光见军心浮动，十分担心。为了稳定军心，吕光劝慰将士们说：你们听说过李广利精诚感天，后来涌出飞泉的故事吗？难道我们就不能学古人以诚感天吗？我相信皇天会拯救我们，大家不要担忧。吕光是氐人，这次他倒没像张植那样设坛祈雨，但他很是幸运，他的话说完不久，大雨倾盆而下，平地积水三尺。大军士气复振，很快逼近焉耆（今新疆焉耆）。焉耆国王泥流惧怕吕光讨伐，带领周围小国向吕光投降。但吕光知道，征服焉耆只是第一步，龟兹（今新疆库车）是西域36国中最最富庶的国度，也是西域最顽固的堡垒，攻下龟兹才能让西域诸国真正臣服。

攻打龟兹时，吕光确实遇到龟兹王帛纯的顽强抵抗。帛纯先将城外国民撤进城里，然后指挥附庸侯王，分头驻守城池各处。凭借着龟兹坚固的城池，帛纯与吕光隔城墙彼此对峙。

吕光见龟兹城一时难以攻克，便在城南扎下营盘，将军队按五里一营，分开部署。他为迷惑城内敌人，制成木头假人，给假人披上铠甲，安放于敌人能看到的地方，转移敌人视线。就在吕光为攻克龟兹城殚精竭虑时，又一件离奇的事发生了。一天午夜，吕光左臂内侧暴起凸纹，看上去看像“巨霸”两个字。这时夜幕下的兵营外也有异常情况，远远看去，有巨物在蠕动，样子像一段河堤。摇动着像长角的头，有两只眼睛发出闪电般光芒。这个怪物样的东西不久便消失在黑夜里。天亮后，派人近前去看，只见除云雾外，空无一物。云雾散去后，地面有动物留下的印迹，印迹南北长有五里，东西宽有三十步。印迹旁散落着片片麟甲。看过的兵士将情况报告吕光，吕光得意地说：原来是一条黑龙啊。他的话音还没落下，忽见西北天边腾黑云，紧接着下起暴雨。暴雨过后，再去看，黑龙留在地面的印迹被冲刷得一干二净。众将士正在面面相觑时，杜进对吕光说：龙是神兽，只有人君才可见到它。杜进还引用《易经》里“见龙在田，德施普也”的话解释一连串的“奇异”现象，认为这是吕光“受命于天”的征兆。经杜进这样一说，吕光很高兴，听的人也好像明白了什么。

当然，这段吕光左臂起“巨霸”二字和“黑龙现形”的神话，要么是吕光和杜进合谋制造的骗局，要么是《晋书》作者采用的“奇闻怪事”，但寓意是一个，那就是吕光要称王称霸了。吕光早已向往着龟兹城的富庶和豪华，现在龟兹城就在眼前，在经历了长达数月艰苦行军又得不到长安消息的情况下，他只要拿下龟兹城，就有荣华富贵在等待他。于是，他决心尽快攻占龟兹。当晚，他再次做梦，梦见有金佛从城里飞走。第二天醒来后，他把梦中的情景告诉部下，并鼓励说：金佛出城，预示神佛抛弃了城里的胡人，龟兹国就要完了。接着，他下令攻城。

这次，吕光将士个个奋勇，龟兹王帛纯担心城池失陷，拿出府库所有资财，请求狯胡部落出兵救援。狯胡、温宿等联兵70万，驰援龟兹。狯胡兵善于马上骑射，惯用长矛挺刺，这使吕光的士兵无法靠近。更兼狯胡身着连环接铁铠，在策马飞奔中抛出皮革网索击杀对方，这使吕光的弓箭手也派不上用场。眼看战局因狯胡到来发生逆转，部下建议吕光退出战场，继续结营坚守，但吕光不肯。他改变战术，下令各营首尾连接，钩锁成阵，另派精骑作为游军，来往穿梭，弥补营与营之间的空隙。这样的排兵布阵，意在消磨狯胡士气。当狯胡士气殆尽时，吕光命令大军出击，在龟兹城西一战将狯胡击败，消灭狯胡军队上万。帛纯见獪胡兵败，席卷国内珍宝，弃龟兹城逃走。受龟兹控制的三十多个西域小国侯王一齐投降了吕光。

《晋书·四夷传》记载："龟兹国西去洛阳八千二百八十里，俗有城郭，其城三重，中有佛塔庙千所。人以田种畜牧为业，男女皆翦发垂顶。王宫壮丽，焕若神居。"也就是说，龟兹城宏伟坚固，城里佛塔佛寺鳞次栉比，有一千多所。龟兹百姓过着男耕女织的生活，畜养的牛马遍布原野。他们男女都留着短短的头发，蓬松的头发下垂到脖颈位置。特别是龟兹王宫，它辉煌壮丽得像神宫一样。

吕光进入龟兹城后，顿时沉醉在眼前的富丽堂皇中，他住进王宫，为自己的成功踌躇满志。为庆贺胜利，他大设宴席，犒赏将士，并叫大家赋诗言志，并命令任参军的汉族士人段业写《龟兹宫赋》，以描述龟兹王宫的豪奢和颂扬自己的功业。

在龟兹的日子里，让吕光及其部下最难以割舍的是那佳酿美酒——葡萄酒。

史料说："胡人奢侈，厚于养生，家有葡萄酒，或致千斛，经十年不败，士卒沦没酒藏者相继矣。"这就是说，龟兹城的胡人家庭，每家都有自酿的葡萄酒，富有的家庭还窖藏十年以上的陈酿，多的达到千斛。对刚从数千里长途跋涉和激烈战斗中退下来，又没见过葡萄美酒的氐族士兵，这无疑是巨大的诱惑，他们欢呼狂饮，尽情酣醉。很多人竟从此长醉不醒，醉死在酒碗边。这应了王翰《凉州曲》中另一番语境：

"醉卧沙场君莫笑，古来征战几人回。"

中国酒文化历史悠长，西周人认为殷人亡国由于酗酒，于是作《酒诰》作为殷鉴。中原传说里，最早用秫做酒的人是杜康。曹操诗"何以解忧，唯有杜康！"直接称酒为杜康。杜康在历史上实有其人，他的另一个名字叫少康，是夏朝第六代君王，生活在距今四千年前。秫俗称高粱。也就是说，自古中原酿酒，大都用高粱之类的粮食作为原料。至于用葡萄之类的水果酿酒的记载，在汉代以前少有见到。一直到晋代以后乃至隋唐时，类似记载在文学作品和史书中，日渐多了起来。唐代诗人王翰的诗中，直接把葡萄酒、琵琶、夜光杯组合起来，写出令人回味无穷的《凉州曲》，至今吟诵，犹感河西那旷古的雄宏和苍凉。说这些，无非是说葡萄酒在唐代以前，与凉州有千丝万缕的关系。至于酿造葡萄酒的技艺，是何时从西域传到中原的，至今难有定论。但可以肯定，它必然是先传入河西走廊，才渐次传到中原大地。有记载把中原的葡萄酒酿造和唐太宗联系在一起，这不过是一个帝王趣话。趣话来自《册府元龟》，书中说：唐太宗攻破高昌，得到从高昌送来的马乳葡萄（俗称马奶子葡萄）。他吃完果肉后，留下葡萄种子，播种于御苑，及小苗儿渐渐长大结出葡萄后，唐太宗亲手用得来的酿造技艺如法炮制，中间按照自己喜好，添加色和味，后来酿成八种品色不同的葡萄酒。这八种酒，每一种都散发出浓郁芬芳的气味，入口则辛烈甘醇。将酒斟入杯中，立时呈现橘红色泽，为酒类所稀见。唐太宗把自己的杰作赐给群臣尝鲜，饮过的人都说好。从此，长安人知道了葡萄酒的滋味。

不管怎么说，葡萄酒最初是一种"洋酒"。葡萄酒文化，最早是属于西域文化。在二百多年前，吕光和他统率的氐族将士，就在原产地领略了它的滋味。

吕光占领龟兹城后，西域诸国纷纷向吕光投诚，到龟兹城纳贡的使者络绎不绝。吕光为安抚这些小国，将帛纯的弟弟帛震扶植起来做龟兹国王。吕光对西域恩威并施，使他声名远扬，所有“桀黠胡王”不远万里前来归附，他们向吕光展示汉朝皇帝颁赐给自己的符节，吕光一面表彰他们，一面暗中将符节调包，把仿制品还给西域诸王。

公元384年，在淝水战败后退回长安的苻坚，得知了吕光平定西域的消息，仍不忘给吕光加官晋爵，授予吕光使持节、散骑常侍、都督玉门已西诸军事、安西将军、西域校尉等官衔，然而长安与西域之间的道路这时已断绝，苻坚的任命已无法到达。而吕光想常驻龟兹的念头，也与日俱增。

吕光在龟兹城得到了苻坚朝思暮想的鸠摩罗什。但罗什对吕光打算居留龟兹并不以为然，他认为龟兹已是凶险乱亡之地，建议吕光立刻率军东归，并说“东方自有福地可居”。罗什虽是僧侣，但也精通天文术数，吕光知道他善卜休咎，有所预言，事常应验。听了罗什的话后，吕光如梦方醒。其实，表面上看，将士们似乎被龟兹的豪华富贵所陶醉，其实心里时刻都装着自己是“东人”的信念，他们无时无刻不在盼望早日踏上返乡之路。所以，自进入龟兹城后，吕光也被东归的呼声所包围。现在经罗什一指点，他决定让将士们决定去留，他设宴集会群僚，让他们畅所欲言。果然，刚提起东归的话头，将士们便异口同声表示赞成。

吕光准备班师东归了。他筹集到2万多头骆驼和1万多匹西域骏马，将搜罗到的西域珍宝、殊禽怪兽总共1千余种，连同那些奇伎百戏、伶人乐班一股脑装载在骆驼和马背上，在氐族子弟兵护卫下，浩浩荡荡地出了龟兹城，径直向东。

当然，东归途中，吕光大军免不了经沙漠然后再到河西走廊。但这次有了骆驼，行程的艰难性毕竟少了许多。吕光可能只将2万多头骆驼背上驮着的西域珍宝当作掠来的财富，但他哪里知道那些所谓的奇伎百戏，要比金银珠宝的价值昂贵得多，它们是西域文明宝库中的瑰宝。也许从小不喜欢读书的吕光并不明白，他通过“霸道”手段，强取豪夺来的西域文化成果，将会对后来的中原社会生活产生多大影响。后来河西和中原人们喜闻乐见的吐火、角抵、钻圈、吞刀、爬杆等杂技表演，大抵都与西域奇伎百戏有关。它们虽不尽是吕光所赐，但乐舞中的《龟兹乐》以及由它派生出的《西凉乐》，则直接来自吕光的那2万头骆驼。

我们至今不清楚的是，吕光是否将西域葡萄酒的酿造方法也一同载回。按吕光将士对葡萄酒那样钟爱，有这样的可能，再说学习葡萄酒的酿造方法并非难事。关于这方面的问题，有待研究酒文化历史的专家们去讨论。

鸠摩罗什是随吕光到达河西的。据说吕光东归途中，靠着鸠摩罗什躲过了一场几乎令全军覆灭的灾难。一天晚上，大军歇营，吕光选了一块低洼平坦背风的营地，正要立起军帐时，突然被罗什叫停。罗什建议吕光另选高处扎营。吕光照办了。半夜只听雷声隆隆，大雨倾盆而降。再看，原选定的营地已成一片汪洋。

鸠摩罗什，天竺（古印度）人。又名鸠摩罗耆婆。《晋书·吕光载记》作“句摩罗耆婆”，这个名字是父名鸠摩罗炎和母名耆婆组合而成，翻译成汉语，意为“寿童”。史书简称鸠摩罗什为罗什。罗什幼年出家，学贯佛教大小乘，尤善般若。他博闻强识，天资聪颖。在天竺时，曾四处游学，遍访名师大德，深得佛教真传，获得了至高的佛经造诣。在佛教史上，他与南北朝时的真谛（499—563）、唐朝时的玄奘（602—664）并驾齐驱，被并称为三大佛经翻译家。从公元385年秋开始，他被吕光带到河西，一直住到吕氏的后凉灭亡，在公元401年被后秦迎往长安，在河西生活了共16个年头。十六年中，他精通了汉语，这为他后来的译经增色不少。至今，由他翻译出的《金刚经》广为佛门传诵。

关于罗什在河西生活期间的事迹，史书只录有与吕纂等关系的只言片语，与佛教有关的记载几乎没有，原因是吕氏子弟对佛教了无兴趣，而罗什也因此在佛学上无所阐发。当然，以罗什在佛教界的影响而言，他驻锡河西的16年，不能说对河西佛教的传播毫无作用。

罗什被后秦迎到长安后，被后秦主姚兴尊为国师，受到神一般的礼敬和尊仰。姚兴常率领群臣及沙门听罗什讲经。罗什在长安翻译出佛经300多卷。其成就虽功在长安，但假如没有在河西期间学习的汉语功力，罗什就不会有这样的成果。因此，至今在武威城里还留有罗什寺，寺中有八角十二层高的罗什塔，据说原塔是后凉时所建，建塔初衷就是纪念这位佛教大师在凉州的岁月。

说到吕光，他虽用霸道方式将西域财富和文化瑰宝掠回内地，但毕竟西域所属的龟兹等地自古属于中国，因此吕光的霸道与近代西方殖民者掳掠中国文物的强盗行径有本质区别。何况吕光带回内地的西域文化都是可再生的，吕光的行为并未对产生西域文明成果的源头造成破坏，而其客观上促进了西域文明的东传，有利于我国古代多元文化的交流和发展，这一点为后来北朝及隋唐历史所证明。就此而论，后凉统治虽无可称道，但吕光传播西域文化的事迹却可圈可点。

# 后凉对河西的短暂统治

公元385年秋天，吕光大军出龟兹，越沙漠，取道宜禾（今安西县南）进入了敦煌郡。就在此时，吕光获悉苻坚失败于淝水后前秦国力一蹶不振的消息，但不知道苻坚本人的死活。

吕光在前秦的官职是都督玉门已西诸军事、安西将军、西域校尉。按照职守，没有朝廷招旨，他不能擅自东归，更不能率重兵进入河西走廊。因此，吕光班师东归必然会受到凉州刺史梁熙的阻遏。梁熙一听吕光率兵擅入凉州，便觉事情不妙。另外，高昌太守杨翰也提醒梁熙说：吕光新破西域，兵强气锐，他如得知中原丧乱的事，一定别有图谋。河西广袤万里，有带甲兵力十多万，应早做防御。他建议梁熙派兵把守吕光军队的必经之路，先行切断水源，逼吕光解除武装。而吕光这时也在担心梁熙会兴师问罪，但杜进说话了，他认为梁熙“文雅有余，机鉴不足”，定不会用武力解决问题。果然，梁熙没采纳杨翰的建议。接下来的事情可想而知：杨翰因梁熙不听忠言，当吕光到达了高昌后，投入吕光帐下。杨翰归降后，吕光大军畅行无阻地抵达玉门关下。直到此时，梁熙才知道吕光来者不善，他一面向各郡发出檄文，声讨吕光的“擅命还师”之罪，一面部署儿子梁胤带领5万军队，阻挡吕光的氐族铁骑。而吕光也针锋相对，一面传檄凉州各郡，谴责梁熙临国家危难坐视不救，反而阻遏归国之师，一面派彭晃、杜进、姜飞等在安弥（今酒泉市东）击破梁胤军队，将梁胤俘获。凉州各郡官吏见梁熙根本不是吕光的对手，于是开始倒戈。氐族出身的武威太守彭济，逮捕刺史梁熙并送吕光处死。随后，吕光率大军进入姑臧，成了凉州新的统治者。

但对吕光坐拥凉州，凉州士人们是抵制的。这多少与吕光“官非王命”和擅杀梁熙有关。

吕光因彭济卖主求荣而进驻了姑臧，原梁熙所属前秦凉州郡县官吏纷纷表示效忠，但宋配后裔中的酒泉太守宋皓和西郡太守宋泮不肯就范，二人相约坚守城池，誓死不降吕光。吕光发兵攻破酒泉和西郡，俘虏了二宋，他厉声他责问二宋说：我受命平西域，而梁熙阻遏我的归路，这样的人你们保他，究竟为了什么？宋泮回答道：你受诏平西域，没受诏乱凉州，梁熙何罪之有，你杀了他？我虽无力为梁熙报仇，但决不学氐逆彭济。主亡臣死，死得其所。吕光无言以对，下令将二宋处死。

靠着强大的军威，初据姑臧时的吕光，尽管明知一些士人对自己怀有二心，但他毫不在意。但不久，因个别小人拨弄是非，使他狭隘的民族情结猛然滋张。主簿尉祐生性“奸佞倾险”，因与彭济抓捕梁熙而受到吕光宠信。他为进一步邀功求赏，不断在吕光面前构陷一些士人。而吕光生性喜听信谗言，他竟因为尉祐挑唆，下令诛杀了以南安姚皓、天水尹景为首的十多位名士。谁都知道，南安姚氏是陇上羌族著姓，他的族人姚苌当时正在关陇创建后秦霸业。至于天水尹氏，作为陇右著姓，他的族人尹建兴及其姻亲中的汉族士人李暠都在河西，诛杀这些名士，无疑使吕光大失凉州人心。不久，这些家族都站在了后凉的对立面，成了吕光政治上的死敌。而因向吕光进谗罗织冤狱，尉祐被吕光委任金城太守。尉祐上任途中反噬一口，他在允吾（今兰州市永登县）叛变，占据城池煽动人们反对吕光，而各民族百姓多有盲从附和者。

由于吕光滥施淫威，倚仗手有氐族雄兵，压抑欺凌其他民族，注定他在姑臧不会有平静的日子。很快，原前秦长水校尉王穆、魏安郡人焦松，以及河西鲜卑首领秃发思复鞬等，相约拥戴张天锡之子张大豫为主，谋起兵推翻吕光，恢复前凉对河西的统治。一时之间，由魏安（今古浪县东）燃起的反吕大火汇成燎原之势。连远在敦煌的名士郭瑀和索嘏听到消息，在深感振奋之余，立即组织敦煌士民，运粟米3万石向东出发，去接应王穆和张大豫。临出敦煌城时，郭瑀满含热泪地告别敦煌父老乡亲，他大声地说："看着汉族百姓陷于氐人之手，我们能忍心坐视不救吗？"可见，郭瑀是带着单纯的汉民族情结投身反吕斗争的，但他的这种民族情结最后却以悲剧告终。他所支持的王穆，既不懂兵法又刚愎自用，他小看了吕光的实力。当时，郭瑀建议他先占据张掖以西郡县，联合那里的反吕人士，招兵买马，增加军备，待力量充足再与吕光一争高下，但王穆却一心想夺取姑臧，对郭瑀的建策充耳不闻。结果，王穆刚率军队抵达姑臧城下，便遭到吕光军队的致命打击。张大豫被吕光军队追到广武（今兰州市西固区）后杀死。王穆弃军逃向敦煌，中途在骍马县（今酒泉市东）被县令郭文击杀。而郭瑀因王穆一意孤行，料定攻姑臧事必无成，先已满怀悲愤地返回家中，将自己关在房里，"引被覆面，不与人言，不食而卒"。

由汉族士人发起和鲜卑等民族支持的反吕战争就这样失败了。

公元386年秋，苻坚被羌族首领姚苌缢杀于离长安不远的新平佛寺。吕光得知消息后，下令氐族将士为苻坚举哀。而后于十月改元太初，设置百官，建立了后凉。这是五凉中的第二个"凉"政权。

后凉建立后，在朝廷内，吕光重用吕氏子弟和氐族将领，排斥汉族及其他民族人士；在朝廷外，他凭借武力四处征讨。河西紧张的民族关系进一步升级。

段业是随吕光征西域的汉族士人，他建议吕光用尧舜之道治理凉州，意思是实行仁政，反而遭到吕光猜疑。段业失落之余，借口养病，躲进了天梯山。此期间，他写下《九叹》《七讽》等诸多诗篇，借以抒发他有志难酬和对吕光的不满情绪。

吕光的狭隘民族政策很快导致后凉统治的危机，由于反抗频繁和镇压不断，造成境内田地荒芜，经济陷于萧条，饥荒接踵而至。姑臧城里，粮食价格飞涨，过去每斗两三文钱的粟米，卖到五百钱（当指五铢钱）。城里一半以上人口被活活饿死，到处可以看到人吃人的现象。饥饿促使反叛的人越来越多，吕光名义上拥有整个凉州，但实际连一个武威郡都控制不了。史书上说：吕光刚入姑臧，眼前的江山好像昨天的“前凉旧壤”，但没过多久，割据者纷纭而起，能掌控的只剩下姑臧及其附近一二郡之地。

公元389年春，吕光称三河王，改元麟嘉，以儿子吕绍为世子。公元396年，吕光即天王位，改元龙飞，国号大凉。吕绍成了太子，吕氏子弟21人成了公侯。与此同时，凉州境内反抗吕氏统治的规模也在发展。

公元397年秋，郭麐之乱在姑臧城里发生。郭麐是后凉少有的汉族官吏之一，他官居散骑常侍、太常卿。因颇具天文数术方面的才识，受到许多人崇信。一天，他在观察星象后对仆射王详说，姑臧一带不日将起战祸，同时鼓动王详与自己联手联络两苑非氐族将士发动兵变。在得到王详首肯后，郭麐在姑臧东苑举起了反吕大旗。老百姓听郭麐举事，都奔走相告，说“圣人举事，事无不成”，纷纷起而响应。州人张捷、宋生为配合郭麐，召集各族百姓3千人占据了姑臧东面的休屠城。一时，反吕战火燃遍姑臧全城。但由于姑臧有氐族重兵驻防，郭麐的起事很快遭到镇压。郭麐失败前，为发泄仇恨，采取残暴手段，将吕光八个年幼的孙子乱刀斩杀，再“肢分节解”，进行碎尸，又饮血誓众。郭麐的行径，连他手下的人也觉得惨不忍睹。而后，郭麐逃到陇西，投靠了西秦。后秦进占陇西后，他转投后秦，做了后秦的太史令。

公元399年底，63岁的吕光病重。临死，立吕绍为天王，任吕绍的兄长吕纂做太尉，执掌军权。任吕绍的另一位兄长吕弘为司徒，执掌朝政。他自己在称太上皇帝后不久死去。从此，后凉进入了同室操戈，骨肉相残的时代。

吕光死后，吕绍秘不发丧，这激怒了军权在握的吕纂。吕纂冲进宫里，放声大哭，然后拂袖而去。吕纂此举，吓坏了吕绍，他提出将王位让予吕纂，吕纂表面推却，但内心窃喜。吕绍叔父吕宝之子吕超看出了吕纂的野心，暗中劝吕绍早下手为强，提前将吕纂除掉，以除后患，但懦弱的吕绍不肯照办。接下来的事是：吕弘与吕纂合谋夺位。一天夜里，吕纂带壮士数百人，翻越姑臧北城，进攻广夏门。而吕弘则率东苑兵士，攻打洪范门。二吕拿下内城后，由吕纂从青角门入宫，直登上谦光殿宣布废去吕绍。接着，吕绍登紫阁自杀，而吕超则出逃到广武。

政变成功后，吕纂和吕弘假意互让一阵，最后吕纂登上后凉天王王位，吕弘被任命为都督中外诸军事、司隶校尉、录尚书事，封番禾郡公。

但诸吕的骨肉相残并不因吕纂即位而终止。未几，吕弘在东苑起兵，欲谋杀吕纂而代之，结果失败后被吕纂派力士康龙“拉杀之”。用酷刑杀掉吕弘，吕纂还不解气，他将吕弘的妻女以及俘获的东苑将士家属赏给手下，听任兵士们肆意强暴凌辱。

吕纂的暴行进一步加剧了后凉统治集团内部的矛盾，也使鸠摩罗什感到忧心。仆射房晷提醒吕纂不要触犯“天地神明”。而罗什告诫吕纂说：近日潜龙屡次现形，还有猪狗变身为妖，上天警示有人要造反。你需要积德修政回答上天的警示。

吕纂一向沉溺于酒色，经常在昏醉中度日。他听说番禾太守吕超擅自兴兵，讨伐了鲜卑思盘部落，便招吕超来问话，这使吕超心里十分恐惧。但使吕超没料到的是吕纂只将他训斥几句，接着拉他进内殿去饮酒。酒后，醺醺大醉的吕纂又约吕超一同游内殿。这时，吕超觉得除去吕纂的机会到了。他扶着吕纂乘坐的轺车走到琨华堂东阁，轺车难以通过，吕纂的贴身护卫便放下手中的剑去帮助推车。趁此时机，吕超提剑刺向吕纂。昏醉中的吕纂下车与吕超格斗，胸部又被吕超持剑刺穿。吕纂带伤向宣德堂逃跑，半路被赶上来的将军魏益多斩首。

史书上说，鸠摩罗什曾预言过吕纂会死于吕超之手。有一次，吕纂与罗什弈棋，轮到吕纂吃罗什棋子时，吕纂笑着说："斫胡奴头。"吕纂因罗什是西域胡人，故戏称罗什为"胡奴"。吕纂"斫胡奴头"的话音刚落，罗什便说："不斫胡奴头，胡奴斫人头。"原来，吕超的乳名叫胡奴。

杀吕纂后，吕超扶其兄吕隆即位。吕隆步吕光后尘，以诛杀地方豪望来为自己树威，结果搞得朝野惊恐不安。这时，正值后秦主姚兴的叔父姚硕德率军在陇西一线连败西秦军队，厌倦了吕氏统治的魏安人焦朗派人去陇西，劝说姚硕德灭后凉取姑臧。

公元401年夏，应焦朗所请，姚硕德率数万后秦大军从金城渡黄河，进入河西后直趋姑臧。吕隆派吕超、吕邈带领姑臧军队出城抵抗秦军，结果一败涂地，连吕邈也做了秦军的俘虏。待吕超退回姑臧城里后，姚硕德指挥秦军将姑臧城团团包围。到了九月，姑臧城里粮食告罄，吕隆君臣饥饿难耐，只得向秦军投降。姚硕德为安抚凉州士民，给姚兴上表，请封拜吕隆为镇西大将军、建康公。从这一刻起，凉州成了后秦的属地。

姚硕德治军严明，对姑臧“秋毫不犯”。他在姑臧致拜先贤，礼敬名士，这一切都深得凉州民心。当凉州形势逐渐稳定后，姚硕德便将凉州交给吕隆，自己带着军队连同作为人质的吕隆母亲、弟弟、爱子及文武旧臣慕容筑、杨颖、史难、阎松等五十余家，向东归去。当然，鸠摩罗什也从此离开河西走廊，迁到长安居住。

可见，这一次后秦只是对后凉临以兵威，并未占领河西土地。其实，早在此前，凉州已不属于后凉。如前所述，吕光入主姑臧不久，整个河西已呈四分五裂形势。从388年起，陇西的西秦开始觊觎凉州，而394年后，河西鲜卑首领秃发乌孤、汉族士人李暠、段业以及卢水胡首领沮渠蒙逊蜂起拥兵割据。所以，吕光临死留给吕绍的话是一定要看清南凉秃发氏、西秦乞伏氏、北凉沮渠氏“三寇觊觎，迭伺国隙”的外部形势，和兄长们精诚团结，万万不可“内相猜二，衅起萧墙”。然而吕绍将父亲的这番临死嘱托只当耳旁风。接着，吕纂、吕隆的篡弑接踵而至，不得不将政权拱手让予后秦。

姚硕德撤军后，姑臧城立即遭到南凉和北凉军队的轮番进攻。公元402年春，姑臧饥荒再起，一斗米值5千钱，人吃人的事不断发生，城内十几万人被饿死。为防止人们逃亡，吕隆下令白天紧闭姑臧城门。这一来，百姓们连上山采樵都成问题。在死亡线上挣扎的人们，心里想的就是要么赶快出城投敌，要么敌人赶快入城。总之，人们都处在极度的绝望之中。

公元403年夏，陷于内外交困的吕隆，实在无力在姑臧支撑下去，他只能求助于后秦，央求姚兴派军队来管河西。当年八月，后秦将军齐难率4万秦军到达姑臧，将吕隆及其宗族连同后凉臣僚、凉州豪望共万余户人迁往长安。至此后凉彻底灭亡。

此后，姚兴派王尚做凉州刺史，驻军3千守姑臧。这样，后秦看起来控制了河西，但实际上吕氏后凉留给后秦的遗产已经不多，只有姑臧及苍松（今武威市东南）、番禾（今永昌县西）二郡而已，其余河西土地早已被南凉、北凉、西凉瓜分殆尽。

从公元386年吕光进入姑臧，到公元403年吕隆投降后秦，后凉统治河西共17年时间。

# 秃发南凉农战并修文教兼设

吕光统治时期，河西鲜卑在部落领袖秃发乌孤领导下，起而反抗后凉的无道统治。

秃发乌孤（？—399），河西鲜卑首领。其祖先出自西部鲜卑中的拓跋氏部落。乌孤八世祖匹孤时，从塞北越阴山辗转南下，内迁到河西走廊。到达河西后，他们有了独立的姓氏“秃发氏”。这是发生在曹魏西晋之交的事。到乌孤做首领时，这支鲜卑按首领血缘算，已在河西生活了八世之久。其间，他们书写了自己的民族诗史。乌孤的五世祖树机能，英武果敢，西晋初年曾联合河西羌胡民族，发动反抗西晋民族压迫的斗争。树机能战死后，该部不屈不挠，前赴后继，坚持反晋近三十年之久，直到张轨做凉州刺史后，斗争才沉寂下来。从此，该部被安置于今青海河湟之间，过起农牧兼营的生活。靠着肥沃土壤的滋养，秃发部力量迅速发展，部落人口超过十多万，并且开始在汉化的道路上迈进。在此期间，秃发部一直与张氏前凉政权保持着很好的统属关系。因生活平静而自在，秃发部其名少见于经传。直到后凉初期，因吕光统治不得人心，乌孤的父亲秃发思复鞬起兵，支持张天锡之子张大豫复辟前凉。这时，秃发部重新崭露头角。张大豫反吕失败后，乌孤带领部下继续反抗后凉，走上了独立的政治道路。

乌孤做首领时，已是前凉统治河西的最后岁月。鉴于河西世事多变，乌孤树雄心，立大志，兼并周围一些弱小部落，并在加紧巩固河湟流域根据地的同时，选择廉川堡（今青海民和回族自治县西北）做大本营。吕光入主姑臧后，乌孤看出吕光众叛亲离，料定后凉统治不会稳固，于是“务农桑，修邻好”，积极谋求向河西腹地拓展，有了与吕光争夺姑臧的设想。为实现这个战略宏图，他先与大将纷陁商议。当时纷陁对他说：要拿凉州，得从四方面创造条件，一是加紧农业生产，储备军粮；二是抓紧练兵，强化军力；三是优礼贤俊，搜罗人才；四是改良刑政，实行文治。只有做好这些事情，才有望获得成功。乌孤觉得纷陁很有政治头脑，他开始按照纷陁的意见行动起来。

乌孤在河湟流域修农习战的活动，引起了吕光的警觉。他派使者去廉川，册封乌孤为冠军大将军、河西鲜卑大都统，试图通过笼络手段改变关系。乌孤见过使者后，转过身问部下：吕氏大老远派人来，送官给我当，你们说说是接受还是不接受？有人回答道：我们兵强马壮，为何给他称臣？而石真若留独不以为然。乌孤问石真若留：你怕吕光？石真回答：我不怕他。眼下我们根基不算牢固，应取权宜之策。吕光锐气正盛，凉州境内还没大乱。如果招惹吕光，他定会发兵打攻我们。照今天敌强我弱的形势，我们难以抵挡。一旦失败，将后悔莫及。我认为不妨先表示臣服以麻痹他，等他出问题了，再打垮他也不迟。乌孤采纳了石真若留的意见。

公元395年，乌孤击破西部的乙弗和折掘等鲜卑部落。他一面在廉川建筑城池作为临时都城，为建立南凉做准备，一面广招人才，筹建政权班底。居住广武的凉州士人赵振听到乌孤招贤纳士，立刻投奔廉川而去。乌孤久闻赵振之名，听赵振到来，高兴地说：得赵生帮我，大事就成了。立即任以左司马之职。

公元397年，乌孤改称大都督、大将军、大单于、西平王，建元太初。从此开始，他向外扩展，蚕食了后凉金城一带的土地。接着，在金城以南活动的吐秣鲜卑12部归附。这年秋天，郭麐在姑臧造反失败，求救于乌孤，乌孤立刻派其弟秃发利鹿孤率骑兵5千相救，使郭麐得以逃过黄河，投靠西秦。

公元398年，乌孤按赵振建议，相继占领河湟之间的浇河、西平、乐都、湟河四郡（四郡都在今青海省境内），将那里的羌胡民族都置于自己统治之下。这年底，乌孤改称武威王。

公元399年，乌孤定乐都（今青海乐都）为都城，正式建立了南凉政权。这是五凉中的第三个“凉”。

南凉建立后的第一件事是授官任能，它使许多有才干的汉夷士人进入了南凉政权。其中，氐族士人杨轨成了乌孤的宾客。他曾经是郭麐反吕光的谋主，造反失败后投到乌孤帐下。另外受到乌孤重用的人，有“四夷豪俊”金石生、时连珍；“西州德望”阴训、郭倖；“文武秀杰”杨统、杨贞、卫殷、麹丞明、郭黄、郭奋、史暠、鹿嵩；“中州才令”梁昶、韩疋、张昶、郭韶；“秦雍世门”金树、薛翘、赵振、王忠、赵晁、苏霸。总之，无论是凉州本地人还是中原流寓者，只要是有志于推翻吕氏统治的文武贤才，乌孤来者不拒，量才擢用，让他们各得其所，各展其能，“内居显位，外宰郡县”。乌孤这种不别地望，不分种姓的用人方略，受到河西各界人士的欢迎。人们称赞乌孤是个心怀大志的人。只可惜乌孤未及实现他的宏图大志，过早地死去了。

太初三年（399）秋天，乌孤酒醉，从马背上摔落下来，受伤不治而死。他死后，原为骠骑将军的弟弟秃发利鹿孤继位。

利鹿孤继续为南凉的发展而殚精竭虑。他遵照乌孤的战略目标，为“坐定姑臧”而努力。即位后，他把都城从乐都迁至西平（今青海省西宁市），紧接着为构建反吕联盟，与北凉修好。他派麴丞明出使张掖，去拜见登上北凉王位的段业，表明愿与北凉联合推翻后凉统治的诚意。

段业是流寓河西的关中士人，他是随吕光征西域的有功之臣，但因是汉人，故得不到吕光重用，被外放到建康郡（今高台县西）做太守。卢水胡首领沮渠男成举兵反抗吕光，胁迫段业参加，北凉建立，段业被拥立为王。麴丞明是凉州士人，这次麴丞明受利鹿孤所使，与段业筹划大计，可谓是士人见面，各有领教。两位先就正统问题展开交锋。段业问：听说乌孤有个名叫羌奴的儿子，有儿子为什么还要选弟弟做继承人呢？麴丞明回答道：原因是羌奴年龄太小。段业听了又问：为何不效法西汉昭帝八岁即位，由金日磾和霍光辅佐以成其政的故事呢？麴丞明知道段业在拿正统问题刁难自己，便引经据典作答道：昔日，宋宣公让位给弟弟，受到《春秋》的赞美；孙伯符将国事交给仲谋，终开吴国基业。再说了，兄终弟及是殷汤制度，是圣人说的先王之制，也是千秋万代的通则。何以传位一定要传子才算对，而传兄弟就算不对呢？

段业与麴丞明讨论的正统与非正统问题，是个有关礼制的问题。段业的意思很明显，就是借“华夷有别”讥刺秃发氏不懂礼仪，因此不具有政治上的合法性。而麴丞明则引用殷汤制度，近举三国事例，既巧妙地回避了《周礼》，又对段业进行了驳斥。

麴丞明提到的宋宣公，是春秋时代宋国的第十三任国君。其父是宋武公，其兄是宋穆公。宋宣公有儿子，名叫与夷。但宋宣公死前传位，不传给儿子与夷，却传给弟弟子和。他还说：父死子继，兄死弟及，天下通意也。我就是要让子和继位。麴丞明所引述的三国故事是孙吴的事，孙伯符是孙策，孙仲谋是孙策弟孙权。谁都知道，孙策死后是其弟孙权继承王位。

段业听了麴丞明一番振振有词的回答，称赞麴丞明深明大义。

利鹿孤为求得东方强国后秦的支持，派使臣去长安，向后秦主姚兴称臣纳贡。

利鹿孤作为一个少数民族统治者，一心想在群雄竞逐中闯出自己的路子。他制订了一个强军计划，并认为这是祖先创业的法宝，要继承和发扬。他解释其中原委说：想我们祖先，从漠北起家时还过着披发左衽的生活，游牧为业，迁徙无常，不知汉族的礼仪，没有城邑制度，但也占据了半壁江山，有了威震四方的雄风。今天我们建国立号，应当说是顺应了天心之为。但贪图一地的安乐，那不能长治久安。建仓库藏粟帛，会惹敌人因贪心来进攻。解释过后，他宣布决策说：为今之计，我要将晋人部署在各个城郭，劝课农桑，以供军国之用。我部人马，全部从征，全力去讨伐与我作对的势力。

利鹿孤做出这样的决策，说明秃发部虽效法汉族，建立了南凉国家，但政治生活总体还没脱离部落制的影响。由于这个原因，利鹿孤每次出军征战，都不将攻城夺地作为主要目的，而是以掳掠汉族人口充实河湟流域为首务。如建和元年（400），他攻打姑臧，一次迁徙当地百姓8 000户而归；第二年再次攻姑臧，又迁徙百姓2 000户而归。不久，利鹿孤就听到汉族士人的非议，他自己也感到哪里有些不对头，于是他在建和二年（401）一次朝会上，让群臣畅言政治。他自己先做检讨说："我缺乏经邦治国方面的才能，勉强继承了先兄的事业。重担在肩今已三年，虽夙夜匪懈，一心想恢宏王道，但刑政仍不理想，风俗依然落后。兵车屡动，国土不见扩展。心想奖贤明训，但人才总受埋没。造成这些问题，是因我用人失误，还是因我昏昧不明？堂上诸位都是我素日敬重的君子，你们可以直言不讳地讲，也可上书匡正，只管把真话讲出来，我会认真对待。

祠部郎中史暠首先发表意见，他希望从行文治、稳民心、改选举、兴教育等四方面入手，破除旧的风俗习惯，推进政治生活发展进步。史暠在对单纯以武治国造成的“东征西怨”和“唯以徙民为务”进行批评后，畅言治国之道。他说：今取士拔才，重骑马射箭功夫，而当文章学术为无用之物，这不是招抚边远地区臣民的长久之计。孔子有言：“不学礼，无以立。”现当务之急是建学校，选拔耆德硕儒教训贵胄子弟。听了史暠的批评和建议，利鹿孤觉得在理，从此开始重视文教。他下令田玄冲、赵诞任博士祭酒，在西平办起学校，招收培养鲜卑子弟入校学习。利鹿孤采纳史暠建策，它有利于拉近鲜卑与汉文化的距离，也有利于改造南凉政治的落后性。

其实，利鹿孤和乌孤一样，很敬贤爱士。就连他的弟弟秃发傉檀，也深受感染。就在此前不久，利鹿孤命弟弟傉檀出征后凉，傉檀大败后凉军队，俘虏了吕隆的右仆射杨桓。杨桓受缚后，素知杨桓之名的傉檀问捆在马下的杨桓：至今你还在即将灭亡的国度里做梦，不思良禽择木之理。而今垂垂老矣，忍受囚奴之苦。难道这聪明吗？杨桓答道：我受吕氏厚恩，位极人臣，虽然那里洪水滔天，心想只能扶危拯溺才不致随船沉没。今天被俘，也不留下叛臣的耻辱。傉檀赞赏杨桓的这种气节，说：你真是个忠臣。希望杨桓留下来做他的左司马。

在后凉上层，杨桓算得是文武兼备。他有个漂亮女儿，被后凉人称为“国色”。开始，此女许配吕纂为妻。吕纂被杀后，吕超想据为己有，便威胁杨桓道：好好看住你女儿，一旦她有好歹，我将杀你全家。杨桓回到家，把吕超的话讲给女儿听。不料此女听后，大声斥责父亲说：父亲原已把我卖给了氐人，换得今日的荣华富贵。卖了一次已够过分，难道还要我两次受氐人污辱吗？说完这番话后，此女愤而自杀。

尽管利鹿孤兄弟敬贤爱才，但杨桓在南凉并没待多久。后秦主姚兴得知杨桓被利鹿孤兄弟俘虏，下令利鹿孤送杨桓到长安听用。原来，杨桓兄杨经已死多年，但他早年佐命姚兴的父亲姚苌。杨经在世时，姚兴从他口中得知其弟杨桓“有德望”。现在南凉臣服后秦，是下国，索要杨桓顺理成章。利鹿孤虽不舍杨桓离去，但又不敢违命，便在西平城东设宴为杨桓践行。他对杨桓说：本期望着与君共成大业，但事与愿违。今天或许是生死别离。但卿如鲲鹏，非沧海无以运转身躯；是凤凰，非梧桐无以舒展翅膀。一个有才华的人，当去更高大的舞台上建功立业，区区河西地方，不足表现你的能力。希望你前途珍重，成就大器。利鹿孤的话叫杨桓深受感动，他流着泪说：我过去效力吕氏，愧失气节。是陛下从俘虏群里赦免了我，又像待勋旧臣子那样待我，想着未追随陛下立尺寸之功，十分过意不去。今虽违心离陛下而去，但公衡之恋我永志不忘。杨桓的话竟叫利鹿孤唏嘘不已。

杨桓讲的公衡之恋，引述的是三国人物黄权典故。黄权，字公衡。他执忠守节，一生效力过四位主子，即刘璋、刘备、曹丕、曹叡，每个主子都很器重他。特别是刘备，更是有军国大事常咨询黄权。夷陵之战，刘备遭受惨败，蜀军溃退中，因长江北岸道路已被阻断，黄权无路可走又不能降吴，于是转投了曹魏。不久，刘备死在白帝城的消息传到魏国，人人向曹丕表示庆贺，只有黄权无动于衷。为此，黄权受到曹丕的召问。但召问归召问，黄权并不因惧怕而掩饰对刘备的怀念之情。杨桓借用这个典故，表示将永记利鹿孤的知遇之恩。

公元402年，利鹿孤病死，他在位三年时间。

# 秃发傉檀的姑臧岁月和穷兵失国

利鹿孤死后，其弟傉檀继位。

傉檀（？—402），史载其“少机警，有才略”，为此深受父亲思复鞬器重。实际上在利鹿孤做国主时，已将许多国事交傉檀操劳，他自己则“垂拱而已”。傉檀为获得更多劳动人口，频频出征后凉，并为乌孤“坐定姑臧”的最终战略目标而努力。

傉檀像他两个兄长一样，想在政治上有所作为。他对士人优待有加。公元402年初，他攻破显美城（今永昌县东），俘后凉昌松太守孟祎，指着孟祎数落说：“见机而作，有赏先领；执迷不悟，刑及于身。我现正耀武玉门，不久将扫平秦陇。你固守穷城，不识时务，按刑量罪，过不过分？”孟祎回答：早知你广布恩信，诏告四方归命。我违命不遵，今该受刑。但反过来讲，吕氏对我有恩，我奉命守城，假如你一来我就投降，在吕氏那里也会获罪。请你想一想，我该怎么办。傉檀觉得孟祎忠心事主，说得在理，下令为之松绑，并以客礼待之。以后又想拜孟祎左司马之职，但孟祎不受，他却请求傉檀放自己回姑臧。他说：我知道吕氏已无出路，但既为人臣，与城俱焚理所当然。自己回到姑臧去待城破就戮于市，或许还可留下个不朽之名。傉檀见孟祎态度如此坚决，便释放了孟祎。五年后，傉檀入主姑臧，与孟祎再次重逢。

公元403年吕隆被姚兴迁往长安，傉檀认为进入姑臧的机会来了。因为就在之前不久，姚兴给他加封了车骑将军、广武公名号。之后，姚兴的凉州刺史王尚派使者到乐都，向他表示慰问。当然，所谓“加封”不过是玩政治手段，但王尚派的来使不是别人，而是与秃发氏家族有深交的汉族名士宗敞。

原来，宗敞的父亲是宗燮。宗燮原任吕光的湟河太守，后被调入姑臧任尚书郎。公元399年，秃发乌孤攻下后凉金城，当时宗燮正在从湟河去姑臧途中。乌孤的大军将宗燮截留在广武（今兰州市西固区）。就在广武，傉檀与宗燮有了一面之识。宗燮是个有见识的人，他知道吕光因不得人心早晚必败。于是拉着傉檀的手说：君器宇轩昂，一看就知是志气凌云的命世英才，日后定会克清凉州时难，有所作为。只是我年事已高，看不到这些了。拜托你关照我儿宗敞。傉檀没料到多年后，宗敞竟来到乐都站在自己面前，大有故知相逢之感，他对着宗敞颇为动情地说：我是个才能平平的人，当年受你父亲谬奖，时时想着不辜负老人家待我的水镜之心，也常将君深藏在心里。就像《诗经》说的，“中心藏之，何日忘之”。哪曾想今天还见到你。傉檀还把自己比作孙权，把宗敞比作鲁肃，盼望有一天共成大业。

史书留下这个故事，是告诉读者一个信息，那就是在关键时刻，作为汉族士人的宗敞给了傉檀怎样的政治帮助。当然，因史无明载，对此我们不得而知。但可知的是宗敞走后，不仅傉檀用的“弘昌”年号以及“大城乐都”之举，都销声匿迹，而且傉檀还自降品级，罢去了尚书丞郎之类的官佐，向姚兴表示谦卑。

公元404年，傉檀觉得时机已到，他派参军关尚去长安，觐见姚兴，在讨要姑臧城的事情上试探姚兴口气。姚兴问关尚：傉檀当面向我献款称藩，背着我又擅自建造大城，这合乎为臣之道吗？关尚赶忙解释说：

南凉处地僻远，常遭强寇袭扰，扩建乐都城为重门户之防，合乎先王之道。姚兴觉得关尚说得也在理，但这次他未在姑臧的事上松口。

又过了两年，时至公元406年，这时南北二凉围绕姑臧的明争暗斗越演越烈。秃发傉檀也使出浑身解数，千方百计地讨好姚兴，献给姚兴3千匹马、3万只羊。这次，傉檀的“忠心”终于得到了姚兴的认可，他被姚兴委任为都督河右诸军事、车骑大将军、凉州刺史，让他代替王尚坐镇姑臧。

傉檀通过贿赂取得姑臧的消息传到凉州，凉州人情大哗。反对者选派凉州主簿胡威做代表，去长安请求撤回成命。胡威见到姚兴后，泪流满面地说：凉州奉戴王化（指后秦统治）已有五年，因远离长安，陛下鞭长莫及，但合州士民肝胆相照，守土报国，上仰陛下圣德，下赖良牧（指王尚）仁政，才有今天的安宁。陛下为何因3千匹马和3万只羊就卖掉我们，贱人贵畜，何至于此！假如军国需要马匹，只须下道命令，凉州3千余家，各家分摊一匹，朝令夕办，何难之有！昔日汉武帝倾天下资财，开拓河西，以断匈奴右臂。今陛下丢弃五郡的忠良华族，听任他们受外族蹂躏，这不光是凉州士民坠入苦海，更是朝廷自招心腹大患。姚兴听到这里，后悔起来，他派西平人车普骑快马去姑臧，阻止王尚交割，同时传谕傉檀，将成命收回。但关山千里，一切都来不及了。傉檀早率3万步骑兵在姑臧城南的五涧地方扎下营，待车普赶来把决定通知傉檀后，傉檀立即采取行动，逼迫王尚马上离开姑臧，并且等不得王尚一行出姑臧东边的青阳门，他自己策马进了姑臧南边的凉风门。

就这样，秃发傉檀兵不血刃，通过政治手段实现了“坐定姑臧”的夙愿和战略。这时，傉檀也许想不到一百多年前自己的高祖父树机能与西晋军队鏖战“尽有凉州”的光辉业绩，但一定能想起兄长利鹿孤交代过的一句话：姑臧是凉州大都会，万万不可使沮渠蒙逊据有。

后秦凉州刺史王尚返回长安，凉州官吏陪送者中有宗敞。宗敞临行，去见傉檀。傉檀对宗敞说：我虽得到凉州3千家，但感情寄托，只在你的身上。怎么又舍我而去呢？宗敞说道：今天送走旧日之主，正是为明天为您效忠啊。傉檀向宗敞讨教治理凉州的“怀远安迩”之策，宗敞答道：目前凉州不算景气，但地理位置优势依然，只要励精图治，很快会兴旺起来。他认为当务之急在于用人，而凉州人才很多，就看傉檀会不会用。他列举了十多位时贤供傉檀参考，并向傉檀一一介绍说：段懿、孟祎，武威宿望；辛晁、彭敏，秦陇冠冕；裴敏、马辅，中州令族；张昶，前凉后裔；张穆、边宪，文采可比扬雄、班固；梁崧、赵昌武略过于张飞、关羽。宗敞最后说：以大王的韬略和威信，只要用好这班人，农战并修，文教兼设，定可以纵横天下，岂止平定河西！

宗敞陪王尚到长安后，有人告王尚任凉州刺史期间有不轨行为。所告行为之一是私藏后凉宫女供自己玩乐；所告行为之二是他擅自捕杀逃亡者。由于这两项罪名，王尚被暂时“囚禁南台”。王尚必须找到能证明自己清白的人，否则面临的将是重罪。这时，宗敞已返回了凉州。但他得知王尚蒙冤，立刻联络王穆、边宪、胡威等昔日凉州同僚，给姚兴上疏，为王尚辩诬。姚兴看了由宗敞执笔的上疏，惊叹疏文条贯分明，辞句优美，便问吕超说：宗敞的文才真那么好吗？可以与谁相比？吕超答道：宗敞在凉州，写的时论文章家喻户晓。人们谈起他，把他比作魏之陈琳和徐幹，晋之潘岳和陆机。当姚兴惊讶宗敞竟获如此高评，简直不敢相信。他又问吕超：凉州小小的地方，能有这样的奇才吗？吕超点头称是。

宗敞从长安回姑臧后，傉檀给他的官职是太府主簿、录记室事。而先前受傉檀“义释”的孟祎，则从傉檀入姑臧那一刻起，一直在傉檀左右。傉檀在宣德堂飨宴群臣时，仰望堂顶，感慨地说：古人有言，说作者不居，居者不作。意思是：世道变幻，物是人非，建堂者只出力不享受，享受者只享受不出力。比喻自己入主姑臧乃是坐享其成。这时，孟祎向傉檀进言，从宣德堂“德”字入手，回顾历史，陈述创业与守业的关系。孟祎说：张文王（指张轨）扩建姑臧城，修东西两苑，兴缮宗庙，开创前凉局面，留下万世基业。但前秦雄师一渡河，一切皆成烟云。前秦梁熙做刺史，据全州之地，拥十万重兵，结果吕光一到，便败于酒泉，身死彭济。后凉吕氏，以排山之势，称王于河西，接着分崩瓦解，投降姚兴。古贤宽饶曾说：“富贵无常，忽辄易人。”从宣德堂初建，至今将近百年，经历十二主，其中，恪守信顺和秉持仁义者才得享永固。唯愿大王以此自勉。傉檀点头说：是这个理。如非先生，我是听不到这些傥言的。当然，傉檀的话虽这样说，但心里自有想法。史书上说，现今的他虽表面受制姚兴，但内心踌躇满志，在姑臧的车服礼章，出警入跸，都俨然一副王者的样子。

但是，傉檀也许没认真想过，进入姑臧可以为自己在凉州的霸业增添某些“正统”资本，但能不能守姑臧，确立起统治凉州的正统地位，那是要靠实力和民心说话。后来的事实证明，孟祎就宣德堂的一番话也在傉檀身上应验了。他进入了姑臧，但未能“坐定姑臧”。在逐鹿河西的争霸中，北凉主沮渠蒙逊后发制人，但显然更有力量。

其实，早在傉檀刚进入姑臧时，蒙逊可以趁其立足未稳，在姑臧归属上与傉檀一决雌雄，但他不想这样做。一方面是怕激怒后秦主姚兴，另一方面也是因西凉主李暠在背后掣肘。公元405年，西凉主李暠把都城从敦煌迁到酒泉，打出“渐逼寇穴”旗号，做出与蒙逊势不两立的样子，这不能叫蒙逊等闲视之。特别是在傉檀与李暠之间已结盟的形势下，如这时出兵与傉檀争姑臧，那必然多方树敌，将自己置于不利境地。也许蒙逊正是出于这种考虑，放慢了与傉檀争夺姑臧的步伐，使傉檀陶醉在入主姑臧的喜悦中。公元406年底，傉檀把都城从乐都迁到姑臧。从此，南凉成众矢之的，陷于列强环视而国无宁日的境地。

首先，傉檀入姑臧后，因“车服礼章，一如王者”，惹得姚兴十分不高兴。他派史暠到长安去报谢姚兴时，姚兴向史暠发问道：你说说看，车骑（指傉檀）坐定凉州，衣锦还乡，他感激我吗？史暠答：车骑早积德河西，英名远播。先前从未得到过陛下您的关照，倒是他主动向您表达了诚意。陛下依才受任，量功授职，不过尽古今彝伦之道，有何值得感激？姚兴反问史暠：假如我不把凉州给你们那位车骑将军，凉州他又从何而得呢？史暠反驳说：因为我们车骑，吕氏在河西才坐卧不宁，狼狈不堪。假如不是我们车骑动摇吕氏根本的话，陛下您罗网张得再大，凉州现在仍在网外。想想当年，您派王尚做刺史，王尚守姑臧，遭城外众多戎狄侵逼，面对那样的情况，光靠陛下，您花费十年功夫，竭尽财力物力，也不一定能拿下凉州。只因靠我们车骑之功，陛下有了凉州。现在陛下实收大利，而把虚名给人，可谓圣心妙算，合于天道，但对车骑易地升迁，也是给了我们很大好处。姚兴感觉史暠说得有些道理，当然，也从史暠话里听出了另一重意思，那就是傉檀的夜郎自大。

此外，傉檀“怀远”失策。入姑臧后，傉檀只注意防范北凉威胁，而忽略了更加强大的敌人。这个敌人便是崛起于朔方的匈奴“铁弗”（铁伐）部族。该部首领赫连勃勃，极其残虐好战。他自诩夏后氏苗裔，称部族为“铁伐”的寓意是“皆可以铁伐人”。公元407年，他在高平川（今宁夏固原）建国号“夏”，自称“大夏天王”，年号“龙升”。他的野心是从姚兴手里夺取长安，只因南凉臣服于后秦，想先从傉檀那里小试牛刀。称天王的当年十月，他派人去姑臧，向傉檀提出，要求取傉檀女儿为妻。结果遭傉檀断然拒绝。接着，勃勃在入冬时节亲提2万胡骑，踏冰过黄河，长驱直入到南凉的枝阳县（今兰州市西），掳掠了当地的两万七千口人和数十万头牛马羊。傉檀听到这个消息，立刻就要率军追击。这时有人对他说，这可能是勃勃的诱兵之计，希望傉檀不要上当，并建议傉檀率军从媪围（今景泰县）过黄河，直插兵锋到万斛堆（一说是今宁夏沙坡头，一说在今靖远），先行列下阵势，阻挡住夏军北撤的归路。但傉檀却十分自负，认为勃勃就是抢掠得手后开溜，不听劝告，坚持追击。他哪里料到勃勃很会用兵，他早知傉檀会穷追不舍，已在阳武下峡（今兰州东黄河峡口）凿冰做垒，埋车塞路，沿黄河埋伏重兵，等着傉檀到来。当傉檀率领大军进入伏击圈时，夏军立即出击，将疲惫不堪的凉军打得落花流水。傉檀一面急令军队撤退，一面打马转身逃跑，他一口气奔逃几十里路，直到逃上南山才停下脚步。再回头看去，只见自己手下将领所剩无几，带出来的数万军队不足一万。而这时的赫连勃勃正在干什么呢？他正在庆祝胜利和羞辱傉檀，下令夏军收集南凉阵亡将士们的躯体，将躯体堆起来“筑为京观”，并命名这人肉建筑为“骷髅台”。

秃发傉檀经历的这次惨败，被凉州人称为“阳武之败”。它在南凉国人心中留下了永远抹不去的阴影。

宗敞曾建议傉檀对凉州士民“抚以威信”，这一点他也没有做到。阳武之败后，傉檀坚壁清野，为防备敌人再来掳掠人口，强制实行堡垒策略。他下令姑臧城外三百里范围的百姓全部搬进城里，这使胡汉百姓别离故土，颠沛流离，城里城外，怨声载道。瞬间，变乱骤起。屠各胡人成七儿首先发难，聚合数千人闹事，被傉檀的殿中都尉张猛派兵镇压下去。成七儿受诛后，官僚阵营又出现骚动，军谘祭酒梁裒和辅国司马边宪阴谋反叛，被傉檀发觉后处死。被称为“边梁之乱”的这场事变再度给凉州带来极大震动。

一场阳武之败，一场边梁之乱，两个事件说明一个问题，那就是南凉虽建都姑臧，虽有许多汉族士人倾心相助，但秃发统治者习惯了征战生活，很难一下子具备坐镇都会经国安邦的政治经验。反叛事件接踵而至，严重的后果可想而知，它大伤了南凉统治的元气，使傉檀“坐定姑臧”夺得正统的图谋已被粉碎。这时候，傉檀只有一个心思，那就是保住姑臧，不要让它陷落在沮渠蒙逊手里。于是，他开始以攻为守，用穷兵黩武的办法，主动出击北凉，却十有九败，经常损兵折将。

这时，后秦主姚兴也觉得该惩戒一下傉檀的尾大不掉了，他派尚书韦宗到姑臧去探虚实，史书称此举为“韦宗观衅”。韦宗没想到，传说中傉檀已一蹶不振，但他见到的傉檀根本不是那副模样。他仪表堂堂，器宇轩昂，仍旧风度潇洒地和人谈笑。傉檀对着韦宗，开怀敞谈古今历史，论六国纵横之规，评三家战争之略，远言天命废兴，近陈人事成败，表现得“机变无穷，辞致清辩”。听了傉檀的宏论，韦宗敬佩之心油然而生。他不由得感慨道：那些命世之才和能掌握名教理论的人，不一定非是华夏名士；那些能拨乱反正和拯难济世的人，也未必一定读过《八索》《九丘》。五经之外，冠冕之表，还有许多奇才俊杰。像车骑将军傉檀这样机敏神秀的人，真是一代伟人。堪比由余、金日磾，这样的英雄世所少见啊！这次“观衅”之行，韦宗触动很大。他再次明白了一个道理：在中华大地上除汉族英杰外，胡戎民族也有出类拔萃的英雄人物，由余、金日磾、秃发傉檀是他们的代表。

韦宗从凉州返回长安，向姚兴汇报在姑臧的所见所闻。他认为尽管南凉州遭遇外患内忧，造成一些“残敝”，但“风化未颓”。意思是社会情况依然良好，政治也未乱成一团。韦宗还盛赞傉檀才华过人和河西山河之固，总之是不主张对南凉用兵。但姚兴不相信韦宗的话，他认为既然赫连勃勃能打败秃发傉檀，自己就一定可以再次攻下河西，他决意出兵。下令姚弼、敛成为先锋统帅，带领步兵骑兵共3万出发，姚显为后继统帅，随后跟进。为了麻痹傉檀，先送信过去，信中说这次出兵针对的是赫连勃勃，是为防勃勃战败向西逃跑，才事先部署姚弼率军去河西拦截。傉檀轻信了姚兴的话，未做一点防备。因此，秦军一路顺利，很快就抵达漠口（今古浪县境），并在击杀昌松太守苏霸后，进到姑臧城下，抢占了姑臧西苑。凉州汉族人王钟、宋钟、王娥等计划为秦军做内应，被傉檀发觉后抓获。前将军伊利延侯认为此非常之时，当用非常之刑，在他的主张下，傉檀下令大屠杀，将5千多有谋反嫌疑的人活埋于东苑，另将嫌疑者的妻女作为“军赏”，奖给鲜卑军士。这一惨案发生后，姑臧城里风声鹤唳，人人惊恐。人称这次屠杀是“东苑之诛”。

但后秦并未立刻拿下姑臧。傉檀知道秦军急需补给，便使用诱敌之计。他通知离姑臧较近的郡县，令其将牛羊等驱散于野外，待秦兵哄抢时进行反击。秦军前锋将领敛成果然中计，在纵兵掳掠时，突遭以南凉镇北将军为首的十几路军队合击。一时之间，敛成所部秦军四散溃逃，被杀7千多人。幸而敛成纵兵大掠时，姚弼所属的另一支部队按兵未动，得以保全下来。傉檀派兵切断这支军队水源，想先困敌人于饥渴，再伺机将其击败。不料就在姚弼感到绝望时，突然下起大雨，洪水冲毁凉军已在上游筑起的拦水堤坝，将秦军从饥渴中解脱了出来。姚弼得天之助，军势复振。这时秦军后军统帅姚显得知前军失利，便驱军急进，日夜兼程赶到姑臧城下。前后两军会合后，姚显认为利在速战，派“射将”孟钦等五人挑战于凉风门前。但孟钦等还没来得及张弓搭箭，城内的南凉材官将军宋益却一马当先，突至阵前，手起刀落，将孟钦斩于马下。姚显目睹这个场面，才意识到姑臧多么难取。他决定退军回去，便委罪敛成，派人向傉檀道过歉后，下令回师长安。这样，南凉逃过一劫，秦军无功而返。而傉檀也随即派使者去长安，向姚兴谢罪。

公元408年冬十一月，傉檀即凉王位，改元嘉平，置百官。立夫人折掘氏为王后，世子武台（又称虎台）为太子、录尚书事，并设左右仆射等官职。但既称王，又出格升世子为太子，说明在“彝伦攸序”方面，南凉仍与汉族正统存在着距离。

这以后，傉檀为提振姑臧民心，继续向北凉作军事挑衅，频频出军抢掠对方人口。公元410年，他派左将军枯木等攻临松郡，掳掠当地百姓1千余户。临松郡是沮渠蒙逊家乡，枯木此举是捅马蜂窝，立即就招来北凉报复。蒙逊亲自率军，一直攻到显美（今武威市南），将南凉数千民户掠走。傉檀派太尉俱延反击，又被蒙逊打得大败而归。而后傉檀兴兵雪耻，在穷泉（今张掖武威之间）遭蒙逊军队迎头痛击后全军覆没，自己单马逃回姑臧。蒙逊一直追到姑臧城下。姑臧城里的各族百姓因害怕再发生“东苑之诛”那样的事，纷纷四散而逃，其中1万多户倒戈投向了沮渠蒙逊。这回傉檀真的怕了，他向蒙逊提出，用司隶校尉敬归儿子秃发佗做人质，以换取蒙逊退兵，获蒙逊同意。但蒙逊退兵时，顺手掳走8千户南凉居民。

至此，傉檀一定在思考一个问题，那就是当初该不该进驻姑臧城。然而，没等他思考明白，又传来可怕的消息，驻守姑臧西南的右卫将军折掘奇镇叛变了。这说明连他的外戚部落也弃他而去。更重要的是折掘奇镇叛变后，会将姑臧向南的道路切断，那时沮渠蒙逊再来进攻，自己将无路可走。于是，他决定舍弃姑臧，返回老家乐都。决定之后，他把姑臧交给大司农成公绪留守，自己带领官员们撤离。傉檀一行刚出姑臧南门，魏安人侯谌和焦朗便聚合3千多户姑臧城民，占据南城“闭门作乱”。侯谌自称凉州刺史，焦朗称大都督。沮渠蒙逊得知此消息后，迅即率军到姑臧，先击降焦朗，再随后追往乐都，并将乐都团团包围，将傉檀君臣困在城内一月有余，逼得傉檀以儿子安周做人质。公元411年初，蒙逊从乐都撤围而去。

北凉撤军后，傉檀心有不甘，率军分五路从乐都出发，杀向番禾（今永昌县西）、苕藋（今张掖市东），掳掠北凉5千户居民而返。返军途中，风云突变，霎时乌云蔽日，风雨交加，蒙逊大军也突然出现在眼前。傉檀措手不及，遭惨败后狼狈逃回乐都。蒙逊指挥军队再次将乐都包围，迫使傉檀又推出儿子染干做人质，换得蒙逊退兵。

延至公元413年，这样的战争游戏还在南凉和北凉间继续上演。四月，又是傉檀挑衅，蒙逊围城，傉檀以太尉俱延为人质，蒙逊退兵。游戏玩来玩去，北凉毫发未损，乐都却年年农田不种，颗粒无收，城内储粮告罄，陷于严重饥荒。史料说：时至公元414年，乐都已“不种多年，内外俱窘”，“连年不收，上下饥弊”，“百姓骚动，民不安业”，粮食危机和政治危机交织在一起，整个情况糟成一团。忍受不了饥饿煎熬的傉檀，又想故技重演，决定冒险远出，去讨伐在青海湖一带生活的乙弗和契翰两个富裕部族，抢掠他们的牛、马、羊牲畜，来解燃眉之急。出军前，他部署太子武台（虎台）严守乐都，以防北凉偷袭。傉檀也想早去早回，他神速用兵，很快将乙弗击破，掠得牛马羊各类牲畜40多万头。他正在打算进攻契翰部落时，驻守西平（今青海西宁市）的乌孤之子樊尼突然仓忙赶来，向他报告说乐都失陷了。

原来，当傉檀出军远征时，沮渠蒙逊没动作，倒是占据陇西的西秦乘虚偷袭了乐都。当西秦主乞伏炽磐兵临乐都城下时，孟祎建议武台联合城里汉人共同守城，但持有民族偏见的武台生怕汉人滋事，不但不听孟祎建议，反而变本加厉，将汉人中的“豪望有勇谋者”囚禁起来，造成守城乏力。结果，西秦军队围城不到数日，便将城池攻破，俘虏了武台及南凉所有臣民。当傉檀听到樊尼传来的国破家亡消息后，知道一切都已结束。在极度悲愤中，他吩咐没落入乞伏氏手中的子弟们去投北凉，他自己则决定返回乐都，与妻子儿女们死在一起。

傉檀返回乐都时，有一个人伴随他，这个人叫阴利鹿。傉檀挥手让他离去，但阴利鹿不肯。于是他问阴利鹿说：国已如此，我已如此，你为何不自奔前程呢？阴利鹿回答道：国破家亡，不能效申包胥哭秦庭，求得救兵以拯国难，但对君臣之义，自己不会糊涂。傉檀感慨地说：真正要了解人，不是容易的事啊！

最后傉檀投降西秦，标志着南凉政权灭亡。降秦以后不久，秃发傉檀被乞伏氏杀害。

从公元397年秃发乌孤称西平王，到公元414年秃发傉檀投降西秦，南凉存在18年。入主姑臧前后约5年时间。

# 西凉政治与敦煌著姓

五凉中有两个汉族政权，一个是张氏前凉，再一个是李氏西凉。

西凉是五凉中的第四个“凉政权”，它的建立者是汉族士人李暠。

李暠（351—417），字玄盛，祖籍陇西成纪（今静宁县西南）。史书说他是西汉飞将军李广的第十六世孙。其实，早在李广之前，李氏这一族已迁居狄道（今临洮县）。说起迁居的原因，《晋书·凉武昭王李玄盛传》是这样记载的：西汉初年，李广曾祖父李仲翔做将军，受命去素昌讨“叛羌”。素昌就是后来的狄道。仲翔作战失利，战死在素昌。仲翔的儿子伯考为父奔丧，将父亲葬于狄道东川，自己也把家安在那里。世代繁衍，宗族强盛，后来成为“西州右姓”。这就是所谓的“陇西李氏”。

西晋之世，李氏家族门第依然显赫贵盛。李暠的高祖父李雍，曾任东莞太守；曾祖父李柔，任过北地太守。李暠祖父李弇，在张轨任凉州刺史时，任晋武卫将军、天水太守，受封安世亭侯。前凉建立，李暠的父亲李昶，在前凉做官，任张骏的世子侍讲，但英年早逝。李暠是李昶的遗腹子。

史书说，李暠自幼聪颖好学，博涉经史，尤其专注于文章辞赋。此外，他习武艺，研究孙吴兵法。后凉吕光时，他与河西士林人物郭麘、宋繇关系密切，三人常同起居。郭黁是西平人，精通周易，明于天文，善占候，时任太史令。而宋繇作为敦煌宋氏之后，是李暠的同母异父兄弟。他为人忠厚，学识渊博，在五凉时代的河西士人里，有很高的知名度。

吕光统治河西时，氐族勋贵把持政权，排斥压迫其他民族，导致河西民族矛盾异常尖锐，各民族不断起兵反抗后凉统治。此前，吕光滥杀姚皓、尹景名士的血案，早已将民族仇恨深埋于士人心中。特别是天水尹景，他与李暠和宋繇弟兄是姻亲，他无辜被杀，更在宋繇和李暠心里平添了一份家仇。他们时刻想着找机会推翻吕光的统治。

后凉龙飞二年（397）的一天，郭黁突然对宋繇说：你早晚位极人臣，李暠有国君相。人说："家有骟草马，当生白额驹。"现在该是有所作为的时候了。郭黁这样说，是因为他看到反吕的烈火已在河西燃起。当时，秃发乌孤正在河湟厉兵秣马，准备与吕光一较高下，而吕光的建康太守段业在卢水胡拥戴下，占据了张掖，反戈一击，与后凉分庭抗礼。郭黁认为宋繇和李暠应抓住这个时机，脱离吕光，起来造反。按照郭黁的指点，李暠与宋繇选择追随段业。而几天后，郭黁则与后凉仆射王详联手，在姑臧城里发动田胡等部落举事造反。关于郭黁造反失败及其逃亡西秦，前文已有交代，此不赘述。

李暠投向段业营垒的当年，段业任命敦煌太守孟敏兼任沙州刺史，同时任命李暠为效谷县令（效谷县治今敦煌郭家堡）。孟敏受任一年后因病死去，敦煌太守职位发生空缺。在新任太守一时难以到位而州事急需料理的情况下，经敦煌护军郭谦和沙州治中索仙合议，认为李暠才器非同寻常，于是推举李暠代理宁朔将军、敦煌刺史之职。正在李暠犹豫是否接受推举时，恰好在段业那里做中散常侍的宋繇告假来到敦煌，他提醒李暠说：段业此人无远大之谋，日后难有作为。兄长你还记得郭黁的话吧，白额驹不就指你吗？意思是李暠该疾起奋蹄了。听了宋繇的分析后，李暠接受了郭谦、索仙的推举，他派人去张掖，请求段业为自己正名。接着，李暠被段业正式任命为敦煌太守。而西凉的霸业也由此开头。

公元399年，段业在张掖自称凉王，与右卫将军索嗣私交很好。索嗣是敦煌人，一心想取代李暠到家乡做太守。他在段业面前构陷李暠，说李暠有异图，挑动段业将李暠撤换。段业本来喜听谗言，他信了索嗣的话，便拨给索嗣500骑兵，让索嗣去敦煌取代李暠。索嗣率军到离敦煌城20里的地方时，派人去城里，通知李暠来迎接他。索嗣突然带兵前来，叫李暠十分吃惊。但他还是决定远道相迎。他正要出城，却被效谷令张邈和宋繇阻止。张邈对李暠说：看看今天的河西，吕氏政治衰乱，段业昏聩无能，正是英豪有为之日。您坐拥现成资财，为何拱手让人呢？索嗣仗着自己是敦煌人，认为人情方面有优势，料你会受他摆布，就他的狂傲而言，你就可拿下他。宋繇也给李暠打气说：大丈夫为世所推，就该有所成就。今天把命运交到索嗣手上，这岂不受天下人的耻笑！兄长一向英姿盖世，有雄霸之风，做张王之业（指前凉）的继承者理所当然。李暠听张、宋这样说，才袒露了自己的心扉。他说：我少无风云之志，因做官到了这里，想不到竟受敦煌人士推爱。原说要出城迎接索嗣，是因为不清楚各位的想法。

李暠明白，敦煌士人的心是向着自己的，于是决定驱逐索嗣。他派宋繇去见索嗣，观察对方的实力。宋繇回来后报告说：索嗣态度骄横，兵力有限。轻而易举即可将其擒拿。于是，李暠儿子李歆和李让以及张邈、宋繇、郡司马尹建兴等带兵出战，一举将索嗣的骑兵部队击破。索嗣狼狈而逃，返回了张掖。索嗣前脚到张掖，李暠的上表后脚到了段业手里。表章称自己原与索嗣是好朋友，没想到索嗣竟不仁不义，背后构陷自己，他坚决要求段业诛杀索嗣。正好，手执北凉军权的沮渠男成也讨厌索嗣，这时也落井下石，坚持向索嗣问罪。段业受不住在内外压力，便将索嗣处死，同时为安抚李暠，从敦煌郡分出凉兴（今瓜州县西南）、乌泽（今瓜州县东），从晋昌郡分出宜禾（今瓜州县西南），将以上三县合为凉兴郡（今瓜州县西南），连同原先的敦煌郡，都交给李暠掌管，进封李暠为持节、都督凉兴以西诸军事、镇西将军、领护西夷校尉。公元400年底，段业的晋昌太守唐瑶背叛段业投靠李暠，并传檄敦煌、酒泉、晋昌（今安西县东南锁阳镇）、凉兴、建康（今高台县西南）各郡县，推举李暠为大都督、大将军、凉公、领秦凉二州牧、护羌校尉。这一年，李暠建元为庚子。这样，西凉政权正式建立。

西凉建立后，除支持李暠的唐、郭、尹这些关陇人物外，举凡敦煌著姓中的宋、索、张、阴、氾、令狐等家族，齐聚在李暠麾下，出任军政要职，成为西凉政权的中流砥柱。下面是李暠对各路人物的授官任职：

以唐瑶为征东将军，郭谦为军谘祭酒，索仙为左长史，张邈为右长史，尹建兴为左司马，张体顺为右司马，张条为牧府左长史，令狐溢为右长史，张林为太府主簿，宋繇、张谡为从事中郎，宋繇另加折冲将军，张谡另加扬武将军，索承明为牧府右司马，令狐迁为武威将军、晋兴太守，氾德瑜为宁远将军、西郡太守，张靖为折冲将军、湟河太守，索训为威远将军、西平太守，赵开为骍马护军、大夏太守，索慈为广武太守，阴亮为西安太守，令狐赫为武威太守，索术为武兴太守。

宋、张、索、阴、氾、令狐等敦煌本土著姓家族，早在前凉时因效忠前凉张氏而树勋河西，如宋繇，除与李暠异父同母，也是宋配的后人。索仙是索袭之后，氾德瑜是氾瑗之后，阴亮是阴澹之后。令狐迁更不用说，他的祖先早在两汉之交就因反对王莽从中原逃难到敦煌。前凉时，令狐亚、令狐敏都为张氏效力。至于张条、张体顺、张林、张靖，他们的家族，几乎与前凉休戚与共，政治地位无人望其项背。可以想见，李暠作为一个外乡人，他要在敦煌获得成功，必先从广聚人脉开始。要广聚人脉，不依靠上述家族支持，那将不可想象。再者，自张轨以来，上述家族文化底蕴丰厚，一直是凉州士林的翘楚，他们对河西士庶，都有巨大的感召能力。李暠要“招怀东夏”，敦煌著姓和他们中的士人是不可忽视的力量。

李暠组建的西凉政权里，有些人与他婚亲相连。除宋繇外，左司马尹建兴是天水冀县（今甘谷县）人，是李暠妻子的族人。史书记载说，李暠原配辛氏，是陇西辛纳之女，不幸中道而殂。辛氏生前“贞顺有妇仪”，她的死使李暠十分哀伤，亲自写诔词致祭。李暠续娶尹氏，出身天水大族，以贤德著称。她虽为继母但精心抚养辛氏生的孩子胜于己出。尹氏深明大义，颇懂政治兴废，李暠创建西凉，她助力甚多。因此河西有民谣说：“李、尹王敦煌。”至于唐瑶，他与李暠是何关系，史书没交代，但李暠的孙子李宝，他的母舅叫唐契，据《新唐书·宰相世系表》，这个唐契正是唐瑶之后。后来李暠写《诫子书》说敦煌郡“五百年婚亲相连”，大概也包括了李氏、尹氏、唐氏这些关系在内。

西凉在敦煌建制后，李暠首发之举是拓展领土。由于此前他已受段业委任都督凉兴已西诸军事、领护西夷校尉，于是，他名正言顺地派从事中郎宋繇东伐凉兴郡（今瓜州西南），西击玉门关以西，讨平不服管的势力，将东临酒泉，西到西域的土地统统纳入了西凉的版图。

西凉立国的敦煌郡，是中西交通的咽喉和门户。早在东汉时期，就有“胡商贩客，日款塞下”的说法。李暠定鼎敦煌，掌控西域，将中西文化与商贸交流的锁钥操于手中。他很快就有所收获。原来，吕光一称王即派人去于阗采办“六玺”之玉，使者返回时适值西凉建立，李暠将使者携带的“六玺”之玉截取，留待自己日后使用。

获取“六玺”玉是祥瑞之兆，这使李暠对未来更有了信心。于是，他在敦煌南门外的河岸上修建起一座堂舍，取名为“靖恭堂”，以供“议朝政，阅武事”之用。敦煌士人领袖刘昞撰文以志其事，这就是著名的《靖恭堂铭》。李暠为表示崇礼明训，在堂内张挂古代圣贤明君、忠臣孝子、烈士孝女画像以及赞语，还有李暠自己撰写的序文、颂词之类，让群臣常瞻仰，勤观览，“以明鉴戒之义”。

李暠决心取法张轨，学习窦融，一如自己先辈那样，执忠守义，在河西树功立业。对此，他在后来给东晋安帝的表文有表白。表文先赞颂张轨说：元康初年，正当天下动乱扰攘之际，故太尉、西平公张轨受命典制河西，出任凉州刺史，威略所振，声盖海内。继而追述他的先辈李柔、李雍、李卓、李弇等辅佐张氏，著功秦陇的业绩。最后，李暠表示自己正“依窦融故事”，废寝忘食，雕肝焦虑，以求“义诚著于所天”，直到“殉命灰身”那一刻为止。

紧跟靖恭堂的建立，李暠的兴学重教也拉开序幕。史书上说，一天，一群白雀云集在靖恭堂顶上，李暠看见白雀飞来飞去，十分高兴，他下令在敦煌建立泮宫。泮宫招收的首批“高门学生”有五百人。将学校称作“泮宫”，是取义于《礼制·王制》篇中“大学在郊，天子曰辟雍，诸侯曰泮宫”。这就是说，李暠尊礼而行，他遥尊东晋为上国，将自己放在诸侯一级，称他培养贵胄子弟的最高学府为泮宫。

在泮宫建立后，李暠在泮宫旁又建了一座“嘉纳堂”，作为甄选奖掖人才之所，堂内悬挂先贤画像，供人瞻仰，以为师范。

西凉的建立，使原本后凉、南凉、北凉三家纷争的河西变成了四雄竞逐。四雄中，只有李暠的西凉是汉族政权，这大概是李暠自称继承前凉事业和遥尊东晋的原因。公元400年，是东晋义熙元年，李暠却称庚子元年。这一年，李暠派舍人黄始、梁兴二人代表自己，“间道”去江南“奉表诣阙”，目的是获取东晋朝廷支持，确立自己在河西的“正统”地位。他在表章里说的话几乎和当初张骏说过的一样，无非是希望与东晋共同完成光复中原的大业。表章中说：江南凉州虽相隔遥远，但通过“义诚”彼此相连，如休戚与共，定能唇齿相依。

总之，李暠的西凉与张骏时的前凉存在着许多相同点，都坚持汉族正统，遥尊东晋却不行东晋正朔；都自称追踪窦融，以敦煌著姓为主要依靠力量；都重视文治安邦，视异族政权为异己。

正是带着汉族的思想文化正统和民族主义情结，李暠选择着治理西凉的方略。他在公元402年从北凉手里夺取了酒泉郡后，筹划迁都酒泉，他想通过迁都实现“招怀东夏”和“渐逼寇穴”。“招怀东夏”的意思是争取更多汉族士庶支持，“渐逼寇穴”的意思是向卢水胡等异族政权示威。

李暠知道，以西凉现有的国力，擅自做出迁都决定有一定风险，于是他先向僚属们征求意见。

公元405年秋天，李暠聚会群臣决定迁都大计。他阐述之所以要迁都的原因说：当年，河西分崩离析，英雄豪杰群起逐鹿，自己受众人抬举，以至于此。负荷重任以来，常废寝忘食，一心想怎样利于百姓。为此，东征西讨，平靖域内，军旗所指，皆获胜利。现在，唯沮渠蒙逊困兽犹斗，霸据着张掖一城，使张掖以东汉族黎民忍受戎虏统治，他们期盼解放犹如殷人期盼西伯那样。假如这件大事完成不了，我们也难高枕无忧。说完这些后，李暠宣布自己将迁都酒泉“渐逼寇穴”，他要求臣僚们发表意见。

李暠话音刚落，右长史张邈立即表示支持。这使李暠很高兴。他接着说：二人同心，其利断金。张长史与我想法一样，我就不再迟疑了。

迁都大计定了之后，李暠做出具体部署：命张体顺为宁远将军、建康太守，出镇乐涫（今高台县西北）。召回悬师在外的宋繇，任右将军，领敦煌护军，让其协同自己的儿子敦煌太守李让镇守敦煌。接下来，李暠率西凉群臣迁往酒泉。

李暠迁都之初，在与北凉的抗衡中势均力敌，这与秃发傉檀所给的帮助有关。是秃发傉檀常在张掖以东牵制沮渠蒙逊，才使李暠有了向酒泉以远耀兵的可能。傉檀为什么要支援李暠，除自己与蒙逊围绕姑臧城发生的纠葛外，还有一段私人情结。事情是这样：当年李暠受段业委任，去效谷做县令，身在襁褓中的女儿敬爱未能随行，由外祖父尹文鞠养。后来尹文要返回陇右，将敬爱交给李暠从祖姑梁褒的母亲。这期间，敬爱渐渐长大，得知李暠已到酒泉，但因路途阻隔，沿途又有北凉军队出没，李暠父女仍难团聚。秃发傉檀得知此事后，派使者和军队护送敬爱绕道祁连山（南凉称北山）到酒泉，才将敬爱送到李暠身边。派去送敬爱的南凉使者还带着一个使命，就是向李暠表达南凉与北凉结盟之意。李暠欣然接受傉檀的美意，他派使者去向傉檀报聘，并送上礼物以示感谢。

李暠与傉檀的结盟是两利之举，这使沮渠蒙逊处于东西两面临敌境地。在李暠迁都酒泉的当年，秃发傉檀便从后秦那里得到了姑臧，而李暠也有了率军向北凉示威的可能。

但李暠的迁都之举像南凉入主姑臧一样，在战略上都有失算之处。胡三省为《资治通鉴》作注，说到南凉据姑臧的失策，他指出：“傉檀自据姑臧之后，与四邻交兵，所遇辄败，不惟失姑臧，亦不能保乐都矣。”意思是傉檀得姑臧一城最后导致亡国。而李暠迁都酒泉后，写了许多诗文，透过一些诗文看，他心情郁闷，常流露壮志未酬的失落感，这说明迁都也事与愿违。

# 李暠的士人情怀

根据史书记载，李暠似有9个儿子：李谭、李歆、李让、李翻、李恂、李预、李密、李眺、李亮。公元400年李暠称凉公后，立李谭为世子。但四年后李谭病死。

公元405年底，李暠在酒泉改元建初。忍受着世子早亡伤痛的李暠，把未来的家国希望，全寄托在新立的世子李歆及其弟李让身上。他把李歆带在身边，把镇守敦煌和统摄西域的重任交给李让，并安排最为信赖的异父同母兄弟宋繇辅佐李让。

汉族王朝遵循着父子世袭的传位制度，尽管朝堂上英杰济济，但在家天下的时代，群臣不过都是唯命是从的奴才和工具，所以被叫作“臣工”。在国家处于生死关头时，他们中有人会为君王尽忠取义，但真正与国家命运息息相关的还是儿子们。李歆、李让自幼过的是军旅生活，缺乏治国经邦的知识和经验。每想及此，李暠内心的惆怅油然而生。

其实，魏晋以后，士人家庭各个都重视家庭教育。这是因为时逢乱世，社会礼教缺失，道德是非错讹，人稍不慎，便有不虞之灾，乃至招来杀身之祸。在这点上，李暠作为士人，和普通士人有一样的感受，他要把修身齐家的道理告诉儿子们。但他又是一国之君，儿子们肩负着国家命运的重任，他更须将有关治国平天下的要点讲给儿子们。出于家国同理的考虑，李暠效法诸葛亮，以“手令”形式，在一些公私行为方面对儿子们提出要求和警诫。这里，我们称它为李暠的《诫子书》。

《晋书·凉武昭王李玄盛传》录有李暠《诫子书》全文。下面按史所录将《诫子书》分成三段，并对一、三两段试作意译，看看李暠是怎样教育儿子们的。

《诫子书》第一段，李暠从自己身荷重任的无奈开头，讲到修身与家事、国事的关系。

书中说：“吾自立身，不营世利，经涉累朝，通否任时。初不役志，有所要求，今日之举，非本愿也。然事会相驱，遂荷州土，忧责不轻，门户事重。虽详人事，未知天心，登车理辔，百虑填胸。后事付汝等，粗举旦夕近事数条，遭意便言，不能次比。至于杜萌防渐，深识情变，此当任汝所见深浅，非吾敕诫所益也。汝等虽年未至大，若能克己纂修，比之古人，亦可以当事业也。苟其不然，虽至白首，亦复何成！汝等其戒之慎之。”

这段话是李暠阐述自己写《诫子书》的原委。大意如下：

我从独自走上社会时起，从不经营世俗之利，身经几个朝廷，至于仕途的通达和失意，都顺应时势听其自然。一开始就不想违背意志，在政治方面有所追求，因此今天所做的事情，也不是出于本心和自愿。但形势所逼，事已至此，既然接过了守土一方的担子，就要为职责殚精竭虑，同时还想着不致因万一而累及门户。我现在虽说在人和方面做得比较周详，但不知能否得到天意的成全，为此每于登车揽辔之际，无数思虑便一齐涌上心头。我以后许多事情要交给你们去做，现粗略列举早晚都与切身有关的几件事，按照自己所想讲给你们，也就不分主次条贯了。至于像防微杜渐、审时度势，这些事取决于你们认知能力的深浅，不是通过要求和告诫可以长进的。你们弟兄论年龄不是很大，若能克制私欲以加强品格修养，效法古人有志不在年高，应当说能担当事业了。如果不志存高远，即使到须发皆白，那又有什么成就。你们弟兄几个要警诫自己，谨慎做人。

李暠这段话的立意是告诫李歆等，要用孔子“克己复礼”的思想，兢兢业业地去修身处世。李暠认为，一个统治者，个人品格的好坏不仅决定着他能不能负荷重任，也攸关自己门户的安危。李暠为儿子们设定的品格和能力要求是“杜萌防渐，深识情变”，但他觉得这是为政者的基本条件，是无须多言的个人修养和志向。

那么，在哪些事情上注意杜萌防渐和深识情变呢？李暠列举了“近事数条”，一一讲给儿子们。这是《诫子书》的第二段，也是《诫子书》的中心内容。这里按照史书所载，直录如下：

“节酒慎言，喜怒必思；爱而知恶，憎而知善；动念宽恕，审而后举。众之所恶，勿轻承信；详审人，核真伪，远佞谀，近中正。蠲刑狱，忍烦扰，存高年，恤丧病。勤省案，听讼诉，刑法所应，和颜任理，慎勿以情轻加声色。赏勿漏疏，罚勿容亲。耳目人间，知外患苦。禁御左右，无作威福。勿伐善施劳，逆诈亿必，以示己明。广加谘询，无自专用，从善如顺流，去恶如探汤。富贵而不骄者至难也，念此贯心，勿忘须臾。僚佐邑宿，尽礼承敬，宴飨馔食，事事留怀。古今成败，不可不知，退朝之暇，念观典籍；面墙而立，不成人也。”

这一段，李暠用浅显易懂的语言，在从政方面向儿子们提出具体要求，名为“近事数条”，其实几乎包括了所有的为政之要，并贯穿着“仁政”精神。

俗话说：知子莫若父。李暠对李歆等给予厚望，显然也了解李歆等存在的理政经验缺乏和品格上的许多不足，因此要求他们从个人生活和性格的小节着眼，克己复礼，培养谨慎、公正、勤勉、谦虚的作风，富贵不骄，扬善抑恶，礼贤下士，兢兢业业。特别提醒儿子们要善于吸取古今成败教训，通过读书自省提高自己。其中的一些叮嘱，如做事先谋而后动，处事待人力戒盲目和轻躁，用人要仔细考察识别忠奸，刑政要宽仁大度体恤民生，决策要集思广益倾听意见。诸如此类，反映出李暠这个士人政治家在谋求社会公平上的理念。其中，“从善如顺流，去恶如探汤”读之朗朗上口，虽是李暠寄予儿子们的殷切期望，但也是所有跻身官场者谦怀待人，洁身自好的箴言。这两句话与诸葛亮《诫子书》中“非淡泊无以明志，非宁静无以致远”一样，已成了仁人君子耳熟能详的座右铭。

另外，读李暠《诫子书》第二段，也能体会到李暠为政的思想渊源和广博的学识。可以认定的是李暠不独将儒家思想奉为圭臬，而是将儒、法、道各家思想贯穿于他的政治实践，并作为处世哲学用于教育儿子。

李暠《诫子书》的最后一段，是结合敦煌一带的历史和现实情况，告诫李歆等处理具体人事关系要从大处着眼，通盘考虑，一碗水端平。原文是：

“此郡世笃忠厚，人物敦雅，天下全盛时，海内犹称之，况复今日，实是名邦。正为五百年乡党婚亲相连，至于公理，时有小小颇迴，为当随宜斟酌。吾临莅五年，兵难骚动，未得休众息役，惠康士庶。至于掩瑕藏疾，涤除疵垢，朝为寇雠，夕委心膂，虽未足希准古人，粗亦无负于新旧。事任公平，坦然无类，初不容怀，有所损益，计近便为少，经远如有余，亦无愧于前志也。”

领会这段话，大概是如下意思：

敦煌郡从古至今风俗朴实淳厚，是众多士人君子雅集之地，即使当年太平年月，也被天下人交口称赞，何况在今天的形势之下，那更算得上天下的名邦了。正是这些原因使它建郡五百年来，乡党关系层层叠叠，婚亲关系盘根错节。也由于这些方面的原因，论起公理来有时会勉为其难，只能就事论事，因事制宜，不可妄下定论。我主持郡中事务五年，兵难屡屡发生，无暇休众息役，没将安宁平和带给人们。但在待人处事方面，尽可能宽宏大量，掩人所短，对有错即改者，虽早上与我不共戴天，但晚上同样重用。就这些方面说，虽不能奢望达到古人的水平，但总体讲，做到了对新旧臣僚同等对待。在分配职务差事时，公平合理，一视同仁，不分亲疏远近，这样做虽然自己也有私心纠结，不免患得患失，但仔细斟酌，眼前所失的和长远所得做比较，还是眼前所失少，长远所得多。这应当说无愧于初衷。

李暠是外乡人，他依靠敦煌著姓大族治理西凉，必须正视敦煌“五百年乡党婚亲相连”的乡土关系，平衡利益，做到“无负新旧”。但他知道平衡利益关系做起来很困难，于是交给儿子们一个办法，那就是施以恩惠，勿结怨仇。想法子行仁政，减轻老百姓负担，尽可能求公正，使得官员们满意。特别是对这后面一点，李暠结合自己的处理方法，教给儿子们处理问题不要因小失大，要高瞻远瞩，从长计议，可谓苦口婆心，用心到家。反映出李暠这位士人政治家面对强大的社会势力和错综复杂的政治关系时的怅惘心理。

李暠《诫子书》透露出李暠内心的双重情感。一重感情属于一国之君的，以治国平天下为念；另一重感情是属于父亲的，以修身齐家为念。这就是说，李暠是一位在士人与君王两种身份中徘徊的人。

李暠是有治国魄力的。迁都到酒泉后，他充分利用酒泉土地辽阔的地理优势，重新规划行政，合理调配劳动力资源，使酒泉及其附近地区很快得以开发。措施之一是从敦煌、晋昌两郡分出部分人口，补充到酒泉地广人稀地带。这个措施与当年张轨设置侨郡如出一辙。

原来，公元376年前秦灭前凉占河西后，苻坚曾将江淮流域的1万多户居民以及中原的7千多户居民迁徙到敦煌。公元397年，郭麐在姑臧举兵，战火迫使武威和张掖以东人口向西逃跑，其中有数千家逃到敦煌和晋昌两郡。这前后二十多年时间，敦煌、晋昌两郡域内平添2万多户新居民，这使本已地少人多的敦煌一带不堪重负，土地与人口之间的矛盾日益尖锐。李暠迁都酒泉后，为减轻敦煌、晋昌两郡人口压力，也为充实酒泉，下令对移民进行重新调配，将他们迁到酒泉郡内，并按移民来源分别设侨管辖。即为江淮移民5 000户置会稽郡，为中原移民5 000户置广夏郡，其余13 000户混合编制，设武威、武兴、张掖三个侨郡分别管辖。由于新设侨郡都在酒泉以南与敦煌毗连地带，为防备吐谷浑侵扰，专门在敦煌以南的子亭旁筑起一座城，驻军队戍守。

李暠将移民做如上调配安置后，开始“敦励稼穑”，大力发展农业生产。几年的工夫，将酒泉一带变成粮食连年丰收，百姓安居乐业之地。面对丰饶，满朝上下希望昭示“年谷频登”的景象，好让士庶普天同庆。于是，李暠命刘昞撰文，“勒铭酒泉”以“刻石颂德”。

总之，迁都后的几年，西凉文治昌盛，民生情况良好。人们纷纷称赞李暠德政，说酒泉宫阙常显祥瑞之兆，奇鸟异兽不时降临，神光甘露屡有显现。诸如此类的良辰美景，被史官一一记录入册。

尽管如此，李暠还有一个未了的心愿，那就是希望东晋朝廷认可自己。由于在建初元年（400）派往江南的黄始、梁兴等没有回音，于是他另谋派人。这次他选择了一位僧人法泉做使者，带表章去建康，一方面向东晋朝廷表示“尽节效诚”，一方面请求东晋朝廷为他和儿子们加封。

李暠毕竟是个文人，他喜欢文人的风雅。每年上巳（农历三月三日），他率领群臣在酒泉曲水飨宴，一如东晋名士们“曲水流觞”的故事，然后亲自为群臣所赋的诗文作序。

晚年的李暠，放心不下的仍是儿子们。为此，他亲手抄写诸葛亮的《诫子书》，加上自己写的题跋，交给儿子们。题跋回顾自己创业之艰，他觉得有一件事很歉疚，那就是因戎马倥偬，使儿子们幼年受任，未经“师保之训”。他想到为儿子们弥补知识缺陷的办法，那就是“近事可师”。他举《诸葛亮训励》和《应璩奏谏》为范例，说认真学习和领会其中要义，“周孔之教尽在其中矣”。他认为把两篇文章中的道理掌握好，用来治国，会使国家安定，用来立身，可使自己成名。李暠希望儿子们勤勉于学，他说：“经史道德如采菽中原，勤之者则功多，汝等可不勉哉！”意思是：学问道德好像在田野上收获庄稼，谁勤奋谁得到的就多。你们要用这个道理自我勉励。

李暠与刘昞之间有一段文人相惜的佳话。史书是这样记载的：李暠非常喜爱典籍，简册阅久了不免开线散落。对这些典籍，李暠亲自动手穿绳线补治。刘昞在一旁陪侍，觉得过意不去，请求为李暠代劳。李暠说：我亲自做这件事，是想提醒人们，应当重视典籍。刘昞和李暠一样，也酷爱读书，他身任抚军护军之职，虽政务缠身，但手不释卷。李暠与刘昞志同道合，他把自己与刘昞的关系比作诸葛亮与刘备。他对刘昞说：你注释典籍，操劳文案，夜以继日，不辞劳苦。这样是不行的。以后记住，只在白天做这些事，晚上注意好好休息。刘昞答道：“朝闻道，夕死可矣，不知老之将至，孔圣称焉，昞何人斯敢不如此？”意思是在学习和公务上，要只争朝夕。

建初十三年（417）春，李暠病重。临死，他将军国大事托给宋繇，嘱咐宋繇辅佐李歆兄弟，特别叮嘱宋繇，要时刻提醒李歆等，勿使他们“居人之上，专骄自任”，勿使他们“筹略乖衷，失成败之要”。还是一个意思，就是对李歆兄弟们放心不下，唯恐他们辜负了自己的期望。

李暠死时67岁，他主政西凉18年。

# 李歆好战导致西凉亡国

李暠死后，世子李歆继位。

李歆（？—420），字士业，李暠次子。继位后称大都督、大将军、凉公、领凉州牧、护羌校尉。改建初十三年（417）为嘉兴元年。

在李暠众多的儿子中，李歆与李让年纪稍长，但也都因“弱年受任”，自小生活在军旅中，所受文化教育较少。李暠临终前李歆的军职是监前锋诸军事、抚军将军，因其作战勇猛，常为李暠充当“前驱”，李暠对他寄予的希望也最大。至于李让，他的职务是宁朔将军、西夷校尉、敦煌太守，这就是说，在迁都酒泉后，李让负责旧都敦煌的防卫和控御西域。

西凉是地方性政权，所依靠的力量主要是敦煌士人，李暠之所以受敦煌士人拥戴，除他个人的才干外，与他陇西士族的出身不无关系。而士族之所以受人青睐，是因为在这个阶层的根系中，文化素质是重要的立身之本。而李歆兄弟从小过着戎马生活，如李暠所说，他们不曾受过“师保之训”，对于治国之道和如何用人知之甚少。这就是李暠生前不断教导儿子们多读书，勿骄专的原因。但即使这样，李暠仍然放心不下，他临死前再三叮咛宋繇好好辅佐李歆等，千万让他们“勿失成败之要”。

李暠所说的“成败之要”是指与国家存亡有关的大事。李暠在世时，心里明白自己国力有限，难与北凉对抗，但为了“招怀东夏”，激发起汉族的民族情绪，又必须打出“渐逼寇穴”的旗号。但这“渐逼”二字，已说明他只指望与北凉做适可而止的角逐和较量。因此，在迁都到酒泉后，他虽有跃武之举，但从不敢越雷池一步去逞强好胜，自取祸端。当然，这不免让他感到苦恼。在他写的《槐树赋》中，他叹息自己“僻陋遐方，立功非所”，正是对这种苦恼的发泄。意思是自己受环境所限，壮志满怀而却难以立功。试想，一个全部兵力才两三万的西凉，去主动挑战有五万以上兵力的北凉，其结果会是什么？这不言而喻。

在这一点上，李暠十分明智。在酒泉，他搞了一系列利农强国文治兴邦的活动，但很少向张掖方向宣示武力。即使不主动向北凉挑衅，迁都酒泉后的西凉仍时时面临北凉进犯的危险。对此，胡三省在《资治通鉴》注中也说：李暠为“渐逼寇穴”而迁酒泉，让他始料不及的是反而为沮渠蒙逊所逼。

公元410年夏，北凉威慑西凉，双方在马庙（今酒泉市东）进行了一场激烈战斗。结果北凉军队在沮渠蒙逊指挥下，将西凉军队打得惨败，并俘虏西凉大将朱元虎。战后，李暠破费白银2千斤，黄金2千两，将朱元虎从蒙逊那里赎回。就在这当儿，秃发傉檀撤出了姑臧城，蒙逊一心想着占据姑臧城和消灭南凉的事，所以不再与西凉纠缠，同意与李暠“通和立盟”，双方相约彼此不再侵犯。蒙逊这一态度正中李暠下怀。通和立盟以后，李暠着手为改变“诸事草创，仓帑未盈”的状况而推行“息兵按甲，务农养士”政策。而沮渠蒙逊则将精力用在围困傉檀撤出后窃据姑臧的魏安人焦朗上。此后，西凉与北凉没有发生过成规模的战斗，即使边界上两国偶有小的摩擦，多半是李暠下令息事宁人，以忍让了事。这种相安无事局面维持了一年时间。

公元411年，沮渠蒙逊最终降服了焦朗，拿下了姑臧城，并且围困乐都，狠狠地教训了秃发傉檀。在取得东线的一系列胜利后，他回过头来，撕毁先前的通和协议，开始重新与西凉角逐。当年夏天，蒙逊不宣而战，率骑兵偷袭酒泉。李暠对蒙逊的背信弃义十分恼恨，命儿子李歆率兵出城予以反击。双方经过激战，西凉军打退了敌人，活捉了敌将沮渠百年。这迫使沮渠蒙逊媾和。

总之，酒泉时期的李暠，虽做出“渐逼寇穴”的政治姿态，但实际奉行的是防御为主的策略。非万不得已，一般不诉诸军事。这个策略的实施也及于旧都敦煌。比如他为防范北奴（指柔然），下令对敦煌故长城进行整修和加固，在原有边塞的基址上，沿东西方向各兴建围墙；为防范南奴（指吐谷浑），将敦煌西南方向边塞的城墙增高增厚。另外，他虽未倡导“和为贵”，但下令朝廷上下不许轻易言战。这里有一个例子：公元414年夏，司马索承明上书，劝李暠对北凉发起进攻，李暠为此单独召见索承明，进行解释。他对索承明说：蒙逊是百姓的祸患，这我能忘掉吗？以我们现有的力量，是无法消灭他的。你如有一定能制服他的良策，就讲给我听。随便信口开河地说大话，催我去东讨，此话与有人说“石虎小竖，宜肆诸市朝”有何不同？一番严厉训斥，叫索承明感到既惭愧又害怕，只有诺诺连声而退。李暠讲的石虎，就是前文说过的后赵国君，他生性残忍，嗜杀好战。但也有狂妄者因石虎年轻而小看他，说出“石虎小竖，宜肆诸市朝”之类不知天高地厚的话。将这句话翻译出来，意思是石虎一个放牛小子，应当将他暴尸街头。李暠借用这句话比喻索承明与说话者一样，狂妄无知而胡言乱道。

可见，在五凉时代，李暠算得上是一位清醒的小国之君，正是他的清醒使西凉获得了十多年和乐安宁的岁月。

但李暠死后，西凉的政治形势急转直下。李歆的性格与父亲李暠迥然相反。他刚愎自用，逞强好胜，穷兵黩武而不计后果。最不幸的是，李歆的上述性格被对手沮渠蒙逊掌握得一清二楚。蒙逊在李歆刚继位之际，就设计了一个圈套，引诱李歆上当。他部署张掖太守沮渠广宗诈降李歆，诱李歆出酒泉城受降，自己暗中埋伏3万大军于蓼泉（今酒泉市东南祁连山麓）。李歆对沮渠广宗的“投降”毫不怀疑，率军东出接应。一直将军队带到蓼泉附近时，才感到情况不对，将军队掉头回撤。蒙逊带伏兵随后追至解支涧（今酒泉市东南），给李歆以痛击，歼其部7千余人。更重要的是李歆这次还丢了建康郡，失去酒泉东部的屏障。而蒙逊则将兵锋向酒泉大大推进了一步。他开始在建康置兵戍守。

蓼泉战役后，蒙逊步步进逼。第二年秋天，他率军直逼酒泉。李歆又想出战，被左长史张体顺极力劝阻下来。蒙逊看到李歆这次不上当，便收割了酒泉城外的秋粮作物后，暂时撤兵。

公元418年秋冬之交，李歆派人去江南，向东晋通报他接掌西凉的事。十月，东晋朝廷册封他为都督七郡诸军事、镇西大将军、酒泉公。当年底，沮渠蒙逊也向东晋奉表称藩，却只从东晋朝廷那里得到一个凉州刺史的称号。

李歆获东晋加封后，意满志得。他开始用严刑对待不满自己的人，还一改其父的休养生息国策，劳民伤财，大兴土木修建宫室。引起一些老臣的不满。郎中张显上疏批评说：眼下的凉州形势很复杂，沮渠北凉、乞伏西秦，还有我们，三家鼎立，这个局面不会长久下去。我们要想兼并别人，先得把农业搞上去；要得到人心所向，一定要轻刑息役。今年从入岁开始，阴阳不顺，风雨失调，面对这种情况，应该减膳息乐和反思政治才是。现又繁刑峻法，还不断大肆兴建，实违国家兴隆之道。古时候，周文王凭借岐周百里之地，得以兴周，而秦二世拥有四海广袤土地，不久败亡。这些都是前车之鉴，得失之间，昭然若揭。接下来，张显追述了李暠开基西凉的功勋，从汉族士人推戴他一直叙述到取酒泉和开西域，痛陈了这一切是如何得来不易。

张显针对李歆的不自量力，一针见血地提出警告说：沮渠蒙逊是胡夷群里的英杰，他内修政理，外礼英贤，攻战之际，身先士卒。百姓对他心怀感恩，人们乐于为他效力。以我之见，殿下您不但难灭蒙逊，恐怕蒙逊反是我方社稷之忧。

看了张显这份上疏，李歆十分生气。但张显都是拿李暠说事，甚至用李歆若不能守成，死后也无颜去见李暠这样的尖锐语言痛刺李歆，李歆对张显也无可奈何。这还不算，继张显之后，主簿氾称又上疏。借灾异言政事，举出李歆继位后发生在境内的一系列灾异现象。如元年三月，敦煌谦德堂发生地陷；八月，效谷县地裂；二年大年初一，昏雾漫漫，遮天蔽日；四月，两旬一连日赤无光；十一月，有狐狸窜上敦煌南门；自春至夏，一连五次地震；六月，陨星坠落在建康城。举出上述许多事后，氾称话锋一转说，自己才疏学浅，术业不精，无权道古论今，但毕竟活了59岁，无必要引经据典，仅凭所见所闻，也能解释这些现象于一二。他说狐狸上房，城崩地裂，陨石坠落之类，正是前凉、前秦、后凉等亡国时出现过的征兆。它们在西凉的重现，预示着国家将有大凶降临。

氾称的上疏，利用当时人们相信谶纬和术数的文化心理，说服李歆，让他自我反省，改正行为。他把汉族的西凉以“中国”相称，以太阳作比，而把沮渠蒙逊以“胡”的谐音“狐”相称。上疏说：“日者，太阳之精，中国之象；赤而无光，中国将衰。谚曰：‘野兽入家，主人将去。’狐上南门，亦变异之大者也。”所谓“狐上南门，亦变异之大者”，寓意是沮渠蒙逊将面南称王。在委婉陈词后，氾称把话挑明，他要求李歆罢宫室之劳，停游猎之乐，招延贤才，礼敬英杰，爱护百姓，休养民生，以实际行动回答上天的警告。但李歆对这些不予置理。

公元420年，即李歆嘉兴四年，江南政局发生巨大变动。东晋权臣刘裕改朝换代，取代司马氏建立了刘宋王朝。刘裕给河陇的割据者们加封，封李歆为都督高昌等七郡诸军事、征西大将军、酒泉公；册封西秦王乞伏炽磐为安西大将军。

这年六月，李歆得到了一个情报。情报说沮渠蒙逊正率军出姑臧东攻，要夺取西秦的浩亹（今兰州市永登县西南）。他认为这是天赐良机，决定以“黄雀捕蝉，螳螂踵其后”战术去袭取张掖。他哪里知道，这又是沮渠蒙逊的计谋。蒙逊一边虚张声势，鼓噪向东出兵，一边“潜师”，暗中把军队调向川岩（今武威市西），设下埋伏，专等李歆军队的到来。宋繇和张体顺得知李歆调集军队去攻张掖，急忙赶来劝阻，但李歆根本听不进去。于是，尹太后亲自出面干预，她对李歆说：你作为享国不久的君主，掌领如此土地狭小、人口不多的国家，按理说自守犹恐不及，哪还敢去伐人！先王临终前，反复告诫你，说得最多的是叫你谨慎用兵，保境安民，以待时机到来。今言犹在耳，你怎不理不睬呢？沮渠蒙逊很善于用兵，你不是他的对手。多年以来，他处心积虑兼并我们，你难道觉不出来？你掌管的虽是小国，但足可供你施行善政，修德养民。今静待天时，才是正理。蒙逊有一天变得昏暴，人民自会归心向你；他若一直修明下去，你就臣服于他。世上哪有靠轻举妄动获取侥幸的事！依我看来，你一旦出兵，不但会师出无回，还可能招致亡国！对尹氏的阻劝，李歆置之不理。宋繇见李歆顽固如此，连声长叹说：国家完了！国家完了！

接着，李歆率步骑兵共3万将士出酒泉东征。这个消息传到蒙逊那里，蒙逊高兴地对左右说：好啊！看来李歆已中计了。但假如他得知我没去攻西秦，必然不再率军向前。为了诱李歆进一步上当，他让部下向西发布檄文，传播自己攻下浩亹的假捷报，并散布说，接下来自己要向南去打黄谷（今青海民和县境）。这些假情报都被李歆信以为真，他求胜心切，命令军队疾速前进，很快进入了北凉军队设伏的都渎涧。这里是祁连山麓的一个峡谷，地势险要狭小。但李歆对此浑然不觉，仍驱兵向前。当进入北凉伏击圈后，蒙逊立刻指挥伏军杀出。受到突如其来的打击，李歆的军队立时溃散。李歆夺路而逃，逃出重围后收拾残余部队向西撤退，而蒙逊则穷追不舍，一直追到怀城（今张掖酒泉间），再次给李歆军队以沉重打击。这样一来，李歆的3万军队已所剩无几。当时，有部下建议李歆立刻退入酒泉，严城固守，但李歆不肯这样做，他回答说：我背老母之言，以致遭此大败。今天如不杀蒙逊这个老胡，哪有脸面去见老母！说完回头再战，却被蒙逊逼往酒泉城东南的蓼泉。在这里，李歆陷入北凉军队的重重包围中。无路可走的他死在了北凉军队的刀锋之下。

李歆被杀，他的几个弟弟李翻、李预、李密、李眺、李亮等知酒泉陷落在即，纷纷丢弃自己防守的地盘，不约而同地向敦煌逃去。

蒙逊进占酒泉城后，稍事休整，留下儿子沮渠牧犍驻守，自己挥师进攻敦煌。李歆的弟弟敦煌太守李恂听到这个消息，与惊魂未定的哥哥李翻带着几个弟弟，出敦煌城逃往北山。这样，北凉大军轻而易举将城池占领。但蒙逊并不久住，他安排索嗣之子索元绪代理敦煌太守，自己返回姑臧。在姑臧，他见到被俘的李暠妻尹氏，忙上前问候。尹氏却说：今李氏被你胡人所灭，我知道你想说什么。听此话后，蒙逊没有生气，他对尹氏说：现在你们母子的性命在我手里，你又何必仍如此傲慢！我想问你：国亡子死，不见你悲伤，这是为何？尹氏答道：存亡生死，皆有天命。为什么我得像常人那样，去为儿女悲伤！我一介老妇，国亡家破，难道爱惜余生，忍受为人做奴之苦吗？现唯求一死为快。蒙逊早就耳闻尹氏贤德明理，今又为尹氏临危不惧而感动，在敬佩之余他下令赦免尹氏，并娶尹氏之女为牧犍做妻。顺便说一句，为牧犍做妻的尹氏之女，系尹氏与李暠所生，即当年由秃发氏护送到酒泉的李敬爱。北凉亡国前还有她与母亲尹氏的故事，这容后再述。

回头再看敦煌。李恂任敦煌太守期间，政事宽简，民生和乐，使百姓感受到恩惠，故受百姓们爱戴。而蒙逊委任的索元绪与此相反，他粗夯横暴，滥施杀戮，因此受百姓们厌憎。于是，敦煌著姓人物宋承与张弘密议，写信给李恂，相约内应外合，驱索元绪出城。李恂接信后，在严寒的冬季带领数十名骑兵，攻进敦煌城，索元绪来不及应战，仓忙逃往凉兴（今瓜州）。接着，宋承等推举李恂为冠军将军、凉州刺史，改元永建。沮渠蒙逊得知此事，派儿子沮渠正德去攻城，李恂等坚守不降。

公元421年三月，沮渠蒙逊再次用兵敦煌。由于敦煌城坚固难克，他命令士兵在城外筑堤，引河水灌城。当城内已成一片汪洋时，李恂只能乞降。但他的乞降遭蒙逊拒绝，迫不得已只好自杀。北凉兵二次入城，逮捕了李恂的侄儿李翻之子李宝。至此，西凉最终灭亡。

李宝后来被押到姑臧。公元422年，他随舅舅逃亡伊吾（今新疆哈密），臣服于柔然，敦煌2 000多百姓前去投靠。公元439年，北魏灭北凉后，李宝重返敦煌，并归附了北魏，被北魏封为使持节、侍中、都督西陲诸军事、护西戎校尉、沙州牧、敦煌公，承制玉门以西。李宝驻敦煌三年后被北魏召入京师平城（今山西大同市）。他的儿子李冲是太和年间（477—499）的北魏名臣，对北魏文治贡献至巨。对此，后文将有叙述。

# 沮渠蒙逊统一河西

北凉是五凉最后一个政权。它最初由段业建立，但真正的统治者是沮渠蒙逊。北凉的灭亡标志着五凉时代的落幕。

沮渠蒙逊（368—433），匈奴卢水胡部首领，世代居住在临松郡卢水。临松郡是前凉时新设的一个郡，位于今天甘肃张掖肃南裕固族自治县境，治所在马蹄乡。古代的卢水就是今天张掖黑河的上游，汉以来居住在这一带的匈奴民族人称卢水胡。关于这支匈奴的来历，史书未做明确交代，但最大的可能是受西汉政府安置的河西匈奴降部。汉武帝派骠骑大将军霍去病击匈奴于祁连山下，俘获了部分匈奴侯、王，朝廷将他们安置在张掖郡内，由张掖属国都尉统辖。沮渠氏所在的部落或许就从这时见于卢水流域。至于“沮渠”这个姓氏的来历，史书上说得很清楚，它是以官名得来。在匈奴政权中，有左、右沮渠官职，如同汉族有左将军、右将军那样，蒙逊先世做过左沮渠，于是就拿沮渠做了姓氏。

从定居卢水被称为临松卢水胡起，蒙逊家族世代都是该部的首领。蒙逊的高祖父沮渠晖、曾祖父沮渠遮、祖父沮渠祁复延三代都以雄勇英武著称于河西。蒙逊的父亲沮渠法弘，在前秦灭前凉统治河西时，担任苻坚的中田护军，法弘承袭父亲的爵位北地王（又叫狄地王）。法弘死后，蒙逊接管了原有部众。这成为蒙逊依靠的民族武装力量。

沮渠蒙逊首次起兵，是为反抗后凉吕氏的民族压迫政策。

吕光统治河西时，奉行氐族本位政治，排斥压迫汉族及其他民族。除滥杀南安名士姚皓和天水名士尹景等人外，还滥杀卢水胡首领沮渠罗仇和沮渠麹粥。

后凉初建时，吕光为了利用卢水胡势力，给沮渠家族加官晋爵，委任蒙逊的一个叔父沮渠罗仇为西平太守，另一个伯父沮渠麹粥为三河太守。将蒙逊召入姑臧，分派他率部“配厢值”，即协防都城。但因后凉对西秦的一场战争，这一切不仅发生了变化，而且给沮渠氏家族招来了杀身之祸。经过是这样的：

公元397年春，原归附后凉的西秦王乞伏乾归宣布脱离吕光。吕光为教训乾归，亲自统帅大军，委吕纂、吕延为前锋将军，先行东渡黄河，去讨伐乞伏乾归。得知吕光大军来势汹汹，西秦一方有人建议乞伏乾归撤往成纪（今静宁县）暂避锋芒。但乾归说：作战胜败关键在于运用战术，不在于军队数量的多寡。吕光军队虽多，但缺乏章法，他那个做前锋的兄弟吕延，有勇而无谋，不值得我们害怕。何况吕光的精兵不在吕延那里，只须一战击败吕延，吕光必逃无疑。

吕光出军后，自己驻扎于长最（今永登县境），下令吕纂以步骑兵共3万人攻金城（今兰州市西）。乞伏乾归闻讯，率军2万急去援救。但因援救不及，金城被吕纂攻陷。接着，吕光派梁恭等率甲卒1万多，出阳武下峡（今兰州市东），与秦州刺史没奕干会合，向乞伏乾归的东翼发起进攻。而由吕延统帅主力部队前去攻打枹罕（今临夏回族自治州）、武始（今临洮县）、河关（今积石山保安族东乡族撒拉族自治县西北）等城，并将各城一一拿下。本来，战争进展到这种程度，吕光教训乞伏氏的目的已经达到，吕延完全可以就此罢手。但有勇无谋的吕延却被胜利冲昏头脑，上了乾归的当。乾归派间谍去枹罕哄骗吕延，假称自己溃不成军，在向成纪方向逃去。吕延听后决定马上追赶。追到中途时，遭到乾归军队的伏击，自己也命丧沙场。其部残军由司马耿稚收拾，退回了枹罕。至此，吕光征讨西秦的战争结束，丧失手足兄弟的他垂头丧气地退回了姑臧城。

在姑臧，吕光气急败坏，他将吕延的败死归咎于随征的卢水胡，下令处死了沮渠罗仇和沮渠麹粥兄弟。

吕光嫁祸于人，滥杀无辜的行径，激起卢水胡部的民族仇恨。当年四月，蒙逊为两位叔父下葬，前来参加下葬的卢水胡部民有1万多人，人人群情激愤，蒙逊抓住这个时机，振臂高呼，号召起义以推翻吕光统治。他边痛哭边对部众说："昔汉祚中微，吾之乃族翼奖窦融，保宁河右。吕王昏耄，荒虐无道，岂可不上继先祖安时之志，使二父有恨黄泉！"蒙逊接着说：现今吕光残忍好杀，几个儿子也各树朋党，专听谗言。我兄弟则因智勇，遭到吕氏的嫉恨。为今之计，与其延颈受死，不如起兵反抗，先为两个叔伯报仇，再攻下凉州，恢复我祖辈的基业。可见，蒙逊的心志，与张轨、李暠一样，要效法窦融，为"保宁河右"干一番轰轰烈烈的事业。

蒙逊慷慨陈词后，一片"万岁"之声震天撼地。蒙逊带领这支子弟兵，先占领家乡临松郡，再屯军于金山（今山丹县境内）。这时，蒙逊堂兄男成还在后凉担任将军，他得知蒙逊已经发难，也立刻带手下数千军队进占了乐涫（今酒泉市附近）。吕光派酒泉太守垒澄前来镇压，男成将其击杀，接着进攻建康郡（今高台县南）。起义军包围建康城20多天，最终迫使后凉建康太守段业倒戈，同意做起义军领袖，被举为大都督、龙骧大将军、凉州牧、建康公，建元神玺。这样，北凉政权宣告建立。

北凉建立后，段业委任沮渠蒙逊为镇西大将军、张掖太守；委任沮渠男成为辅国将军、酒泉太守。卢水胡部族是政权的主要军事力量。

公元398年夏，段业派沮渠男成进攻张掖郡。男成攻破城池，守城的吕光之子吕弘仓皇出逃。段业迁居张掖，不久称凉王。于是，张掖成了北凉都城。

段业（？—401），汉族，原籍京兆（今陕西长安县西北），是因随吕光征西域才到河西的。史书记载他“博涉史传，有尺牍之才”，意思是他在史学方面有专长，会写之乎者也之类的应世文章。他的性格特点是相信卜筮、谶纬、巫觋、征祥等荒诞不经言辞，城府很浅，容易受人拨弄。吕光征西域时，最初他在杜进手下担任记室一职，只是一个负责文案的小吏，后来转升为吕光的参军。但吕光入姑臧建立政权后，他与其他汉族官僚一样不得重用，仅做了著作郎。为此他郁闷成疾，入天梯山养病，借题发挥，写文章发泄不满。后来，吕光让他去建康郡当太守，也算提拔了他。在接受卢水胡推举入主张掖之初，他因军事需要，不得不依靠沮渠氏家族，一次次地击败前来镇压的后凉军队。但当在张掖站稳脚跟后，他便对沮渠蒙逊等人产生了嫉妒。

公元399年，段业的晋昌太守唐瑶叛降李暠，酒泉太守王德也拥众自称河州刺史。段业命蒙逊去讨伐王德，蒙逊一鼓而定，在击败王德后俘虏了王德妻子和将士多人。事后，段业不但不表彰蒙逊，反而解除了蒙逊的张掖太守职务，外放蒙逊去做西安（今张掖市东南）太守。段业派来接替蒙逊做张掖太守的马权武艺过人，残忍好杀，喜欢生食人的心肝。但蒙逊知道，段业对马权也不过是利用而已，目的是制衡自己并威慑卢水胡。于是，蒙逊利用段业好疑信谗的特点，发挥自己“善权变”的性格强项，设法离间段马二人间的关系，不久便唆使段业处死了马权。在剪除段业羽翼后，蒙逊决定伺机起兵。而此时张掖有士兵作乱，搞得百姓寝食不安，因段业控制不住局面，百姓又对段业不满。蒙逊认为机会到了。

但在推翻段业的事上，沮渠男成与沮渠蒙逊意见不一。为了消除来自内部的阻力，同时激起卢水胡对段业的仇恨，蒙逊狠下心来，在段业天玺二年（401）春天设计制造了兰门山事件。事情是这样的：

三月的一天，蒙逊约男成去祭祀兰门山（今高台县北）。事前，已布置司马许咸去向段业告密，说男成想造反。为使段业相信，许咸按蒙逊设计好的话，说曾听说男成约蒙逊登山预谋。假如有登山之事，那就证明造反是实。果然，男成在登山途中遭到段业的逮捕，随后被责令自杀。男成是深得卢水部爱戴的首领，他无端遭到杀害，再一次激发起卢水胡官兵的民族情绪。这时蒙逊乘机鼓动部下说：当初，我奉戴段业反抗吕光，是视段业像陈胜吴广。没想到他信谗多疑，枉害忠良。现在张掖的百姓正受涂炭之苦，我能安枕高卧，睁眼不救吗？

这样，蒙逊发动了推翻段业的兵变。他首先率兵到氐池（今民乐县），收降了段业的镇军将军臧莫孩。这一来，段业主要的军事力量已落到蒙逊手里。其影响所及，张掖郡内的羌、胡民众都倒向蒙逊。蒙逊统率着数万人的庞大军队，很快挺进到张掖东南的侯坞。五月，蒙逊正式进攻张掖。段业派右将军田昂、右丞梁中庸率军抗击，田昂临阵倒戈，率五百多骑兵投奔了蒙逊。北凉士兵听此消息，四散而逃。梁中庸独木难支，也投降了蒙逊。几天后，蒙逊大军攻下张掖城，活捉段业并将其斩首。蒙逊接掌了北凉政权。

公元401年六月，蒙逊在张掖自称大都督、大将军、凉州牧、张掖公，改元永安。他重新部署北凉班底，任命他的从兄沮渠伏奴为镇军将军、张掖太守、和平侯，任命弟弟沮渠拏为建忠将军、都谷侯，任命臧莫孩为辅国将军。汉族文武中，田昂为镇南将军、西郡太守，房晷、梁中庸分别任左右长史，张骘、谢正礼分别任左右司马。史书评价蒙逊，说他“擢任贤才，文武咸悦”。

从上述人事可见，蒙逊吸取了吕光、段业等在民族政策方面的教训，一开始就重视协调胡汉关系，不同民族合理分工。具体表现是行军布阵靠胡族，政治建设靠汉人。这利于北凉的迅速崛起。

史书说蒙逊“英略善权变”。所谓“英略”，是指审时度势，“权变”，是指通权达变，这是历史上所有政治人物共同的性格特点，也是政治能力的具体表现。政治不排除权诈，蒙逊设计兰门山事件，利用段业的嫉贤信谗，诱使枉杀男成，激起民族仇恨，这是蒙逊人格上的一个污点，但就政治人物而言，往往把“欲达目的，不择手段”视为行为哲学，我们对待沮渠蒙逊也应持这种看法才是。《晋书》的作者房玄龄因这件事，批评蒙逊“见利忘义，苞祸灭亲”，但不知他对唐太宗李世民杀兄夺位的行径，又做何评论呢？

作为五凉时代少有的胡族政治家，沮渠蒙逊在北凉初期的政治生活中，充分展示了他的英略和权谋。先看他在外交方面的活动：

蒙逊入主张掖后两月，后秦陇西公姚硕德率军入河西逼后凉投降。在后秦大军逼近姑臧时，蒙逊为求得自保，见机而动地向后秦称藩纳贡，并派弟弟沮渠挐和牧府长史张潜去拜见姚硕德，表示献款之意，说自己愿随着秦军“东迁”去关陇。当然，这是假话，目的是让姚硕德深信自己对后秦的“忠顺”，免得自己也落得像吕氏一样，招得后秦兵临城下。张潜和沮渠挐见过姚硕德返回张掖后，蒙逊招他们问话，看下一步该怎么办。张潜愚钝，因没洞察出蒙逊真正的想法，不知深浅地对蒙逊说，应兑现诺言，随秦军“东迁”。而沮渠挐则说：姚硕德只是威慑吕隆，叫他臣服。他不攻破姑臧，听任吕隆住在城里，这说明秦军口粮难以为继，不久一定会撤兵东回。明知如此，我们为何丢弃国土而受制于秦呢？问话后的结果可想而知，张潜因为对外交上的权谋一无所知，祸从口出，被蒙逊认为亲近后秦，下令处死。

为了应对河西后凉、西凉、南凉环视，自己夹在中间的复杂局面，蒙逊懂得运用战国纵横之术，选择适合的政权做盟友。选择有华夷之防而又近在肘腋的西凉不可能，而后凉又被各政权视为共同敌人，目前正垂死挣扎，不可与之为伍。权衡的结果，与南凉结盟最稳妥也最有可行性。于是，他派人去乐都，向秃发利鹿孤商讨两国结盟的事，但遭到利鹿孤的拒绝。他知道这是利鹿孤对自己的诚意抱有怀疑。为此，他将儿子沮渠奚念送到乐都去做人质，这一来利鹿孤态度明显变化，但仍以“奚念太小”为借口，进行刁难，并要求让沮渠拏来做人质。这使蒙逊有点恼火。公元401年，蒙逊写信给利鹿孤，屈尊地将这封信谓之“上疏”，在信中称自己为“臣”。信中说：臣以为，如有诚信，以子为质不为轻；如无诚信，以弟为质不算为重。言下之意是利鹿孤不懂礼仪，不讲诚信。这封信把利鹿孤惹火了，他派俱延和文支率兵去蒙逊家乡临松郡，掳掠了蒙逊从弟鄯善苟子在内的6 000余户父老乡亲。面对这样严重的挑衅，蒙逊不为所动，仍然通过外交手段解决问题，他派从叔孔遮去见利鹿孤，表示愿送沮渠拏做人质。这下利鹿孤心满意足，同意让北凉做自己的“藩属”，并放回了鄯善苟子及临松居民。

这里有个历史问题值得思考，当后来沮渠蒙逊将秃发傉檀驱出姑臧，又一次次地围困乐都时，为什么屡屡逼秃发傉檀拿儿子和重臣做人质，来向自己换取退兵呢？难道其中包含清算历史旧账的寓意吗？

总之，正是沮渠蒙逊的“英略善权变”，才为初创期的北凉赢得了内修政理和富国强兵的时间。公元403年，后凉灭亡，北凉开始在南凉和西凉进逼的夹缝中图生存求发展，最终政通人和，仓廪充实，兵强马壮，所向克捷，成为继前凉之后又一个统一了河西走廊的五凉政权，这与蒙逊卓越的政治才干密不可分。

其实，蒙逊知道，河西三分，势不能久，他对利鹿孤的示弱，无非是表明自己对姑臧不存奢望，意在诱使南凉与后凉鹬蚌相争，自己坐待渔翁得利时机。他后来与李暠战后言和，也是沉下心来，等待李歆继位的那一天。作为一个胡族战略家，这些都表现出蒙逊的远见卓识。这样的时机最后他等到了，这就是利鹿孤、李暠相继死去后，他利用秃发傉檀和李歆共有的急功轻躁、穷兵黩武性格，先在公元410年，将秃发傉檀逐出姑臧，逼往乐都；又在公元420年，诱李歆攻张掖，将其击杀于蓼泉，继而攻破敦煌，灭掉西凉。

至此，沮渠蒙逊完成了对河西走廊的再统一。

在公元421年攻克敦煌统一河西走廊后，先是鄯善王比龙向蒙逊遣使朝觐。接着，西域36国各派使者称臣纳贡。这样，沮渠蒙逊在世时，实现了他自己立下的“散马金山”的恢宏心愿。

北凉最后的疆域东起黄河，西包西域，南达湟水，北到沙漠。史书上说，蒙逊“尝置沙州于酒泉，秦州于张掖，而凉州仍治姑臧，前凉旧壤几奄有矣”。这就是说，张氏前凉的功业，被蒙逊复制了。

# 胡夷之杰
## ——沮渠蒙逊

前面已涉及史书对沮渠蒙逊的评价，评价出自《晋书·沮渠蒙逊载记》。记载说：蒙逊博涉群史，颇晓天文。雄杰有英略，滑稽善权变。另外，史书也记载了敌对国人物对沮渠蒙逊的评价，如李歆时的西凉郎中张显说，蒙逊乃“胡夷之杰”；李暠妻尹氏说蒙逊“善用兵”等等，所有记载和评价，都为这位胡族出身的时代英雄勾画出了清晰的历史形象，这就是沮渠蒙逊文武兼备，足智多谋。他精通汉学，熟悉历史，知识宽泛到上知天文，下知地理，对于行军布阵，更是得心应手。

可见，沮渠蒙逊是个非同一般的胡族人物，他汉化程度至深。这一点是他与同时代吕光、秃发傉檀等少数民族政治人物的根本区别。正因如此，他对北凉的治理完全采取汉族政权的做法，有些制度甚至超越前凉、西凉的文治水平。

首先，沮渠蒙逊重视民生疾苦，在与民生有关的事情上懂得反躬自问和听取批评，并会采取切实的办法去解决问题。他在刚夺得政权的永安元年（401），就下制书，实行轻徭薄赋，休养生息。制书说：我德薄能寡，靠时运才有今日。但因缺高远之志，至今未能将残敌扫灭，“使桃虫鼓翼东京，封豕烝涉西裔”，战车屡动，兵戈不息，使农民有失农时，百姓无糊口之粮。当今，应罢除各种徭役，让百姓专功南亩。此事要设立章法，做到地尽其利。

制书中所说“桃虫鼓翼东京，封豕烝涉西裔”，分别指后凉盘踞姑臧和西凉割据敦煌。

蒙逊懂天文地理，他认为自然灾害的发生与政治失修有一定联系，禳灾之道在于惠及黎民。玄始二年（413），河西地域内天旱少雨，蒙逊又因母亲车氏病重，于是下文罪己。这份制书说：太后病体不见好转，最近日渐加重。是因为刑狱枉滥，招来了百姓们的诅咒，还是因为赋繁役重，使百姓不堪承受，抑或是因我们有失众望，在遭受天神谴责？我反复自省自问，想明白哪里有罪。制书下令轻减刑狱，实行大赦。另外，他亲临张掖南景门，登上城楼给百姓撒钱，以表谢罪之意来为母亲祈福。这里要说一句，考古中发现了五凉时期铸造的一种铜钱，币面镌有“凉造新泉”四字。钱币学者中有人认为系前凉所铸，也有人认为系北凉沮渠蒙逊时所铸。前一种看法因提不出有力佐证，很难具有说服力。本书作者支持后一种说法，也认为“凉造新泉”是蒙逊铸造，并有《张轨铸钱说质疑》一文予以论证。此文收录于甘肃人民出版社1996年出版，2005年6月第二次印刷的拙著《五凉史探·补论篇》。

蒙逊多次发布过关于农业和民生的制书，其中不乏对政治的检讨。如玄始六年（417），河西又遇大旱，春苗破土后，时雨多日不至。蒙逊因此下书说：眼下春旱延续，粮食青苗遭灾严重。原本碧绿青翠的田野，转眼变作一片黄壤。难道是刑政有缺，造成了冤狱？或是赋役繁重，在遭上天谴责？这些都因我而起，是因我失于反省而导致了过错。

蒙逊善于检讨政治得失，这决定了他也重视政治改革。他严惩祸国殃民的违法官员，乃至法不容情到连自己伯父也不宽贷的程度。他两个伯父一个是担任中田护军的沮渠亲信，另一个是担任临松太守的沮渠孔笃，两人恃权作恶，为害百姓。事情暴露后，蒙逊感到非常愤怒，他说：祸害国家的，正是像两个伯父这一类人。如放纵他们，还能要求百姓守法吗？他勒令亲信、孔笃二人以自杀谢罪。

北凉初建，处于戎马倥偬时期，因朝纲松弛，致使一些文官骄惰放纵，将朝廷尊严置于脑后，视政务为儿戏。当政治渐入轨道后，蒙逊决心从整饬吏治下手，改变这种状况。玄始八年（418），他在征求群僚意见时收到一份书面建言，将这份建言用今天的语言表述，大意如下：

设立官级分授职务，为的是治国和理政。只有各级官员勤勉尽职，才能事有专司，使行政顺畅不滞。做文官的理当埋头苦干，处理好自己的政务，任武职的应该舍生忘死，在沙场报效朝廷。自国家建立以来，由于不断南征北战，有关公私事务的规定都是草创粗设，许多方面来不及依照传统规矩去办，难免有失方圆，致使官员或无法可依，或有法不依。于是，有的人公文在案，却高卧家中赋闲；有的人不论事之可办与否，只一味敷衍了事。另由于考核黜陟形同虚设，廷争驳议流于无声，导致清浊不分，能拙混杂，人无竞进之心，只图苟且度日。这哪合忧国忧民和效忠朝廷之道！今国家日渐兴隆，朝廷内外都祥和安宁。当前要务，应是严明法治，严肃纪律，履行官员考核黜陟制度，使为官者人人通晓并恪守朝纲政纪。

这是一份意在建立朝堂制度以解决官僚队伍腐败懒散问题的建策。朝堂制度的核心内容是严明官场纪律，实行政绩考核。史书中没有交代建言者是谁，据此可以推断它是蒙逊和个别亲信大臣的杰作，而且是汉族王朝整饬吏治的翻版之作。我们知道，前凉从强盛转入衰败，一个重要原因是源于继强盛期而来的惰政，包括张骏大修宫室“任所游处”，张重华“颇怠政事，希接宾客”，“文奏入内，历月不省”。张天锡的“数宴园池，政事颇废”，“荒于声色，不恤政事”，诸如此类腐败荒唐行径，上行下效，最终断送了前凉政权。沮渠蒙逊及其手下的汉族官僚殷鉴不远，显然吸取了张氏统治的某些教训，其中包括惰政失国的教训。所以，这份建言一经上朝提出，便形成决议。接下来，沮渠蒙逊立即责成征南将军姚艾与尚书左丞房晷专司其事，制定朝纲朝仪以及黜陟规定。史书说，当这个朝堂之制制定颁布后，实行不过几天时间，朝廷风气便发生与此前截然不同的变化。史书用“百僚振肃”这四个字概括了变化后的吏治气象。

在五凉时代，尽管有汉族政权前凉和西凉，但借助政绩考核制度以整饬吏治的记载，却仅见于胡族建立的北凉政权。这中间有两种可能，一是前凉和西凉已有约定俗成的类似制度，史书无须多费笔墨；二是北凉政权中的卢水胡勋贵，他们上沙场时勇武善战，入庙堂后则骄惰奢纵。这在战争时期可以无所谓，但进入安定环境后，就是关乎朝廷尊严和行政效率的大事，必须通过加强王权的办法予以改变。可见，蒙逊颁定朝堂制度，目的不光在扭转官场作风，更重要的是推进北凉的文治。

按史书原文，建言者提出建立朝制要“申修旧制”。所谓的“旧制”，可能包括汉魏晋前凉汉族政权有关驳议、考绩、奖惩、黜陟等方面的制度。这又说明蒙逊的文治是要将北凉建成一个彻头彻尾的封建政权。

在汉族王权制度中，由于考绩、奖惩、黜陟等都由上向下执行，执行起来比较容易。唯“驳议”，因带有像今天“听取各种声音”的意思，鼓励官员上朝发表不同意见，乃至准谏官直言君王过失，故而不易实行。前凉初建时，有人就批评张寔行军布阵，独断专行，不设谏官，无人分谤。蒙逊同意申修驳议旧制，显然是为减少自己决策中的失误，从这点讲，他作风比较开明，也许这也是他与汉族统治者的不同点。从史书的有关记载看，沮渠蒙逊常让官员言事，除征询意见外，还鼓励臣僚对自己进行批评。早在永安三年（403），他下教令说：尊养老人，恳请指教，于国有益。历史上，晋文公因听取了车夫的批评意见，招贤纳士，礼遇英杰，才使晋国生气勃勃，事业有成。反观自己，论德望，有许多不足，论智略，缺远大之谋，怎不渴望听人当面警诫，以为镜鉴修正过失呢？我要求内外官员和僚属，共同做两好件事，一是发现人才，举荐他们；一是畅所欲言，广进忠言。用实际行动来帮我纠正过失和弥补不足。

沮渠蒙逊是有些气度的，他会用人，也能容人。这类事例多不胜举。一个与梁中庸有关。梁中庸因在反抗吕光时与蒙逊志同道合，受蒙逊信赖，担任西郡太守重任。公元402年，梁受李暠招怀，背叛蒙逊投向西凉。此事对蒙逊打击很大，一度使他情绪十分低落。他对人说：我和中庸，情同一体，想不到他会这样。虽然这是他有负于我，但我不怪罪于他。梁中庸背叛时，来不及将妻儿老小带走。有人提议加罪于她们，被蒙逊否决。为怕万一，他派人将梁的家眷护送至酒泉，交到梁中庸手上。另一个例子与句呼勒有关。句呼勒也是最受蒙逊亲待的将领，任张掖太守。公元410年，他因作战失利投降西凉。经过一段时间后，才重返张掖。按律法，将领临阵降敌，当受严惩。但蒙逊却认为回头就好，依然“待之如初”。还有蒙逊之弟沮渠汉平，任湟河太守。公元415年，西秦军队攻陷湟河郡，汉平做了俘虏。五年后西秦将他释放。汉平回到河西后，蒙逊悲喜交加，赞叹汉平是他的苏武。不久，派汉平去高昌做太守。这些事例说明，蒙逊对待臣下，可以做到不论民族亲疏，一视同仁。

蒙逊还有一个性格特点，就是不贪天之功，不虚饰自己。公元410年，发生了有两件事，一件是北虏大人思盘率部下3千人归降，另一件是张掖郡发现连理木，这两件事都是国家祥瑞之兆。臣僚们纷纷上表，赞颂蒙逊，说祥瑞之现，是受蒙逊英明感应所致。蒙逊作答道：要说有感应，应归于二千石官员的辛劳和勤勉，非我薄德所致！

北凉中期，天下形势发生了巨大变化，历史正向南北朝时期演进。蒙逊在应付河西诸凉纷争局面的同时，还要与占据黄河流域的北魏以及占据长江流域的刘宋打交道。面对复杂多变的天下形势，需要更大的气度和智谋。蒙逊审时度势，得心应手地运用政治“屈伸之术”，对南北两个大国通过书信交往，施展着“外交文化”。

公元412年，蒙逊拿下姑臧城后将都城迁到姑臧，当年底，他在姑臧称河西王，改元玄始。几乎同时，已掌握东晋权柄的太尉刘裕，委任朱龄石为益州刺史，让他统兵向在成都的割据者谯纵发起进攻。第二年五月，朱龄石灭掉谯纵，将成都所在的巴蜀大地收归东晋。政治嗅觉敏锐的蒙逊，立即觉得时机到了，便当机立断，派使者向东晋朝贡。此举得到了相应的政治回报是：公元415年，朱龄石派人到姑臧，宣示东晋朝廷对蒙逊的嘉许。借着这个机会，蒙逊立即派舍人黄迅先去益州，在对朱龄石进行报谢后，经蜀地下江南，去朝贡晋安帝。蒙逊交黄迅带给晋安帝的表章中说：自己祖上世受晋朝恩宠，曾历经千难万险，始终执意不回，犹如仰望红日般向往东晋。表态还说：当有一天晋室派兵北伐中原，自己一定统率河西戎卒做晋军右翼，为东晋效前驱之劳。

此后五年，即公元420年，刘裕取代东晋建立刘宋王朝，成了南朝的首位统治者。也是在当年，蒙逊杀李歆取酒泉，接着于第二年破敦煌灭西凉，继前凉完成河西走廊的统一。公元423年，他派使臣去江南，借朝贡向宋王朝报捷。宋少帝刘义符册封蒙逊为都督凉、秦、河、沙四州诸军事、骠骑大将军、凉州牧、河西王。蒙逊获得了刘宋颁赐的正统王位。这使他得到更多西州汉族士民的承认和支持，他开始东渡黄河与陇西的西秦角逐。

蒙逊与江南交往的同时，也与中原的北魏隔空喊话，开展虚与委蛇的外交来往。公元426年后，随北魏军事向西推进，蒙逊感到真正的威胁即将来临。这一年底，北魏军队进攻赫连氏盘踞的长安，秦、雍二州氐羌纷纷降魏，蒙逊也向北魏表示臣服。他希望用“卑辞”感化魏太武帝，以免他继续西攻，祸及河西。他先后给北魏写去多份表章，说一些言不由衷的话，他相信魏太武帝看过后，心里一定很满足。公元427年，魏太武帝亲自率领大军，攻破夏主赫连昌盘踞的统万城（今陕西横山县西），赫连昌逃往上邽（今天水市）。公元428年，魏军攻上邽，赫连昌逃往陇东，最终在安定（今泾川县北）被魏军生擒。在基本将夏国摧毁后，魏军并未向西进攻，而是在陇上与赫连氏残余周旋。

可见，蒙逊在对待宋魏态度上，不是首鼠两端，而是审势应变。对刘宋，他实行“远交”，目的是借助刘宋力量牵制北魏；对北魏，他采用“卑辞”应对，目的是以表面的恭顺换取实际的安全。说透了，蒙逊在玩政治技巧，并不在于亲哪一方或疏哪一方。有件事可以说明这一点。公元417年，刘裕北伐到关中，将后秦摧毁，蒙逊觉得东晋来者不善，他勃然大怒。这时正巧有门下校书郎刘洋前来奏事，他把怒气发泄到刘洋身上，对刘洋大吼道：“听说刘裕入关，你研研然！”意思是刘洋为刘裕西攻而庆幸，下令将刘洋处死。

公元430年，魏军在陇东的战事取得决定性胜利。这年，魏军攻克平凉，全歼赫连氏残余，俘夏宗室百余人。

史家说平凉郡是前秦苻坚所设，名称取平定张氏凉州之意，治所在今平凉市西北，北魏时迁至鹑阴县（今华亭县马峡镇）。但无论怎么说，“平凉”这个名字对任何一个河西割据者都不太吉祥。北魏占有了平凉，意味着矛头所指将是河西。蒙逊担心这一天到来，他一面加紧与刘宋联系，一面做出倾身事魏的姿态。

公元430年冬蒙逊派尚书郎宗舒、左常侍高猛去平城（今山西大同市）向魏太武帝进贡。在宗舒奉上的表章中，蒙逊极尽谦恭地祝愿北魏早日统一中国，以结束“九服纷扰”和“车书未同”的局面。为使魏太武帝相信，他不吝笔墨表明心迹说：自己前后奉表多次，派一拨又一拨使者去平城，但很少见平城有书信回赐。此前侍郎郭祇来颁诏，自己对此感激涕零，始觉“三接之恩始降，万里之心有赖”，一颗悬着的心终于落地。继郭祇后，有胡商带来公卿们的信，信中晓以大义，鼓励自己知天命之美，学窦融附汉之义，“诱劝既加，引纳弥笃”，叫自己无比感动。最后，他再一次向魏太武帝做政治表态说：自己决心已定，恭候北魏“掩六合，润八荒”那一刻到来，“独步知机之首”，做“老臣尽效之会”。

由宗舒呈北魏的这封《上太武表》，是沮渠蒙逊屈伸之术的精心之作，说明面对日益临近的威胁，他是识时务者。但蒙逊也知道，政治不光是文字游戏，为使太武帝相信表章，第二年他将儿子沮渠安周送往平城“入侍”，以为人质。这一来，魏太武帝表态了，派使臣李顺到姑臧，册封蒙逊为假节加侍中、都督西域羌戎诸军事、凉州牧、凉王，并加九锡。这样，北凉在名义上又成了北魏的附属国。

李顺到河西时，带来崔浩亲自撰写的册书，册书安抚蒙逊说：从现在起，北凉与北魏休戚与共，北到天际，南至蜀岷，西包昆仑，东临黄河，所有土地都交你管，任凭驰骋和征伐，以辅佐我大魏。这说明蒙逊的屈伸之术起了作用，它延缓了北魏继续西攻的步伐。

蒙逊重视文化交往。他为提升刘宋对自己的认同感，以经史典籍为桥梁，加深两国关系。公元429年，蒙逊派人去建康，向宋文帝刘义隆求“周易及子集诸书”，获宋文帝诏许，将汉学典籍475卷赠给北凉。其中，宋司徒王弘将干宝《搜神记》的亲手抄写本赠予蒙逊。

蒙逊视人才为治国之本，他很重视士人，尤其敬重名士，在这一点上他与吕光有根本区别。梁中庸降西凉后，他把守的西郡落入南凉手里。公元408年，蒙逊收复西郡，俘虏了南凉西郡太守杨统，因对杨统的才能早有耳闻，不惜用“宠逾内旧”的感情去感化杨统，以使杨统为己所用。公元412年，蒙逊入主姑臧，获敦煌名士张穆。因对张穆经史之学和清丽文辞心仪已久，立即授予张穆为中书侍郎之职，让他主管朝廷机要。

在五凉时代，沮渠蒙逊在位时是人才积累最多的时期，也是众多名士流芳青史的时期。他们之所以留名青史，不是因为官声，而是因为学术成就。如金城人宗钦，他与河西名士宗敞是同胞兄弟，是蒙逊时的中书侍郎、世子洗马，史书却说他因“博综群言，声著河右”。再如敦煌人阚骃，他任秘书考课郎中之职，但因精通经史子集各门学问，备受沮渠蒙逊敬重。他公务之余以著述为事，为帮助他的著述事业，蒙逊特地配给30名吏员为他做助手。

公元439年，北魏灭北凉，将一大批河西学术精英迁往平城，其中仅名见经传者如赵柔、索敞、阴仲达、江式、程骏、常爽等不下十数位。他们个个造诣非凡。这点容待后述。

蒙逊也有许多与名士相得益彰的佳话。他在进占酒泉后，得到刘昞和宋繇，不但不以“罪臣”视之，而且给予二人以高规格待遇。拜刘昞为著作郎以“专管注记”。为使他静心学问，特地在姑臧西苑建起一座书斋，取名为“陆沈观”，供刘昞专用。蒙逊常抽时间去陆沈观看望刘昞，并行礼致拜，称刘昞为“玄处先生”，为他配备数百名学生，随他学习经书文章。此外，按月给刘昞送去羊酒表示慰劳。公元433年蒙逊去世，儿子牧犍即位后，对刘昞更加崇敬，尊刘昞为“国师”，下令朝中官员及子弟，都必须随刘昞“北面受业”。至于蒙逊与宋繇的关系，

《魏书·宋繇传》上先介绍宋繇的学业成就，说他年轻时在酒泉拜师求学。从此，闭门不出，一心读书，达到废寝忘食和不分昼夜的程度。以致后来经史子集无所不通。吕光时举秀才，任郎中，后投段业任中散常侍。李暠为敦煌太守后，宋繇离段业去辅佐李暠。宋繇醉心儒学，虽公务缠身，但手不释卷。平日最喜与儒生切磋经义。听儒士造访，兴奋得倒穿木屐出门相迎。史书记载沮渠蒙逊得到宋繇时的情景：蒙逊进入酒泉，亲自到宋繇家里造访，进门只见屋内家徒四壁，墙下有几坛咸菜，另有大约数千卷书籍摆在那里。蒙逊见此情景，感慨地说：我不为得酒泉而高兴，为得宋繇而高兴。将最重要的尚书吏部郎中职务派给宋繇担任，让宋繇掌管官吏甄拔大权。蒙逊临终又以后事托付宋繇，要求宋繇辅佐儿子牧犍。

刘昞和宋繇都生于前凉后期，终于北魏灭北凉后，是伴随五凉的邑老宿旧和时代大儒。

蒙逊能倾身尊仰士林人物，除北凉的文治需要外，在很大程度上与蒙逊的文化素养有关系。一次，蒙逊和刘昞就孔子与圣人之间的名实问题进行讨论。蒙逊问刘昞：孔子是何等样人？刘昞答道：圣人啊！蒙逊说：《庄子》里说“孔子畏于匡，辱于陈，伐树削迹”，圣人像这样吗？刘昞哑口无言。蒙逊解释说：先生只知其表，不知其里。有个鲁国人在海上游泳，因为迷失方向找不到在哪儿上岸，于是漂浮到澶州。恰遇孔子带七十二弟子游玩，顺手将一根木杖递给鲁人，嘱咐鲁人闭目乘骑，上岸后须给鲁侯带话，让他快快筑城，以防备贼寇来袭。鲁人登岸后，把木杖扔进海里，只见木杖化为一条龙离去。于是，他向鲁侯转告了孔子的话，但鲁侯不以为然。过了一会儿，人们看到上万只燕子，衔泥飞来，为城培土。鲁侯这才信了孔子说的话，立即下令坚固曲阜城池。工程刚完毕，齐国军队来攻。由于久攻不下，齐军只好退走。要说孔子是圣人，圣就圣在这里。也就是说，只因为孔子先知先觉，才当得圣人之名。

在古代哲学中，名实关系是名家和法家共同研究的命题。蒙逊借题发挥，既表现出对孔子的敬仰，又把名、法思想贯穿其中。就哲学范畴而论，他已深入到魏晋时期名士们最热衷的玄学领域。在上述讨论中，蒙逊征引《庄子》关于“伐树削迹”典故，是为说明孔子也曾有失误落魄的时候，就像今天人们常说的人无完人一样。魏晋时期，玄学家将《庄子》《老子》《周易》三部书尊为经典，并称“三玄”。蒙逊信手拿来《庄子》典故，说明他对玄学了然于胸，并且对儒玄两家学术能做到融会贯通。

以这样的学问，谁还相信蒙逊是个胡人？应该说他早已出胡入汉，是一个地地道道被汉文化武装起来的河西名士。只不过在他的身上，更多保留着河西民族融合的印记。

蒙逊虽出身胡族，但他思想开放，不恪守一种意识形态，奉行文化多样化政策，对儒、法、道、玄各类文化成果兼容并蓄，尤其对西域传来的佛教文化情有独钟，顶礼膜拜。史书记载，由于蒙逊“亦好佛法”，吸引了许多大德高僧来河西讲经，他们中如昙无谶、昙曜、释玄高，仅有名有姓者就多达数十位。史书还记载蒙逊与罽宾（今克什米尔一带）高僧昙无谶不仅志趣相投，私交也很好。昙无谶佛法高深，善言术数，自称能疗人疾病，会卜国家休咎，被蒙逊尊称为“圣人”。由于蒙逊的率导和影响，使北凉时的河西俨然成为佛教国度，是当时北方佛教最昌盛的地方。此时，村坞皆有塔寺，香火处处缭绕。在此形势下，开窟造像也蔚然成风。至今河西仍保留北凉洞窟。关于这些，后文还有叙述。

# 五凉时代的落幕

公元433年，沮渠蒙逊病死，他在世66年，统治河西33年，是五凉时代享位最久的君主。他死后，儿子沮渠牧犍继位，改元永和。

牧犍排行第三，他能继承父位，原因是两位兄长都出了意外。长兄沮渠正德，公元422年与柔然交战战死；次兄沮渠兴国，公元429年与西秦作战，兵败被俘，蒙逊曾想拿30万斛粮食将其赎回，但遭西秦拒绝。可见，晚年的沮渠蒙逊所能倚重的儿子只有牧犍。

像蒙逊一样，牧犍也已高度汉化。史书中说他“聪颖好学，和雅有度量”，可见他在性格方面颇像他的父亲，并且更具有汉族士人君子风度。他继位后，延续他父亲的内外政策，依靠宋繇等推行文治，对外尊奉北魏和刘宋。

牧犍继位后，面临的是北魏不断的咄咄逼人。这种形势在蒙逊晚年已日渐显现。

公元432年，蒙逊病入膏肓。魏太武帝得知此情，派李顺出使姑臧，目的是了解后蒙逊时代的北凉政治走向。蒙逊安排中兵校郎杨定归接待李顺，并嘱咐杨定归向李顺表达歉意，请原谅自己因病难以伏拜接诏之罪。李顺对杨定归说：河西王年老多病，此事朝廷知道，但这不是拒见朝廷使节的理由。杨定归把这话转告蒙逊后，第二天蒙逊便约李顺在内庭会见。李顺见到蒙逊时，只见他手倚茶几，两腿张开仰面坐着，便十分生气地责备蒙逊说：没想到你这老头竟这般无礼！时至今日，不为自己灭亡而担忧，反而敢怠慢天朝圣命。就你这副魂魄已失的样子，相见又有何用！说完，手持节杖拂袖而去。蒙逊命杨定归赶快去追，待李顺返回来，蒙逊解释说：太常（指李顺）你一向宽仁大量，请谅解我老病之人。日前我听说朝廷有诏，准许我不下拜，所以我敢安坐不动。李顺听后，神情严肃地对蒙逊说：齐桓公九合诸侯，一匡天下，周天子将祭祀用的胙肉赐给他，特命可不跪拜，但桓公不敢失礼，仍先跪拜而后受赐。你虽功高，也难比齐桓公。虽说朝廷崇重于你，也不至下诏准你不拜。你这样自欺欺人，社稷岂得久安！一番训斥后，蒙逊只得伏拜接诏。事后，蒙逊准备厚礼，对李顺进行贿赂，目的是让李顺回平城后，不致说对自己不利的话。

果然，当李顺从河西返回平城后，太武帝首先要他汇报蒙逊的动态。李顺不敢公然为蒙逊做掩饰，但言辞之间流露着对蒙逊的回护，意思是只要蒙逊在世，灭凉的时机就不成熟。李顺是这样说的：蒙逊统治河西三十多年，历经艰难，他通权达变，能安抚偏远民族，深受臣民敬畏。虽说他不能传位到孙子，但肯定能善始善终。论他对朝廷的礼敬，是有些差池。人常说，礼是德之舆，敬为身之基。蒙逊表现出的无礼和不敬，正说明他来日无多。太武帝又问李顺：那么依你之见蒙逊死后，何时出兵灭凉为宜？李顺答道：蒙逊儿子我都见过，大半平庸无能。人说敦煌太守牧犍比较成器，将来继承人一定是他。但拿牧犍与其父比，人都说不及其父。他继位后是机会，可说是天助陛下。听李顺这样的回答，太武帝说：朕现在忙着扫平东方，暂时无暇顾及河西。以你所言，过几年再去解决河西问题也不为晚。

在应对北魏使节李顺的事上，蒙逊犯了个大错误。李顺带来的诏命中，太武帝要求蒙逊将高僧昙无谶送到平城，蒙逊不但抗命不遵，反将昙无谶杀死。后来太武帝伐凉，北魏公卿指出沮渠氏的“十二罪”，这是其中之一。

另外，史书上说，蒙逊晚年，性情变得很暴虐，动辄对臣下刑戮相加。家庭里闺门不整，秽闻不断。这也受到北魏公卿的口诛笔伐。

尽管北魏步步进逼，但牧犍继位之初，太武帝仍不打算对北凉马上动武，而是再次派李顺到姑臧宣诏，封拜牧犍为都督凉、沙、河三州，西域羌戎诸军事，车骑大将军，开府仪同三司，凉州刺史，河西王；委宋繇河西王右相之职。但牧犍一心想得到平西将军或安西将军职务，他上表魏太武帝，请求满足他的愿望，但被太武帝回绝。

牧犍继位，也引起江南刘宋王朝的回应。几乎与北魏加封相同时，宋文帝也颁诏，封拜牧犍为持节散骑常侍，都督秦、凉、河、沙四州诸军事，征西大将军，领护匈奴中郎将，西夷校尉，凉州刺史，河西王。相比之下，刘宋所示的恩宠比北魏更大些。

魏太武帝的“宠遇”，使牧犍暂时忘却了应该居安思危，他开始纵情于享乐。于是，民间舆论中开始有不满的声音出现，有的甚至是直接警告。永和三年（435），发生了这样一件事：敦煌太守沮渠唐儿上书说，有一位老人在敦煌东门留下书信，信中说：“凉王三十年，若七年。”牧犍看过信后，不解谶言有何寓意，便问奉常张慎。张慎引经据典地答道：昔日虢国将亡，神人降临莘地。希望陛下您谨修政事，以副三十年大庆。如果沉溺游乐，纵情酒色，臣恐七年中国家将发生大变。牧犍听了，面露不悦。

永和六年，发生了更怪异的事。在一阵隆隆的雷声过后，人们看到一块巨石，上面写着一首谣谚。谣谚说：“河西河西三十年，破带石，乐七年。”其中的“带石”是指姑臧城南的一座山。整个谣谚是说北凉统治河西三十年时，危险将至，山河不保。“乐七年”是说好日子只有七年了。这个谣谚与上面那封书信的意思相同，都借谶纬警告牧犍，提醒他重视亡国危险。

如果把书信和谣谚内容联系起来看，不排除是北魏间谍为扰乱河西人心所为。因为公元435年正是北魏军队直捣北燕国都龙城（今辽宁朝阳）时，一旦拿下龙城，北魏便统一了黄河中下游地区，魏太武帝所说的“东方之事”也告结束。这事在公元436年揭晓，在魏军的打击下，北燕主冯弘出龙城逃往高丽。至此，整个北方只剩北凉统治的河西还处在北魏治外。对魏太武帝而言，是该解决北凉的时候了。

太武帝在正式用兵河西前，鉴于北凉与西域诸国关系密切，首先加紧对西域的招抚。公元437年起，他派散骑侍郎董琬、高明携带大量金帛去西域，成功地使西域各国向北魏朝贡，瓦解了西域对北凉的依附关系。与此同时，魏太武帝也继续对牧犍实行怀柔，将妹妹武威公主下嫁牧犍。当然，我们不清楚太武帝此举用意何在，但武威公主的下嫁却促使牧犍的家庭发生剧烈振荡。事情是这样的：

前面讲过，西凉灭亡时，北凉在酒泉俘获李暠妻尹太后，因蒙逊敬重尹氏，不但将尹氏释放，还将尹氏和李暠所生之女敬爱聘为牧犍之妻。北魏公主嫁过来后，李氏与公主在嫡庶尊卑关系上产生矛盾。按伦礼，李氏为嫡，公主为庶；按名位，公主为尊，李氏为卑。在这种情况下，李氏赌气和母亲尹氏离开姑臧，移居到酒泉，不久郁郁而死。女儿死了，尹氏自然悲痛，但她没哭，不但不哭，反指着李氏遗体说：你国破家亡，今天死都算晚了。牧犍弟沮渠无讳当时坐镇酒泉，他知道尹氏很有计略，也知道北凉军队攻敦煌时，尹氏孙子李宝等人逃亡伊吾的事，于是试探着问尹氏：你有几个孙子在伊吾，想不想去投靠他们？尹氏猜不透无讳问话的意思，为防上当，便诓骗无讳说：我子孙漂泊，托命西域，自己余生无几，死就死在这里，不去异乡做毡裘之鬼了。这样，无讳便不再怀疑尹氏有异图。但时隔不久，尹氏从酒泉潜逃，奔向伊吾。无讳派骑兵随后追赶。当追兵赶上尹氏时，尹氏回头对领头者说：既然沮渠无讳准许我去伊吾，为何又派你等追我？你们可以拿我的人头回去复命，但我决不会回去。听尹氏这样说，追者不敢相逼，掉头回了酒泉。尹氏到达伊吾不久，因病死去。

公元437年，牧犍派沮渠旁周做使者，去向魏太武帝朝贡。太武帝派侍中古弼和尚书李顺到姑臧来，没想到他们带的御旨是命牧犍马上送世子封坛到平城“入侍”。太武帝还颁赐给牧犍一身侍臣服装，以示对牧犍的羞辱。

在古弼和李顺带封坛离开姑臧后，牧犍派人将一批典籍送往江南刘宋那里。这批典籍都是河西学者的著作，共19部150卷。计有《周生子》13卷，《时务论》12卷，《三国总略》20卷，《俗问》11卷，《十三州志》10卷，《文检》6卷，《四科传》4卷，《敦煌实录》10卷，《凉书》10卷，《汉皇德传》25卷，《亡典》7卷，《魏驳》9卷，《谢艾集》8卷，《古今字》2卷，《乘邱先生》3卷，《周髀》1卷，《皇帝王历三合纪》1卷，《赵匪传》并《甲寅元历》1卷，《孔子赞》1卷。

李顺古弼一行返回平城后，太武帝又问李顺：你往年说过取凉州之策，那时朕东方有事顾不上。现在龙城已经拿下，我想年内出兵西征，你看行吗？李顺回答道：臣过去是说过。以现在情况看，过去臣没说错。李顺的意思是自己说过等牧犍继位再发兵攻凉的话，这句话现在仍有效。但接着他话锋一转又说：以今而论，国家戎车屡屡出动，将士战马都很疲劳，西征一事，恳请您过些年再论。太武帝听李顺说得有些道理，也就依了他的话。

其实，太武帝根本没想到，李顺与古弼这次出使姑臧，二人通同作弊，暗中接收了牧犍的重金贿赂，他在做着受人钱财，为人消灾的事。

这一时期，牧犍对北魏既惧且恨，他也准备报复，但这些最终都成为魏太武帝问罪的口实。

牧犍本来厌恶魏公主，而魏公主又差点死于闺庭内讧。事情出在公元439年三月，牧犍与他的嫂嫂李氏私通，北魏公主的介入，干扰了这种不伦的关系。于是，李氏与牧犍的姐姐合谋，要除掉魏公主。她们伺机将毒药投入公主茶饭。因是慢性毒药，公主虽然中毒，但长时间弥留。消息传到平城，太武帝派御医前往姑臧救治，幸得公主不死。接着，太武帝命令牧犍交出李氏，牧犍不肯。他偷偷给李氏许多资财，让李氏到酒泉去居住。

北魏入主中原后，北方的柔然成为魏的严重边患，为此，被北魏蔑称为“蠕蠕”。沮渠蒙逊统一河西后，因柔然也骚扰河西，北凉也时而与柔然作战。蒙逊长子政德就是与柔然作战而死的。但随着凉魏关系的变化，牧犍为对抗北魏，开始暗地里与柔然合作。以往，北魏派使者去西域，每次使者过流沙时，牧犍按魏太武帝指示，命部下做向导，将魏使带出流沙。公元439年三月，魏使到西域后，发现西域诸国态度冷淡，觉得很奇怪。返回姑臧后，经打听，有告密者揭发了牧犍与柔然联络的事。告密者说，日前有柔然国主派使者来姑臧并专门传话给牧犍。传的话与去年北魏征讨柔然有关。传话者说，这次战争，北魏遭到惨败，将士马匹因染疾疫，死伤惨重，最后连拓跋焘最大的弟弟乐平王拓跋丕也被柔然俘去。牧犍听后心里大喜，将上述话在河西广为宣传。告密者还说，他听说柔然可汗已派使者去西域，宣称北魏已被削弱，现在天下唯我最强，如果北魏再有使者来到，尽可不必供奉。北魏使者从告密者那里得到这些消息，才明白西域诸国日前疏远自己的真实原因。

以上两件事使太武帝大为震怒，决定马上出兵灭凉。太武帝先征询崔浩的意见。崔浩说：牧犍反逆之心已经暴露，不能不除。大军前些年北征柔然，虽没斩获多少，也没损失什么。统计一下，战马30万匹，死于征途的不过8千匹。年老病死的也不过万匹，这样看，损失算不了什么。外界不了解情况，认为我们经过战争后，力量很难恢复。趁着外界这样看，现在出其不意，发大军突袭河西，对方一定猝不及防，为我所擒。太武帝认为崔浩的想法和他一致，立即召集群臣，在太极西殿商讨西攻事宜。以弘农王奚斤为首，约30多位公卿持不同意见。奚斤认为，牧犍不过区区小国之主，虽说事魏不诚，但从他继位以来，年年进贡，从未间断。再说朝廷也以藩臣待他，将公主下嫁。即使他有罪行，目前尚未彰显，依理应该暂宽恕。另外，国家刚征过柔然，人马亟待休整，不应大举出兵。奚斤谈了不宜出兵的现实情况外，还特别强调了征途的艰险。他说，听人讲河西土地贫瘠，尽是盐卤，水草十分稀缺。对方知我大军将临，必然婴城固守。如我军一时攻城不克，又无处获得粮草，势必陷入危险境地。

这次朝议，以崔浩为首的主战派是少数。崔浩此人，出身北方世族，精通经籍，学识渊博。历任北魏左光禄大夫、太常卿等职，在北魏公卿群里威望甚高。但因常在朝议时发表不同意见，故不受拓跋元老们待见。但太武帝每有大事，常向他咨询。这次灭凉的决策，也先征求他的意见。崔浩一向蔑视李顺为人，而李顺却受太武帝恩宠。李顺先后十二次出使北凉，每次回来都说对方好话，崔浩认为其间定有文章。后来他听到李顺在河西贪赃纳贿的事，并且奚斤、古弼等贵族元老也与此有染。崔浩将听到的情况报告太武帝，但太武帝不相信这是真的。崔浩认为这次商议伐凉事关国计，他决心与李顺、古弼等争个水落石出。他正在想怎么反驳对方时，听到李顺等人再次说：奚斤的话是对的。自媪围水（今景泰县古黄河）往西，一直到姑臧，遍地是干旱的砾石地，放眼四望，看不见一处水草。当地的人说，姑臧城南的天梯山，每到冬天，山上积雪一丈多深，到春夏时节，积雪消融，雪水流到山下，逐渐汇聚成河，居民才得以引水灌溉。如果出军，凉州人一旦将渠口破坏，水源必然断绝。另外，姑臧环城百里，地上寸草不生，人渴马乏，难以久留。

太武帝明白崔浩在想什么，他命令崔浩与奚斤等进行廷辩。崔浩也知道太武帝叫他说什么。于是，他慷慨陈词，开始反驳奚斤、李顺等人。他说：《汉书·地理志》称“凉州之畜为天下饶”。如果河西没有水草，牲畜怎么繁殖？另外，按汉人习惯，从来不在没水草之地建城郭建郡县。而且积雪消融，也仅能敛去尘土，怎么能通渠灌溉呢？你们的说法纯属是自欺欺人。李顺不服，他指责崔浩说：耳闻不如眼见，是我亲眼所见，你没见过和你有辩论的必要吗？听李顺在狡辩，崔浩直接把话挑明了。他义正词严地对李顺说：你接受了人家金钱，总为人家游说，现在拿我没见过这样的话压我，看我好欺是吧？

太武帝见吵得不可开交，便结束了朝议。下来之后，针对受贿之事，他对奚斤大发脾气。公卿听说太武帝训斥奚斤，再也不敢反对出兵，还有人开始附和崔浩。振威将军伊馥对太武帝说：凉州如果真无水草，沮渠氏怎能在那里建国？奚斤他们的话不可靠，该采纳崔浩的意见才是。太武帝点头称是。

北魏太延五年（439）五月，太武帝在平城西郊检阅大军；六月，西征大军出发。在出发前，太武帝下令写信给沮渠牧犍，信中历数牧犍“十二罪”，大致是僭越、不上交地图户籍、接受刘宋“伪官”、切断西域商道、在西戎民族中散布流言、不亲自入朝贡献、勾结柔然等北魏敌人、私用征西和镇西名号、侮慢朝廷使者、娶了魏公主还与嫂嫂通奸、鸩毒魏公主、把住关隘防范魏军。总之，每条罪名都在说牧犍的“大逆不道”，证明魏军的“师出有名”。

八月，魏前锋部队在拓跋健统率下西渡黄河，映入拓跋健眼中的景象与李顺等所说截然相反，并非四野满目“枯石”，而是碧绿的草场。成群的马、牛、羊等牲畜正在悠闲地吃草。瞬间，20多万头牲畜被魏军捕获。姑臧附近，太武帝看到大河和小溪交汇流淌，到处青原碧野，一片富饶的景象。于是，他命人送信给在平城留守的太子拓跋晃，信中这样写道：姑臧城西门外，涌泉向北流淌，与众多细流汇合，形成的流水大如黄河。还有许多沟渠的水流向沙漠，水流处没有干燥地带。给你这封信，是为解除你的疑惑。原来，太武帝此番出军，就连太子拓跋晃也不怎么放心。在信送出后，太武帝在心里深深地恼恨起李顺来。

当牧犍发觉魏军兵临姑臧，大惊失色，他问臣僚：怎么会有这种事？他听从左丞姚定国的对策，决定不出城迎接太武帝，一面派人去柔然求救，一面下令征南将军沮渠董来出南门抵抗。董来仓促率军出战，很快败回城里。在太武帝派人入城，晓谕牧犍出降时，牧犍派出向柔然求救的使者回来了，他向牧犍报告说，柔然可汗答应马上出兵进犯北魏。牧犍听后，一心巴望柔然的“围魏救赵”能迫使魏军退去。于是，他拒绝出降，固守姑臧。其间，两个侄儿沮渠祖、沮渠万年降魏。延至九月，牧犍见魏军无撤退迹象，只好率文武百官近5千人，出姑臧城“面缚请降”。太武帝命释去其缚，以礼相待。

至此，北凉灭亡。从蒙逊永安元年（401）算起，截至牧犍永和七年（439），北凉共存在了39年。

灭凉后，北魏从姑臧府库收得户口20余万，各种财宝不可胜计。是年底，北魏将沮渠牧犍及凉州吏民3万人迁往平城。吏民中，著名学者占很大数量。

北凉的灭亡，宣告了五凉时代的落幕。这个时代自前凉起，持续近一个半世纪。

北凉的灭亡，同时也标志着北魏完全统一了黄河流域，结束了中国北方长期以来的分裂割据局面。

公元447年，也就是北凉亡国后的第八年，牧犍被北魏再次加上“谋反”罪名赐死。

但北凉灭亡和沮渠牧犍被杀，并不意味着沮渠氏家族命运的最终结束。也就是说，五凉历史还留下了一些尾声。这个尾声一直延续到460年才告完结。

北魏占领姑臧时，牧犍几个弟弟都在姑臧以外任职，他们没与牧犍一起投降北魏。这几个弟弟是：河州刺史领酒泉太守沮渠无讳、秦州刺史领张掖太守沮渠宜德、乐都太守沮渠安周。

魏军占领姑臧后，继续进攻张掖。沮渠宜德将仓库焚毁，撤往酒泉投奔无讳。安周则从乐都就近退往吐谷浑（今青海境内）。在酒泉，无讳与宜德合兵，然后携带家眷，退向从弟沮渠唐儿所在的敦煌。

到敦煌后，沮渠无讳重振旗鼓，返军回攻酒泉，夺回城池，俘虏了北魏酒泉太守元洁。接着，他再去攻打张掖，因未能克城，便撤至临松郡老家，集合起族人4万余户，试图固守酒泉。结果因无法筹措到粮草，人马陷入饥饿。无奈之下，他向在姑臧的北魏宗室拓跋健投降。拓跋健准他以征西大将军、凉州牧、酒泉王名义再回酒泉留守。公元441年春，太武帝命奚眷统兵收复酒泉。听到消息后，沮渠唐儿叛变，投降了魏军。这使沮渠无讳十分恼怒，他留下从弟天周在酒泉驻守，自己率军追杀，最终将唐儿杀死。天周在酒泉守到年底，再度因缺粮而陷于饥荒，部下1万多人被活活饿死，天周不得已“杀妻以饷战士”。但城池仍然很快被奚眷攻破，自己也被魏军俘虏，随后被押往平城处死。

酒泉失守后，沮渠无讳重返敦煌，眼见无法在河西坚持下去，他决定西渡流沙，退往西域。这时，撤往吐谷浑的弟弟沮渠安周也到了敦煌，于是，无讳命安周先行去鄯善，自己暂守敦煌。但北魏军队对沮渠氏向西域撤退早有防范，事先下令鄯善王比龙坚守都城扜泥（今楼兰古城西）。这使安周连续数十日进攻，终未能将城攻破。公元442年初，无讳撤离了敦煌，与安周合军攻城，比龙再也无法抵挡，便舍弃城池，带鄯善居民4 000余家，逃向了且末（今新疆且末）。在占领鄯善后，无讳让安周驻守，自己率军向高昌（今新疆吐鲁番）进发。

无讳离开敦煌后，李暠的孙子李宝带2 000多此前逃到伊吾的人重返敦煌，重新修整城防，准备恢复祖业，同时派弟弟李怀达去平城，奉表归附北魏。

事有凑巧，无讳率军到高昌前，高昌城已被一个叫阚爽的凉州人抢先占领。在无讳谋夺高昌时，逃到伊吾（今新疆哈密）的李宝舅舅唐契也在觊觎高昌。阚爽知道唐契背后有柔然支持，为求自保，不等唐契到来，先表示要投降无讳。不料唐契未到高昌却与柔然闹翻，自己为柔然所杀。阚爽听唐契死了，也自食其言，拒绝无讳进入高昌城。无讳只得用武力攻破城池，逼阚爽北逃，去依附柔然。

在高昌，无讳派常侍氾隽奉表去建康，向宋文帝纳贡称藩。宋文帝下诏表彰无讳，赞扬他继承蒙逊遗业，“外结邻国，内辑民庶，系心阙庭，践修贡职”，并封拜他为持节散骑常侍，都督凉、河、沙三州诸军事，征西大将军，领护匈奴中郎将，西夷校尉，凉州刺史，河西王。

公元444年，沮渠无讳病死在高昌城，其弟沮渠安周继掌军权。安周也遣使朝宋，同样获宋文帝的赞许和封拜的河西王位。时值西域发生严重饥荒，人相食，无数百姓被饿死。安周拿出高昌库粮3百斛，进行施救，还想方设法从别处调集粟麦，赈济饥民。自此安周受到西域百姓的拥戴。

公元459年，安周再次派人去江南，向刘宋王朝进贡。公元460年，柔然攻高昌，安周战死。至此，五凉时代的尾声宣告结束。

# 五凉经史之学

西汉中期，汉武帝独尊儒术，确立了儒学的显学地位。几乎与此同时，随着河西五郡的建立以及有关典章文物的传入，儒学开始在河西土地上生根发芽。从此往后，历经四百余年，延至东汉魏晋时期，儒学已植根于河西，围绕着它的根脉，涌现出河西地域的士人群体。但与中原相比，河西走廊仍然是文化落后的“戎域”之地。到了4世纪初，河西步入了五凉时代，这种落后与先进的次序被打乱了。由于“八王之乱”和“永嘉之乱”接连在中原发生，接踵而至的又是“五胡”政权的长期统治，以经史学术为代表的儒学在中原地区遭受了严重破坏，而像河西这样原来文化相对落后的地区，却因得天独厚的地理优势，传统儒学异军突起，大有后来者居上之势。

儒学的两大载体一是典籍，二是士人。关于中原典籍在“八王之乱”和“永嘉之乱”中遭受浩劫的情况，史书有这样的记载：“惠怀之乱，京华荡覆，渠阁之籍，靡有孑遗。”意思是经历了晋惠帝时的“八王之乱”和晋怀帝时的“永嘉之乱”，京城洛阳被搞得天翻地覆，国家所藏的图书典籍损毁殆尽。这俨然是董卓之乱后历史情景的重现。而这种景象在后来很长的岁月里，得不到及时的恢复和修整，以致传统儒学在中原原有的光芒几乎全被磨灭。史家这样评论道：“永嘉之后，寇窃竞兴，因河据洛，跨秦带赵。论其建国立家，虽传名号，宪章礼乐，寂灭无闻。”意思是：“永嘉之乱”以后，割据政权一个接一个兴起，有的坐制黄河和洛水，有的占据关中与河北。真正谈论起他们建立的国家，大都只是徒有名号，在典章文物方面，都是荒漠一片，丝毫听不见有何声息。至于士人，除少数被五胡政权所接纳外，那些散落民间的，或死于兵燹，或逃往他乡，留给中原故土的所剩无几。这时，河西成了中原士人向往的乐土，“避乱来者日月相继”。这点前文已有叙述。

五凉时代的割据者，他们对待汉文化的态度不尽相同，但总体上采取的是欣然接受和鼓励提倡的态度。特别是由于这个时代开始于儒学世家的汉族士人张氏家族，他们统治河西长达76年，这为儒学的传承提供了充分的时间和空间。接下来，又有学养深厚的汉人李氏、汉化至深的沮渠蒙逊踵张氏之后，他们身体力行，对儒学发扬光大，对士人倾接礼遇，从而使儒学及其经史学术在河西蓬勃发展，最终出现了繁荣景象并结出累累硕果。对此，国学大师陈寅恪论述说：“盖张轨领凉州之后，河西秩序安定，经济丰饶，既为人士避难之地，复是流民移徙之区，百余年间纷争扰攘固所不免，但较之河北、山东屡经大乱者，略胜一筹。故托命河西之士庶犹可以苏喘息长子孙，而世族学者自得保身传代以延其家业也。又张轨、李暠皆汉族世家，其本身即以经学文艺著称，故能设学校奖儒业，如敦煌之刘昞即注魏刘劭人物志者，魏晋间才性同异之学说尚得保存于此一隅，遂以流传至今，斯其一例也。若其他割据之雄，段业则事功不成而文采特著，吕氏、秃发、沮渠之徒俱非汉族，不好读书，然仍能欣赏汉化，擢用汉人，故河西区域受制于胡戎，而文化学术亦不因以沦替，宗敞之见赏于姚兴，斯又其一例也。”

永嘉前后，举家迁居河西走廊的中原士人，大都家学源远流长。经史学术是他们家学的主要内容。

在经学家族里，陈留（今河南陈留）江氏家族独树一帜。这个家族是永嘉年间由江琼携带家口为避乱逃到河西投奔张轨的。从江琼算起，在河西绵延六世，历经整个五凉时代，直到北凉灭亡，因魏太武帝强徙吏民，江式的祖父江强携全族迁至平城。

江琼时，与其从父兄江应元一起，拜在魏晋汉学大师卫觊门下，研习书法和古文字学。学成之后，作为家学世世传承。在迁居河西后的百余年中，学业也绵延一脉，从未间断，积累下许多重要成果。迁居平城后，江强将家族收藏的30多种书法精品，还有经史子集典籍千余卷，一并献给北魏朝廷，被朝廷拜为中书博士。到江式的父亲江绍兴时，官居北魏秘书郎，参与纂修国史20余年。可见学术渐及史学。

江式从小传习家学，古文字学功底深厚，书法尤其精绝。魏孝文帝迁都洛阳时，整修洛阳城，一应宫殿门板的匾额，都是江式用篆体书写。延昌三年（514）三月，江式给魏宣武帝上表，表中在叙述他家族学术渊源时说：西晋初年，六世祖江琼与江应元师从卫觊学习，对古篆、《仓雅》、《方言》、《说文》等都有研究，并因造诣至深获得时誉。传承至今，自己继祖上学术之大成，遵照父亲遗训所示，将搜集起来的古今文字进行编汇，并参考许慎的《说文》，博采《孔氏尚书》《五经音注》《籀篇》《尔雅》《三仓》《凡将》《方言》《通俗文》《祖文宗》《埤仓》《广雅》《古今字诂》《三字石经》《字林》《韵集》等文字类典籍，兼及诸赋文章与六书有关的内容，分门别类，予以编纂，综合编纂成一部字书专著。所录古今文字，均以篆字作为主要书体，附列“古籀奇惑俗隶诸体”，再一一予以训诂，注明通假。对所有文字的注音，都按孝文帝改革要求以华夏正音标注，间或有自己不清楚的，就留为空缺。

江式还说，这部文字学巨著，原计划共40卷，等朝廷批准后，以

《古今文字》做书名，予以刊刻。但不知什么缘故，后来竟未能刊出，实在是经史学术的一大损失。但无论作为中原学术在河西的发扬和传承，还是作为五凉学术成果向北魏的回输，江氏古文字学始终是一把开启儒学大门的钥匙。

“春秋有五，而独擅其一”，这是经学家们对杜氏经学的评语。杜氏家族，原籍京兆杜陵（今陕西长安东南），代表人物是西晋初期的名臣杜预。杜预其人，除有“杜武库”之称外，在经学方面更是成就杰出，名噪一时。他自称有《左传》癖，以“春秋学”作为家学。永嘉之乱中，杜预的儿子杜耽携家逃到河西，在张轨手下供事，至杜骥时，在河西已历三世。公元376年，前秦灭掉前凉后，苻坚颁令，准许在河西的关陇流寓人口返回家乡，杜骥于是随祖父和父亲返回关中。公元417年，东晋权臣刘裕统军北伐，攻入后秦都城长安，俘虏后秦主姚泓，随后返回江南。而杜骥同兄长杜坦也随刘裕到了建康。公元420年，刘裕取代东晋建立刘宋王朝，杜坦因“颇涉史传”，承袭家学，从宋文帝元嘉年间开始，受到朝廷重用。但南朝官场有个弊病，以西晋亡国时渡江南下的早晚分别人群，将晚渡江的北方人视为低人一等，蔑称为“荒伧”，意即寒酸粗野的人。这些人虽靠才能做了官，但难以染指“清流”之类官职。杜坦常为此闷闷不乐。一次，他对宋文帝说：臣本是中华高族，曾祖父因西晋丧乱流落凉州。在凉州期间，世代承袭家学，使我杜氏《春秋》之学传承至今。只因南渡时间晚了，便另眼相待，视为荒伧，将仕途切断。言下之意是朝廷铨选不看真才实学。杜坦虽在向宋文帝倾诉委屈，但也说出了杜氏春秋学在河西得以保存和延续不坠的历史原委。

上述几例，是有史书可查的中原经学世家及学者的成就，若非河西这片热土，他们的家学渊源很可能在永嘉之乱中被拦腰斩断，或从此湮没无闻。

除永嘉之乱导致了许多中原士人家族流寓河西外，也有个别中原士人家族，他们为其他乱离所迫也流寓到河西。如河内常氏家族，他们到达河西是在前后凉之交。这说明在很长的历史时期中，河西一直是北方最安定的地方。

常氏家族的代表人物是常爽，他既是教育家，也是经学家。他原籍河内温县（今河南温县），六世祖常林曾任曹魏太常卿。前秦苻坚时，常爽祖父常珍被委派到陇上做南安太守，于是全家也从中原迁到南安郡(今陇西县东北)。苻坚末年，关陇大乱，常珍携全家再度西迁，到了河西走廊，时值后凉建立的前夕。常爽本人笃志好学，博闻强识，对纬候、五经、诸子百家各类学术都广为涉猎，并获得深厚造诣。作为饱学之士，他不愿做官，对凉州统治者的多次礼聘授官，他都予以回绝而以教学为事。直至北魏灭北凉，常爽兄弟被迁居平城。到平城后，常爽被授予六品官职，拜宣威将军。由于这一时期北魏对外不断东征西讨，戎车屡驾，朝廷无暇顾及文教，这使在平城的鲜卑官僚和贵胄子弟，根本不懂得什么是学术。鉴于这种情况，常爽在温水右岸设立学舍，招收贵游子弟七百人，开始施教。为约束贵游子弟们的顽劣习性，常爽立制明训，严加要求，使京师尚学风气逐步显现。由于常爽明定赏罚，训教有方，使鲜卑子弟皆怀敬畏之心，事师如事严父。几年后，常爽便为北魏培养出一批人才，他们中一些人后来成了北魏名臣。如尚书左仆射元赞、平原太守司马贞安、著作郎程灵虬等，都出自常爽门下。常爽在教授之余，研究经学，著书立说。他的代表作是《六经略注》。平城时期的常爽，一如在河西那样坚持操守，他娴静自处，不事王侯，淡泊明志，置身学业二十多年，人称他为“儒林先生”。他的儿子常景受父亲言传身教，后对北魏典章制度的创设颇多贡献，树名于孝文帝和宣武帝两朝。

魏晋前的时代，洛阳是北方学术中心，河西士人以游学洛阳为荣，而常爽作为中州士人，却在河西成就了他的学业，这从另一个角度反映出前凉以来河西文化学术地位的提高。

学术界认为，魏晋南北朝时期的学术，有地域化和家族化趋势。河西是学术地域化的体现，而上述江氏、杜氏，则是学术家族化的体现。学术向河西转移，根本原因是河西战乱少，比北方其他地区安定，不论是流寓河西的学术世家，还是河西本土学者，他们一旦组合成士人群体，这个群体的稳定性也更高。特别是东汉以来，河西本土学者日渐形成气候，魏晋以后，他们对地域文化的推动作用越来越大。延至五凉时代，本土士人更得天独厚，他们充分利用五凉统治者提供的宽松环境，将教育与学术统一起来，将多方面文化成果珠联璧合。而其中一大批散在民间或隐遁山林的士人名流，他们遵从"有教无类"的圣人遗训，突破官学为贵胄后裔和著姓子弟服务的窠臼，致力于教育学术平民化，使河西文教呈现出生气勃勃，成果累累的景象。这里，举几个例子，从中可以看出河西本土士人在文教领域的活动。

祈嘉，字孔宾，酒泉人，生在前凉。自幼家境贫寒，但很好学。二十多岁时的一天晚上，他突然听见窗外有人喊："祈孔宾，祈孔宾！隐去来，隐去来！"次日一早，他离开酒泉，到敦煌求学。祈嘉在敦煌求学时，入读郡中学馆，衣食无着，只能"为书生都养以自给"，即在学馆里给诸生们烧水煮饭做杂活维持学业。但刻苦努力的他，很快有了收获，不仅遍读了儒家经典，并对经传理论有了深入研究，不久成为一名经学教育家。此后，他只身前往偏远的西海（今青海湖），开始教学生涯，培养出100多名弟子。大名传到前凉国君张重华那里，张重华征聘他到姑臧任儒林祭酒，主管前凉文教。祈嘉性情和顺，诲人不倦。教授之暇，不辍著述，他在《孝经》基础上写成的《二九神经》，是五凉时代河西本土学者有关经学的开山之作。

关于五凉时代河西本土学者以及他们的成就，史书中有许多记载。这里根据《晋书》和《魏书》，对一些人和事做简单介绍。

先从刘昞开始。刘昞作为河西本土学者中的翘楚，他的学术源于东汉经学家郭整。传至刘昞，其学术已传承近三百年。五凉时代的传人是郭荷、郭瑀和刘昞。

郭整生于东汉中期，是郭荷的六世祖。东汉时，郭氏经学已盛名远播。但截至郭荷，郭氏经学也只是在家族内代代相传。郭荷时，始打破门户之限，使郭氏经学变成了地域学术。郭荷生活在前凉中期，张祚乱凉时，他遁入山林，隐居于张掖东山（今张掖东山寺所在），在那里开办教育，设馆授学，成为继祈嘉之后前凉另一位民间教育家。他培养出了像郭瑀这样出类拔萃的学者。

郭瑀，字元瑜，敦煌人。他品格超俗，立志高远。小时候因钦慕郭瑀，离乡背井到张掖投拜，后尽得郭氏经学之要，在《诗》《书》《易》《礼》《春秋》等领域获得很深造诣，加之他工于思辨言谈，“多才艺，善属文”，在前凉后期名重河西。

魏晋时期，士人将师承关系看得很重，门生对老师执君父之礼，事师犹如事父。郭荷死后，郭瑀庐墓三年，除孝后继承老师遗志，隐居在临松薤谷（今临松山马蹄寺附近），潜心于授学和著述，培养出弟子500多人，其中许多人学业有成，精通经书者80多位。前凉末期，国君张天锡钦慕郭瑀的才学和人品，多次以礼相聘，希望他出山做官，但他每听使臣到来，便“深逃绝迹”，让去请他的人不知所踪。前秦灭前凉占领河西后，苻坚为请他去长安撰定礼仪，特派安车相邀，他借口父丧，给予婉言谢绝。

但郭瑀并非完全与社会绝缘。后凉建立，吕光迫害河西名士，他攘袂而起，在故乡敦煌召集子弟，与索嘏运粮3万石，以支持张天锡之子张大豫与王穆起兵反吕，他把这视为“救民于左衽”之举。后见王穆刚愎自用自取其败，恚忿之下“以被掩面”，绝食而死。他死后，他的学术衣钵靠刘昞得以传承下来。

刘昞，字延明，敦煌人。父亲刘宝，精通儒学。刘昞从十四岁起，开始随郭瑀学习。因受郭瑀喜爱，后被郭瑀选为女婿。在尽得郭瑀所传后，刘昞效法郭瑀，采取不与吕氏后凉合作的态度，多次回绝州郡的礼聘，深居在酒泉南山，过起边授学边著述的生活，膝下常有弟子500多人。李暠迁都酒泉后，将他请出山，任以儒林祭酒从事郎中之职，让他署理与文教有关的事，后转迁为抚夷护军，不管平日公事多忙，他从来手不释卷，也不中断学术研究和写作。正因如此，在河西学者中，他的成就无人可以比拟。他一生所著，涵盖了经史子集。如《三史略记》一书，全书130篇，合84卷，是对《史记》《汉书》《三国志》三部史籍的研究成果。《凉书》10卷和《敦煌实录》20卷，是地方史著作，其余如《方言》3卷，《靖恭堂铭》1卷，以及《周易注》《韩子注》《人物志注》《黄石公三略》等，属于儒学与诸子文论之类。所有这些著作都为士人所看重，是五凉时代的学术瑰宝。

刘昞与宋繇都生于前凉晚期，终于北凉灭亡，一生经历了五凉时代，可谓时代的耆老宿旧。二人都因为道德和学问受到五凉统治者的敬重。北魏占领河西后，强迫北凉君臣与知名士人迁往平城，但诏许70岁以上者可留本乡，并可留子于身边奉养。刘昞和他的次子刘仲礼属于此列，故留在了姑臧，其余五个儿子都被北魏强制东迁。刘昞在姑臧住了一年多，思乡心切，想落叶归根，返回敦煌。史书上说，他在走到姑臧以西四百里处的韮谷窟时，因一病不支，终老在那里。按方位看，这个薤谷窟应该就是当年郭瑀讲学的薤谷。年轻的刘昞曾在这里受学，老迈还乡又死在这里，可以说是一种巧合，也可以说是死得其所。

但被北魏迁到平城的凉州“降户”，包括刘昞的儿子们，他们从此名列“隶杂户”名单，祖祖辈辈不免厮役之苦。

公元490年，是北魏孝文帝太和十四年，距刘昞死去已有半个世纪，任北魏尚书的李宝之子李冲，给孝文帝上奏为刘昞后裔正名。他在奏章中说：刘昞本是河西士林首领，但他的子孙直到今天还沦于凉州杂隶户备受屈辱，连国家的俸禄也享受不到。对这样的先贤后裔，国家应该给予特殊对待。孝文帝准李冲所奏，将刘昞的一个儿子擢拔为云阳县令。公元522年，是魏孝明帝正光三年，太保崔光又上奏，盛赞刘昞在学术上的业绩。他说：刘昞的遗著广传于世，“篇籍之美，颇足可观”。他再次提议将刘昞子孙从“皂隶”群中拔出，并认为如继续让他们“久沦皂隶”，只会叫儒学之士们扼腕叹息，心怀失望。他还要求在有关方面查明情况前，先免除刘昞子孙承担的杂役。第二年六月，孝明帝颁诏说：“刘昞德冠前世，堪称儒界宗师，太保崔光所提陈请，深合劝善之道。今准予免去刘昞三家孙子隶户身份。”这份诏书一颁布，整个凉州人人都为此感到荣幸。这历经近百年的诏免洗雪和盖棺论定，说明了五凉人物和学术在历史方面的巨大影响。

刘昞有很多学生，索敞属于成就显著者之一。索敞也是敦煌人，被北凉朝廷派为刘昞助教，得刘昞近身授业。索敞跟随刘昞期间，按刘昞指教，专心于各种经籍，将刘昞在儒学方面的衣钵全部继承，被迁平城后，致力于北魏文治，受擢为中书博士，并执教太学。由于他“笃勤训授，肃而有礼”，与常爽一样，被那些在学的拓跋贵游子弟所敬畏。他教出的学生后来也大部分成器，数十人登上了尚书或州牧以及郡太守之位。在执教太学的十多年间，索敞勤于著述，写出《丧服要记》《名字论》等多部著作。

史书还记载，北凉时，同与索敞为刘昞助教的，还有敦煌人阴兴。但对他的学业情况，史书未置一词，想是乏善可陈吧。

五凉时代闻名遐迩的河西本土学者很多，其中一些人的成就虽没有如刘昞那样，但就学业而论，也足以称道，因此被列入史传，如张湛、宗钦、段承根、阚骃、赵柔、阴仲达等，他们均属于五凉时代造就的文化精英，被史家彰显于后世。

张湛，敦煌人，是曹魏执金吾张恭的九世孙。幼年时，便因好学和文采享名凉州。后备受沮渠蒙逊器重，供职于北凉朝廷。被北魏迁到平城时，张湛已年过天命，但因他名气早播，受到魏司徒崔浩等的礼遇。崔浩称自己作《周易注》，颇受张湛等的启发。他在《序》中说：国家平河西，敦煌张湛、金城宗钦、武威段承根三位儒界学人，因才华卓越，在凉州人中享有美誉。他们每与我谈到与易学有关的问题时，对我用左传卦为《易经》作解表示赞同，并劝我为《易经》作注。于是，我利用退朝后的闲暇，完成了这部著作。

崔浩是北朝士族代表人物，是北魏大学问家，按史书说法，他在文学经史、百家之言、玄象阴阳等领域的学识水平“无人能及”。他如此赞赏张湛等，足见张湛等在经学方面的造诣非同寻常。这时的张湛，因身在“皂隶”之中，生活非常困苦，以至到“家贫不粒”的程度，由于靠崔浩的接济，勉强得以度日。崔浩后来推荐张湛做中书侍郎，但被张湛力辞。张湛与崔浩之间，常以诗颂唱和。后来，崔浩因“国史案”受诛，张湛惧怕株连到自己，便将这些诗文付之一炬。

宗钦，金城人。父亲宗燮，后凉吕光时任太常卿；弟宗敞，西州名士，受到南凉国主秃发傉檀崇敬。宗钦尚学，有儒者之风，以学识渊博名噪凉州。历任沮渠蒙逊的中书侍郎、世子洗马。在任世子洗马时，作

《东宫侍臣箴》对牧犍提出很多劝诫，著有《蒙逊记》10卷。被迁到平城后，擢拔为著作郎，受崔浩、高允等北魏士族人物的崇重，他力促崔浩作《周易注》，并与高允有诗文往来。崔浩“暴露国恶”的“国史案”发生，他因受株连，被太武帝赐死。

段承根，武威姑臧人。父亲段晖，曾任西秦主乞伏炽磐的辅国大将军、凉州刺史、御史大夫。炽磐儿子暮末时，段承根与父亲离开西秦，逃到吐谷浑。吐谷浑归附北魏后，父子二人转往平城，被太武帝以“上客”相待。当时崔浩正负责修撰北魏国史。因段承根“才堪著述”，被崔浩选来参与其事，并奏明太武帝，任段承根以著作郎之职。后崔浩受诛，段承根也因受株连被处死。

阚骃，敦煌人。祖父阚倞，父亲阚玖都名重凉州。阚骃博闻强记，读书过目不忘，人称他为“宿读”。他学术领域宽泛，经史子集，无不精通。他为曹魏著名经学家王朗的《易传》作注，写成的《易传注》成为当时儒学界研究《易经》不可或缺的参考书。他的名著《十三州志》，作为当时历史地理学方面的巨著被学界视为拱璧。北凉时，他担任秘书考课郎中，沮渠蒙逊专门为他配文吏30人，帮他校勘典籍，后校定刊刻的诸子百家类典籍达3千余卷之多。北魏占领凉州后，乐平王拓跋丕镇守姑臧，委他以从事郎中之职。拓跋丕死后，他被征调到平城，后病死在平城。死时无子嗣。

人说盛世修史。五凉时代并非什么盛世，但百余年内，纵然政权此起彼伏，有时也你争我多，但战争规模小，社会生活相对平稳，统治者有心效法前朝修史惯例，将自己的功业彪炳史册；学者们有志于经史著述，将本朝事迹留于后人。于是，官私修史之风应运而生，诸凡《凉史》《凉书》各种体例的史著纷纷出现，而地方志、起居注、风俗记之类的作品，也一起问世，使五凉时代的史学异彩纷呈，成果与经学同样耀眼。

五凉的官修史书始于前凉。张骏时，任命索绥、边浏等纂修前凉国史，并责成西曹属吏先行，搜集内外大事以供修史之用。这部官修史书最终在张重华时完成，属于当代史，共50卷，取名为《凉春秋》。

与前凉有关的史著除官修《凉春秋》外，还有私家著述，计有以下几种：

《凉书》10卷，记张轨时事，作者为刘景。刘景即刘昞，之所以写作刘景，是依据了《隋书·经籍志》。唐代编修《隋书》时，为避唐高祖李渊之父李昞名讳，将刘昞写为刘景。

《凉记》8卷，著者张谘。

《西河记》2卷，著者喻归。喻归是张骏时来河西的东晋使臣，他居住姑臧十多年。因此，《西河记》是以江南人的视角观察前凉社会和风俗的著作，其学术价值非同一般。该书写成于张重华时期，属于方志和实录类史书。

前凉以后，修史风气更盛。仅见于《隋书·经籍志》中的五凉史著就有以下数种：

《凉记》10卷，段龟龙撰。记后凉吕光时事。

《凉书》10卷，高道让撰。因原书散佚，其内容不明。

《托跋凉史》10卷，作者不明，是关于南凉的历史著作。

《凉书》10卷，刘景（刘昞）撰，《隋书》标明是“沮渠国史”，当是关于北凉的历史著作。

《敦煌实录》10卷，刘景（刘昞）撰，记敦煌掌故，属于历史地理著作。

除有关五凉的历史著作外，五凉史著中也有关于前代历史的著作。《隋书·经籍志》录有《魏纪》12卷，内容当与曹魏历史有关，作者署名为“左将军阴澹”。阴澹是张轨任凉州刺史时引为“股肱谋主”的人，那么该书问世应在西晋末前凉初。

上述五凉时代的史著，今多不存。但北魏时崔鸿编修《十六国春秋》、北齐时魏收撰修《魏书》，乃至唐代房玄龄等编修《晋书》，都会将它们作为蓝本，吸收了其中许多内容。更重要的是，上述史著几乎都是河西学者编修的本土历史，而且以当代史居多，其史料和学术价值无可估量。它们的散佚造成的文化损失也无可估量。

五凉时代的河西本土学者，群体庞大，他们挚爱故乡，学识渊博，学术领域宽泛，他们与中原流寓学者相得益彰，共同营造了五凉时代汉族文化的昌盛局面，使当时的河西虽处“戎域”之地，但因“号有华风”而卓尔不群，成为北方最惹人瞩目的地方。

# 思想文化的多元化

魏晋以后，儒学中的经史之学虽仍处于正统学术地位，但比之两汉时期，它那种一家独尊的统治地位已一去不复返。五凉时代的河西走廊，既是汉族传统文化的新摇篮，又是多民族文化的汇聚地和西域文化的近水楼台，文化思想领域的变化来得最为迅速，也最为显著。变化之一便是各种学说、信仰各得其所，找到了阐发的机会。一时之间，举凡儒、玄、道、释乃至阴阳数术粉墨登场，使文化思想和学术舞台呈现出此前从未有过的多元化现象。而河西走廊也因此成了当时生活最为丰富多彩的地方。

玄学应当说是五凉时代在儒学之外异军突起的学术思想。玄学家们讨论的“自然和名教”关系问题，就理论而言，既与儒学沾边，又贴近老庄哲学。在这点上，前凉张氏家族似乎有所体现。这个家族从张轨起，并没在理论上有什么宣称，但在齐家治世方面，却对名教与自然的关系心领神会。张轨在受到河西大族张镇兄弟“取而代之”的挑战时，本可以以牙还牙。但他却顺乎自然，安静地说：自己早想“敛迹避贤”，只是“负荷”着一州重任，难以脱身。今天有人取代自己，这是机会，自己会视“去贵州如脱屣”。他派尉髦带表章去京师，请朝廷准自己“归老宜阳”。“去贵州如脱屣”的意思是：自己看舍弃凉州的权位，就像看待脱鞋那样。张轨曾师从皇甫谧，在洛阳附近的宜阳学习，表章中“归老宜阳”的意思，是说从宜阳来，再回宜阳去，重返自然，归老林下。一般人听张轨这话，会认为张轨口不应心。其实，张轨历经政治风险，把“全门户”看得高于一切。顺此线索认识张轨，就会知道张轨想急流勇退，委实发自内心。

一般而言，在魏晋之世，凡想退隐山林或甘为隐士者，大都是受玄学思想影响较深的人。他们官场得意时，怀揣自然与名教统一的理念，忠君于朝，尽心于事；失意时，他们去名教而归自然，做一个“身在山林而可乐尧舜之道”的人。张轨正是这样的士人。他临死，要求“文武将佐”要“善相安逊，以听朝旨”，把儒家思想和老庄思想组合在遗言里。看他给儿子的命名，长子张寔，字安逊；次子张茂，字成逊。一个“逊”字，把自然与名教统一起来，贯穿了玄学四本论中“才性同”的要义。联系史书所载，张茂之性，“虚静好学”，这是践行玄学理论的结果。从张轨父子两代人的性格言行，尽管没看出他们在玄学方面有哪些理论主张，但从史书透露的点滴信息看，张氏家族的玄学思想跃然纸上。

从张骏以后，张氏家族的思想取向已由儒学渐变为玄学。逍遥无为的老庄思想在家族统治中甚嚣尘上，积习难返，变成了惰政的行为。张骏末年，“任所游处”，张重华“颇怠政事”，都属这类表现。故不论张重华庶子名为玄靓（史书又作玄靖），至如末代统治者张天锡，他口吐玄言，清谈成章，直接将自然和名教统一起来，为自己的荒唐行径做辩解。这里引述张天锡的一段连珠妙语，从中体味他是如何使用玄学理论的。这段话是他对付臣僚批评，为他不理政事而沉醉园池之乐所做的自我解嘲。话是这样说的：

“吾非好行，行有得也。观朝荣，则敬才秀之士；玩芝兰，则爱德行之臣；睹松竹，则思贞操之贤；临清流，则贵廉洁之行；览蔓草，则贱贪秽之吏；逢飙风，则恶凶狡之徒。若引而申之，触类而长之，庶无遗漏矣。”

将这段话译成今天的语言，意思大致是：

我不是喜欢游乐，而是通过游乐有所收获。观察清晨万物，我敬重人才秀士；流连芝草兰花，我喜爱德行之臣；目睹松树修竹，我思慕贞操贤俊；面对清泉流水，我称颂清廉行为；看到芜秽杂草，我藐视贪赃官吏；遇到狂风突起，我厌恶凶狡之徒。如将这些予以引申，触类旁通，那理政就能万无一失。

张天锡的这一番宏论，反映的是“名教即自然”玄学哲理。他通过这个哲理，为自己勾画了一个旷达不羁的统治者形象，仿佛他真是身处山林人在庙堂的圣明之君。

张天锡后来从前秦逃亡出来流落到江南，他与东晋门阀圈内的玄学人物有了更多的接触。一次，他和权倾朝野的司马道子相遇，对方想奚落他，便问他河西有何出产。他用颇带玄学的辞令厉声回应道：“桑葚甘甜，鸱鸮革响，乳酪养性，人无妒性。”短短十数字的反唇相讥，再一次把名教与自然的关系说得透透彻彻，同时也将自己归入“才性同”者之列，而讽刺司马道子的嫉贤妒能和荒诞虚伪。

张氏家族信奉玄学，但不属于玄学家。五凉时代的统治者中，沮渠蒙逊也是这类人。他和刘昞对孔子何以称圣问题的讨论，看起来是讨论“名实”哲理，但仍未脱离玄学“才性论”的命题。

一般讲的玄学家，是指对玄学理论有阐发者。程骏和刘昞是这方面的代表。

“玄学”之称，源于《老子》中的一句名言：“玄之又玄，众妙之门。”魏晋以后的玄学，其学术思想杂采儒家、道家、名家各派而自成体系，将《易经》《老子》《庄子》作为理论基础，并称三玄。玄学家从探讨有与无的事物本源出发，将讨论推演到自然与名教、才与性等关系方面，提出了许多有趣的哲理。他们或论，或辩，答案莫衷一是，使探讨表现得抽象和深奥，从而又使谈玄成为衬托名士们清高的雅趣所在，成为魏晋士族中一种时尚的文化。但玄学作为一种哲学思想，包含哲学家对许多社会及人生问题的探讨。这从程骏和刘昞的理论中可见一斑。

程骏是中原流寓学者，他原籍广平曲安（今河北曲周东北）。史书说，程骏六世祖是程良，原来官居西晋都水使者，后因犯罪被谪发凉州；祖父程肇，担任过吕光的民部尚书。程骏幼年丧父，在贫寒中长大。后拜刘昞为师，勤苦读书，学业有成，对《周易》《老子》《周礼》《春秋》都有研究。刘昞对程骏的评价是他在学问方面能举一反三。

刘昞的学问在上面多次提到，这里要说的是他的玄学造诣。魏晋时期，玄学才性论的著名著作是曹魏时刘劭著的《人物志》。这部书哲理深奥，不易读懂。刘昞为这部书作注，不仅化难为易，而且对才性问题做了进一步阐发，成为玄学名著。陈寅恪评价刘昞的《人物志注》是承续了曹魏才性之说，属于河西保存的玄学“中州绝响之谈”，并认为如果不是刘昞，今人不可能再见到刘劭的《人物志》。

程骏的玄学理论又在刘昞理论的基础上，对才性论有所阐发。在阐发时，程骏将儒家名教中的“忠孝节义”和老庄的“道法自然”进行比较，认为名教与自然不应是彼此对立的关系。他从实践性来反证理论，认为无论儒家倡导的名教，还是老庄主张的自然，两者都可用于修身治世。也就是说，人的一切应该是才性统一的，否则就会形成缺陷。程骏将他的观点提出来与老师刘昞切磋，得到刘昞的赞许。

程骏是这样说的：今天的名教之儒，认为老庄的话是虚无荒诞之言，不切合实际需要，不可用来治世。但我不这样看。老子著抱一之言，庄生申性本之旨，如人践行老庄这些理论，做事情就会顺利起来。人不守抱一之言，会变得烦恼和虚假；若违背性本之旨，会丧失率真和质朴。

程骏的观点等于在儒家思想和老庄哲学间搭起了一座桥梁，将儒家名教理论与道家自然主张通过实践予以沟通，使玄学的玄虚在社会活动中具有了可操作性，可谓发前人所未发。刘昞听了程骏的观点，称赞程骏“虽小小年纪，言若老成”。

其实，看看前文所讲张氏家族的言行，不正证明了程骏理论的正确性吗？

程骏后来被沮渠牧犍擢拜为东宫侍讲。北魏灭凉，他被迁往平城，任著作郎。数十年后的一次，魏献文帝在与他谈论《易经》《老子》之义后，转身对群臣说：我和程骏交谈，心里豁然开朗。献文帝还自比周文王，说自己遇见程骏，就像文王遇见姜太公那样。由此可见，程骏在玄学理论方面有怎样的造诣。

玄学与老庄思想有紧密联系。魏晋是隐士最多的时期。五凉时代修隐之风在河西依然不衰。有时我们很难将他们的思想行为与玄学践履者们区别开来，但他们那种移情自然和乐于清贫的志向，无疑与道家思想有千丝万缕的联系。也就是说，道家文化也是五凉时代被人崇尚的文化类型。

刘昞的老师郭瑀虽是经学家，但他俨然修隐的道士。他居临松薤谷期间，“凿石窟而居，服柏实以轻身”，明显受道家神仙养生术影响。他投身于反抗吕光统治，充任王穆的太府左长史、军师将军，虽在军旅之间，但“口咏黄老”，以功成之后“追伯成之踪”为念。他崇拜的伯成，是《庄子·天地》篇中的人物，全名伯成子高。相传尧治天下时，封给伯成诸侯高位。后经尧禅位于舜，舜禅位于禹。在夏禹即位后，伯成辞掉诸侯的禄位，甘做一名农夫去耕田种地。禹不解其意，亲往拜访，看见伯成在田野上耕作。他问伯成：为什么不在尧舜时离开，而在我即位后离开？伯成回答道：因为尧舜以德治天下，而你以刑治天下。这就是原因。回答完毕，伯成催禹赶快走开，并告诫禹说："无落吾事。"意思是不要拖累自己。

郭瑀将《庄子》里伯成归隐于野作为榜样，正说明他崇奉老庄，追求道家的"清虚无为"精神。他认为自己参加反吕战争，是为救民于水火，虽出于不得已，但却与伯成归隐陇亩殊途同归，都为反对无道的统治。这里同时也反映出郭瑀的历史观，他赞赏伯成，意味着他也认为禹建夏朝，作禹刑，是对尧舜时代天下为公的背叛，脱离了道家的无为主张，属于一种倒退行为。

史书载：王穆受谗言所惑，竟然要讨伐与自己一同起兵的索嘏，经郭瑀极力劝阻后王穆仍一意孤行，悲愤之余的郭瑀愤而离开王穆。后回到酒泉南山赤崖阁隐居地，以被覆面，既不进食，也不与他人言，七天后，"夜梦乘青龙上天"，最终"饮气而卒"。所谓"不食不言"颇合道家辟谷之道，而"梦乘青龙上天"，又是道家飞升意念。由此可见，郭瑀这位郭氏经学的传承人也是道家精神的忠实信徒。

敦煌学者索袭也是道家思想的崇奉者。史载他"虚静好学"，不应州郡之命，对一应孝廉、贤良方正之类的察举，一概不感兴趣，以托病推辞了事。他一心"游思于阴阳之术"，探讨天地玄黄，写出与天文地理有关的著作数十篇。平日息交绝游，更不与官府来往，终日里"或独语独笑，或长叹涕泣，或请问不言"。张茂时，太守阴澹刻意登门造访，从早至晚，交谈终日，认为索袭大智若愚，是硕德名儒，值得与之商讨大义，请他当三老主理教化。但就在这当儿，索袭却以79岁的高龄病逝。阴澹追悼索袭，送钱2万以助葬，对索袭做盖棺论定说："世人之所有余者，富贵也；目之所好者，五色也；耳之所玩者，五音也。而先生弃众人之所收，收众人之所弃，味无味于恍惚之际，兼重玄于众妙之内。宅不弥亩而志忽九州，形居尘俗而栖心天外，虽黔娄之高远，庄生之不愿，蔑以过也。"阴澹加给索袭的谥号是玄居先生。

阴澹评价索袭"玄于众妙之内"，又拿他和庄生、黔娄做比较，可见索袭的精神世界已老庄化。黔娄也是战国时期人，是齐国稷下学中道家学派的代表。这就是说，索袭平日言谈，也口必黄老，或说索袭所习"阴阳之学"，就是道家方术之学。

敦煌学者宋纤也是道家思想的信仰者，前凉时，他隐居在酒泉南山。宋纤自称"德非庄生"，是说他在修隐方面还没炉火纯青。但酒泉太守马岌却讲他有"生不喜存，死不悲没"的虚无精神，有"在山投山，临水投水"的归隐之乐，是道家"清静无为"和"逍遥游"的践行者。

道教信仰和道家思想有文化上的表里关系。五凉时代，道教信仰也在河西兴起，而且是统治者亲身率导。张骏和沮渠蒙逊祭祀西王母祠就是例子。西王母是道教文化中的传说人物，一些道教经典都将她列为"上仙"，进行祭祀。前凉时，有关西王母居昆仑山石室的传说在河西广为流传，人们认为酒泉南山与昆仑山一脉相连，山中前代遗留下来的石室，就是西王母居住过的地方。根据这些传说，统治者遇到大事，都要去祭奠朝拜。如公元345年，张骏病入膏肓，酒泉太守马岌提议为西王母立祠，为国家祈福。马岌这样说：酒泉南山与昆仑同体，当年周穆王见西王母，"乐而忘返"，指的就是酒泉南山。现在山里还有石室玉堂，珠玑镂饰，焕若神宫。应该就地建一座西王母祠，以保佑朝廷万寿无疆。张骏采纳了这个建议。

蒙逊是多神教崇拜者，他在“颇好佛法”的同时，也去祭祀西王母祠。史书对此记载说：蒙逊入主姑臧后，先去祭祀金山（今山丹县西南），相传那里是曹魏青龙三年（235）元川溢涌，宝石负图的地方。祭祀完金山后，他南下今青海，击降卑和虏，再沿海（青海湖）西行，至盐池（今青海海晏县西北尕海），祭祀西王母，瞻仰立于寺前的玄石神图，命中书侍郎张穆作赋，铭刻寺前，再折返到金山回姑臧。关于盐池的西王母石室，《汉书·地理志》中有记载。可见，五凉时的西王母石室不止有一处。但“敬神如神在”，无论认为石室在哪里，也无论去哪里祭祀西王母，但都说明道教信仰已在五凉时代的河西流行起来。

道教是土生土长的宗教，与它有关的文化现象是民间术数。现在人们谈到术数时，将术数分为广义和狭义两类。广义的术数包括天文、历法、星象、占梦、望气、纬候等各种杂学，有时连算术都包含其中，内容十分广泛；狭义的术数指运用阴阳五行生克制化理论，以推演人事吉凶和预测休咎，俗称占卜之术。五凉时代，是一个阴阳学说和卜筮流行的时代，有关术数的著作和活动屡见不鲜。而很多士人志于此道，如上面提到的索袭，他“游思于阴阳之术”，乐此不倦，写出天文地理著作数十篇。这里的天文地理著作可视为阴阳堪舆学著作。可见，索袭的精神虽游走于老庄思想，但他也属于术数家。

五凉时代，人们无论在官在野，普遍相信命运，这为术数流行奠定了基础。如张轨，当他感到做凉州刺史前程难料时，首先想到的是求助于求卜打卦，他用豆荚占筮，“遇泰之观”，也就是说卦象显示此去平安。这个结果助长了他的信心，坚定了他去凉州的意志。

与张轨有关的是缪世征和挚虞，他们在张轨到凉州后，运用占星术夜观星象，推导出一个结论：凉州是可靠的“避难之土”。

在术数中，纬候被五凉政治家、军事家常用于预知成败，激励自我。如谢艾帅军抵御后赵军队，出军前夕，见二枭（一种名叫鸺鹠的大鸟）在牙帐里鸣叫，谢艾视此为破敌的前兆。他对部下说：“枭，邀也。六博得枭者胜。今枭鸣牙中，克敌之兆。”于是下令击敌，果然大获全胜。当然，纬候有时也被野心家拿来作为蛊惑他人和欺世盗名的手段。如吕光到达龟兹城下后，突然左臂血管突起，显出“巨霸”二字，后又见夜幕中有“黑龙降临”，于是认为霸业可就，于是激励将士们奋力攻城，果然一战而定龟兹。五凉的一些少数民族统治者，他们将术数推演于统治时，可谓做得出神入化。如吕光因金泽有“麒麟现身”，即三河王位；利鹿孤因“龙见长宁”和“麒麟游于绥羌”，称河西王。他们都是拿术数的“应天承运”做文章。

五凉时代，人们判定术数家的学问，首先是看对易学和阴阳理论的运用。前凉术数家索紞，他在这方面得心应手。索紞，字叔彻，敦煌人。少时游学洛阳，就读太学。其间，他综览经籍，具备了渊博的学问，被人称作“通儒”。后因避乱返回故乡，乡亲们久闻其名，到他那里去问休咎，以致络绎不绝，门庭若市。后来索紞因实在不堪烦扰，便“诡言虚说”，胡乱回答，让问话的人感到索紞不过如此，说的也不尽应验，这才登门者渐少，家里因此也安静了下来。

史书对索紞术数的记载带有传奇色彩，件件都可以拿来当故事讲。大部分故事是说索紞为人占梦。先看第一个故事：

敦煌有个孝廉，名叫令狐策。他请索紞给自己解梦。梦是这样的：令狐策自己站在冰面上，而冰层下面有个人在和自己交谈。索紞对此梦的解释是：“冰上为阳，冰下为阴”，认为令狐策所梦属于阴阳之事。他对令狐策说：“君在冰上与冰下人语，为阳语阴，媒介事也。君当为人作媒，冰泮而婚成。”

这里的冰泮是指冰的消融。意思是令狐策冬天为人做媒，到春天冰消融时会大功告成。令狐策听索统这样说，连连摆手说：老夫耄耋之年，不做媒了。但事有凑巧，太守田豹看中了同乡张公征的女儿，要选她做儿媳，他请令狐策说媒。结果一说即合。到了仲春时节，田张二家喜结良缘。后来将媒人又称为冰人，这当是词语的来源。

索统解梦的第二个故事是：敦煌主簿张宅梦见自己骑马上山，返回时突然进不了家门。他绕着自家房屋转了三圈后，眼前出现了一片松柏，再也看不到家门。张宅既恐慌又纳闷，他去求教索统。索统回答道："马属离，离为火。火，祸也。人上山，为凶字。但见松柏，墓门象也。不知门处，为无门也。三周，三期也。后三年必有大祸。"后来张宅果然因谋反而受诛。

第三个故事是：索充请索统解梦，梦见天上掉下两口棺材，恰好落在自己面前。索统解释道：棺材象征职务，是说京城里有贵人保举你。两口棺材，预示你官职一升再升。时隔不久，司徒王戎写信给敦煌太守，命他征聘索充入府为官。太守接信，依命而行，委署索充先做了郡功曹，不久又将其举为孝廉。索充这短时间内的经历，应验了索统解梦时的预言。后续故事是：索充还梦见一个"胡虏"光着上身来拜见自己。索统解释说：虏字去掉上部中部，下半部是个男字。夷狄属阴，你妻子将会给你生个男孩。后来果如索统所言。

史书记载说，索统占梦无不应验，此事不胫而走。太守阴澹以为索统定有秘籍，想借去读一读。索统告诉阴澹说，自己当年在洛阳入太学学习，借住在一位老人那里。那老人无所不知，从不向人透露他的姓名，看上去样子很像隐士。自己随老人学占梦术，渐渐学到了占梦本领，根本没有什么秘籍。阴澹请索统担任敦煌郡西阁祭酒，索统以年事已高，推辞不就。

郭麐也是术数家。他生于前凉，生平活动主要在后凉。他年纪很轻已通晓《周易》，成人后“明天文，善占候”。张天锡时，他任西平郡主簿，当时人们传言说苻坚要进攻河西，太守赵凝便叫郭麐通过卜筮验证事情的虚实。郭麐推演之后对赵凝说：假若郡内二月十五日走失了囚犯，前秦大军必然到来，那时前凉国祚就到头了。赵凝根据郭麐所说行文所属各县，要人们做好应对准备。十五日那天，鲜卑折掘部派人给郡中送马，赵凝因马匹不够理想而大发脾气，并将送马的人关进了马厩。但被囚的鲜卑人趁着夜色逃之夭夭。赵凝将此事告诉郭麐，郭麐立刻说：罢了，国家将亡，从此永无振兴可能。吕光占据河西后，委任郭麐做太常卿，有难事常让郭麐破析，他把郭麐与西汉易学大师京房相提并论，称郭麐是自己的京房。西海太守王桢叛变，郭麐劝吕光派兵征讨，左丞吕宝对吕光说：“千里行军，古今难事，郭麐之言不可取。”郭麐与吕宝打赌说：“如兵出不能克敌，我甘心领受斧钺。如取得胜利，左丞得承认自己无谋。”吕光按郭麐所说，用兵西海，果然一战告捷。吕光晚年，昏庸残暴，喜听谗言。郭麐观测天文后，预言“凉之分野将有大兵”，鼓动仆射王详和自己联手，一起推翻吕光。郭麐起兵后，姑臧百姓风传“圣人起事，事无不成”，纷纷相率追随。吕光见自己的京房借术数反叛自己，写信给被郭麐推举为谋主的杨轨，进行离间。信中说道：郭麐施展卜巫小术，虽偶有言中，但都是误中，和真正的道理比起来，都是虚言谬说。

术数运用阴阳五行生克制化理论推演祸福，并用《周易》讲的变化方法判断人事吉凶，因此与宗教具有同样的神秘性。于是，五凉时代的一些佛教徒和僧侣也都善言术数。鸠摩罗什、昙霍、单道开、佛图澄都属此列。他们根据天地变化推断国家兴衰，所以受统治者青睐。

术数的神秘性，除与唯心主义哲学有关外，很大程度来自解释者。

术数家们用五行生克理论和《周易》推演人事时，难免添枝加叶，增加诡异成分。当时代尚处在科学欠发达水平，而人的命运遭遇与这种节点交汇时，相信术数和相信迷信同样，便具有了社会的必然性。

古代术数，它们有迷信的成分，但也不完全是迷信。列在广义术数中的天文历法，甚至连同风水学在内，它含有一定的科学成分。

五凉时代，在各个学派纷纷展示成就时，天文历法的研究也不甘示弱，著名学者赵畋向世人推出了他的最新成果，这便是《甲寅元历》和《阴阳术历》。这两部书的书目在《隋书·经籍志》里有记载。

赵畋是北凉时敦煌人。《甲寅元历》记录了经他改定的闰周。春秋时期，我国的天文学家已掌握了置闰规律。当时制定历法，按19年为一章，每章计入一个闰年。按这种计闰法，每经240多年，就会出现一天的误差。东汉以后，随天文学知识的积累，人们认识到原先使用的计闰法应有所改进，但只是苦于提不出新见解。北凉玄始元年（412），赵畋经多年认真研究，提出以600年为一章的计闰方法，这样，每章合221个闰月。这种计闰法纠正了原先闰数偏大而形成的时日误差，使历法中的闰法变得更接近实际。

赵畋的《甲寅元历》问世后，被沮渠牧犍献给刘宋王朝。刘宋大明年间（457—464），祖冲之编修《大明历》，即以《甲寅元历》为参考，将闰周做进一步调整，最后提出391年内设144个闰月的新闰法。

五凉时代，作为河西文化多样性的最重要表现，是佛教的昌盛。这个时期，佛教文化不只是宗教崇拜，更是大规模的佛经翻译活动。许多高僧通过译经将西域佛教的载体本土化，将佛教信仰推向更广阔的社会层面。

据史书记载，中国人剃发为僧始于曹魏黄初年间（220—226）。黄初前的僧侣都来自西域。西域僧侣到中国来，为了弘扬佛法，也进行译经，但他们译出的佛经，不但差错很多，而且语句艰涩，很难流传开来。于是，中西语言的接力便显得十分重要。由于河西地接西域，自然而然充当了接力棒的角色。著名的月氏僧人竺法护，梵名达摩罗刹，他是第一位在河西掌握了汉语的西域僧人。竺法护自幼生活在敦煌，八岁出家，在遍游西域，搜寻到许多佛教原文经典后，又返回河西，进行文本研究。西晋泰始年间（265—274），他到达长安，正式开始译经生涯。截至永嘉二年（308），共译出佛经150余部。竺法护晚年活动不详，但因他是在敦煌归的佛戒，人们称他为“敦煌菩萨”。

在竺法护之后，通过河西掌握了汉语的西域僧人当数鸠摩罗什。鸠摩罗什自从被吕光带到姑臧，再到他被后秦迁往长安，前后居住姑臧长达16年（384—401）。16年中，尽管吕光对佛教不感兴趣，但罗什却潜移默化地精通了汉语，而且因早先对梵文佛经了然于胸，这为之后的译经事业打下了坚实基础。后来，罗什在长安的西明阁和逍遥园译经，他驾轻就熟，挥洒自如，全靠在河西掌握了汉语后对经典的“蕴其深解”。罗什在译经过程中，常与慧叡商讨中西语体之间的异同，力求译出的经论符合中国人诵读习惯。据说罗什发过宏愿，以自己死后焚身舌不焦烂来明自己译出的佛经完全符合梵语经义。据说后来果真如此。相传现存于武威市的鸠摩罗什塔，乃是安葬罗什舌头的地方。

在五凉时代，河西走廊是高僧云集的地方。北魏占领河西后，将沮渠宗室及吏民3万多户强徙平城，其中光僧侣就达3千之多。释慧皎所著《高僧传》，书中总共收录了257位高僧的事迹，其中出生在河西的多达36位，而与五凉政权有关的多达50位；与河西结缘的最多，有86位，他们是：前凉单道开、竺昙猷、僧涉、支施、佛图澄、竺法护、竺法乘；后凉鸠摩罗什、僧肇、佛陀耶舍；南凉昙霍；西凉道猛、法泉；北凉昙学、道泰、沮渠京声、智猛、昙纂、竺道曷、昙无谶、慧嵩、道朗、师贤、昙曜、僧朗、释玄高、法盛、竺法維、僧来、法成、僧印、道法、浮图跋摩、道龚、法众、道进、道挺、释玄畅、释法颖、法力、释僧侯、释法进、僧遵、释弘充，等等。

在五凉时代，河西佛教界有影响的高僧中，以学问僧居多。有些僧人也染指政治，如释道安，他从河西转入前秦，被苻坚视为政治顾问。苻坚将攻东晋，连这样重大的国事也要征询他的意见。再如法泉，他为西凉做节使，去江南通东晋。还有的僧人，他们武装报国，不屈不挠。典型的如释僧朗，在北魏向河西用兵时，他带领僧众34人抵抗魏军。这件事被记录在《续高僧传》中。

五凉时代，僧人们不论是西去还是东来，河西是他们的必经之路。而在河西高僧中，有些人也曾去西域求取佛经，如沮渠京声、首泰、宝云、法盛、僧表等，是他们中的代表。毫无疑问，由他们带回的佛教经典大半会落户于河西。另外，从中原乃至江南到西域求取佛经的僧侣，他们返回途中，也要在河西逗留，或休憩，或夏坐。其间，他们携带的经典也有一定的传播，甚而直接留在了河西。在释道安整理的《综理众经目录凉土异经录》一书中，录有因流布河西而失于翻译的佛经，总共有59部79卷。

魏晋南北朝时期，北方和南方有一些著名的佛经翻译城市。在北方，敦煌、姑臧、长安、洛阳、邺城五城最有代表性。五城中，河西独占两城。公元373年，前凉主张天锡邀请龟兹世子帛延到姑臧，请他翻译佛经。翻译出由月氏僧人支施仑带来的多部佛经，其中有《首楞严》《须赖》《金光首》《如幻三昧经》。北凉时，沮渠牧犍聘西域沙门浮陀跋摩到姑臧，在闲豫堂翻译经论，译出《阿毗昙毗婆沙论》60卷。昙无谶由敦煌入姑臧，在姑臧译出《大般涅槃经》《菩萨戒本》等经论11

部，合104卷。其中《大般涅槃经》40卷，作为我国佛教涅槃宗的根本经典，其中阐发的“一阐提人”皆可成佛的理论，对佛教的传播和发展起着重要的推动作用。所谓“一阐提人”指那些不具信心的人。史料记载，与昙无谶同时在姑臧译经的僧人还有许多，其中知名者9人，他们共译出佛经82部，311卷。

# 文学和艺术成就

五凉时代，河西士人名流辈出，加之治乱相因的时代为文学创作提供了丰富的题材，因此文学创作十分活跃。

李暠是可以列名于文学史的人物，他以散文和辞赋见长。前面提到的《诫子书》和《上东晋表》是他散文的代表作。《诫子书》文字质朴，与同时代的骈俪文章在风格上截然不同，其中心段落句式或三字，或四字，文风活泼，词语清新，读之朗朗上口，其中不乏经典名句和至理格言。至如“节酒慎言，喜怒必思，爱而知恶，憎而知善，动念宽恕”，再如“从善如顺流，去恶如探汤”。这些诗一般精练的语言，其中包含的是非理念，极具人生意义。好念、好记，任何人都可以拿它作为座右铭。

李暠以辞赋见长，著作较丰富。见于史书的有《述志赋》《槐树赋》《大酒容赋》等。作品多反映作者对现实的感怀。如《述志赋》，史书是这样记载它的写作背景的：“李暠以纬世之量，当吕氏之末，为群雄所奉遂启霸图，兵无血刃，坐定千里，谓张氏之业指期而成，河西十郡岁月而一。既而秃发傉檀入据姑臧。沮渠蒙逊基宇稍广，于是慨然著《述志诗》焉。”意思是：李暠因具有总揽天下的胸怀和气量，在吕氏王朝气数将尽时，受到英雄豪杰们推举，开启霸业，不经鏖战便据有了酒泉以西千里之地，认为自己很快会像张氏前凉那样，实现霸业，统一河西。然而接下来的事是秃发傉檀入主姑臧，沮渠蒙逊在河西扩张疆域，他们各有成就。对此，他感慨万千，于是有《述志赋》之作以言志。

丁家闸五号墓“神马”

在《述志赋》中，李暠表达他原想仿效颜渊，过“忧心上典，玩礼敦经”的生活，抱着“蔑玄冕于朱门，羡漆园之傲生，尚渔父于沧浪，善沮溺之偶耕”的心态，去过清高逍遥闲适自在的生活，像远离鸟笼惊吓的鹓鸾，自由展翅，效法飞凤翱翔太清，俯瞰千林万壑，领略凛霜傲雪的乐趣。但最后却事与愿违，不得不随波逐流，“于是人希逐鹿之图，家有雄霸之想，暗王命而不寻，邀非分于无象”。在时运驱使下，走上了争王称霸的是非之路。

《述志赋》用写实的笔触，描述了从前凉到后凉河西风云的变幻：“衣冠士族沉沦颠覆，疾风飞尘塞空蔽日，名城大都毁于一旦，千村百邑人烟断绝。”面对这些世事沧桑，作者借英雄文化聊以自慰，说他钦慕张良、诸葛亮、关羽、张飞、曹操、周瑜、鲁肃、刘备、孙权等前辈风云人物，想以此召唤自己英雄气概的回归，并认为乾坤运转，细雨润物，后起定能超越前人。最后，作者抒发自己的志向，他愿为东晋王朝收复中原效前驱之劳：“将建朱旗以启路，驱长毂而迅征，靡商风以抗旆，拂招摇之华旌，资神兆于皇极，协五纬之所宁。赳赳干城，翼翼上弼，恣馘奔鲸，截彼丑类。且洒游尘于当阳，拯凉德于已坠。间昌寓之骖乘，暨襄城而按辔。知去害之在兹，体牧童之所述，审机动之至微，思遗餐而忘寐，表略韵于纨素，托精诚于白日。”

《述志赋》洋洋千言，160多句。咏史抒情交替，时叙时吟，感情时而激越，时而低沉，斟词酌句，排比工整。表现了李暠作为政治人物兼文学家的独特情怀和杰出的表达能力。

《槐树赋》是李暠因酒泉宫西北长出槐树有感而作。关于西凉迁都后，酒泉宫突然有槐树长出，前文已有述及，这里再赘补几句。据《晋书·凉武昭王李玄盛传》记载：“先是，河西不生楸、槐、柏、漆，张骏之世，取于秦陇而植之，终于皆死，而酒泉宫西北隅有槐树生焉，玄盛又著《槐树赋》以寄情，盖叹僻陋遐方，立功非所也。”就是说，《槐树赋》是李暠因张骏移植槐树不活，而自己居酒泉宫后始生机勃发，是槐树长出的感怀之作。李暠将来自秦陇的槐树比作来自秦陇的自己，抒发自己因“僻陋遐方”壮志难酬的情怀。李暠写下《槐树赋》后，又命主簿梁中庸和儒林领袖刘昞著文，将酒泉宫“槐树生焉”这件事彰显史册。

《大酒容赋》通过感叹“兵难繁兴，时俗竞喧”，表达诗人恬淡豁达的情怀。

| 新城魏晋墓《胡人牧马》图

李暠也有诔作。李暠的前妻姓辛，是陇西郡辛纳的女儿。此女“贞顺有妇仪”，但却薄命早死。李暠悼念

她，亲自为她写了诔辞。

据史书所载，李暠除以上名作外，还有诗赋数十篇。

前凉时期的张斌也是一位赋作家。史载张斌“作葡萄酒赋，文致甚美”。可惜《葡萄酒赋》和李暠的《槐树赋》《大酒容赋》一样，都已散佚于历史长河中，我们今天无缘欣赏。

与赋并称的文学作品是诗歌。李暠有诗，但作品没流传下来。

前凉张骏擅长五言诗，存世于今天的作品寥寥无几。逯钦立编《先秦汉魏晋南北朝诗》一书，辑有张骏《薤露行》《东门行》诗两首。《薤露行》是典型的咏史诗，全诗共16句，诗文如下：

在晋之二世，皇道昧不明。主暗无良臣，艰乱起朝廷。

七柄失其所，权纲丧典刑。愚滑窥神器，牝鸡又晨鸣。

哲妇逞幽虐，宗祀一朝倾。储君缢新昌，帝执金墉城。

祸衅萌宫掖，胡马动北坰。三方风尘起，𤞤狁窃上京。

义士扼素腕，感慨怀愤盈。誓心荡众狄，积诚彻昊灵。

这首诗描写了西晋亡国的历史：从晋惠帝司马衷即位，到西晋朝政混乱，再到贾后窃权弄国，害死太子，掀起“八王之乱”，一直叙述到永嘉之乱爆发，匈奴刘曜率军攻占京都洛阳。最后，诗人满怀愤懑，表达对故国沦丧于异族的痛惜之情，立誓要为西晋效忠，荡灭敌人，并告诉天上神灵，让它们为自己的忠诚之心做证。

《东门行》是写景抒怀诗，诗歌描写了姑臧东门外的春日景色，并抒发作者对人生的感慨。全诗20行，诗文如下：

勾芒御春正，衡纪运玉琼。明庶起祥风，和气翕来征。

庆云荫八极，甘雨润四坰。昊天降灵泽，明日耀华精。

嘉苗布原野，百卉敷时荣。鸠鹊与鹙黄，间关相和鸣。

绿萍覆灵沼，香花扬芳馨。春游诚可乐，感此白日倾。

休否有终报，落叶思本茎。临川悲逝者，节变动中情。

史书说，张骏“卓越不羁”，《东门行》就反映了他的这种性情。《东门行》对景物的描写给人以身临其境的感觉，从春雨和朝阳，写到田间禾苗花卉，从树上的鸠鹫和鸣，写到池沼中的浮萍和花香，各种景色栩栩如生，达到视觉乃至嗅觉的享受，境界与奇趣绝妙横生。诗意最后回归到人生，写他站在东门外东望，似乎是在猜想数千里外的家乡是个什么模样。他用“休否有终报，落叶思本茎”两句借自然规律比喻人生的循环，用“临川悲逝者，节变动中情”两句用大河东去，情留心中以缅怀前人功业，有慎终追远居安思危的寓意。当然，诗人的感情是不是这样，须留待诗词专家们去破解。但从诗人从游东门时对人生问题的思考，可以看出张骏也有自己的忧伤，他是前凉国君，但也是在自然和名教中挣扎的人。

五凉诗作流传至今的篇数寥寥，是因为大多已经失传。但史料告诉我们，许多名见史传的人物都有诗歌作品。如前凉马岌有《提宋纤石壁诗》，北凉士人宗钦有《赠高允诗》，段承根有《赠李宝诗》。

五凉时代，作为与诗歌同样体例的民间歌谣也不鲜见。比较有名的如《朔马谣》，它出现在后凉初期。吕光实行民族压迫政策，他为便于自己统治，下令将西海郡人迁到河西。当地百姓故土难抛，以歌谣表达内心的愤懑。民歌说：

朔马心何悲，念旧中心劳。

燕雀何徘徊？意欲还故巢。

民歌只有短短四句，20个字，但感情深沉，充满了对家乡的依恋和对无道统治的血泪控诉。在艺术形式上，与著名的《敕勒歌》有相似之处，属于北方少数民族的文学作品。

五凉时代，河西农业社会是豪强地主的天下。豪强们家大业大，畜牧兼营，坐拥庄园，富甲一方。金城麴游两家是树名史传的豪强，人们用歌谣描写他们的财力说：“麴与游，牛羊不数头；南开朱门，北望青楼。”

丁家闸五号墓《耙地》图

五凉时代著名的民歌作品还有《凤皇歌》，它反映了张骏因前凉强盛，以王者自居而傲视东晋。另有北凉时的《破带石》，它带有偈语色彩，是为警告沮渠牧犍勿自取灭亡的作品。

在五凉的艺术宝库中，乐舞和书画颇惹人瞩目。乐舞是音乐和舞蹈结合在一起的文艺表演形式。五凉时因西域类似文艺表演传入河西，使其内容空前丰富，风格推陈出新，在音乐和舞蹈方面都与秦汉大不相同。特别是在音乐方面，应当说是开辟了新的艺术时代，并影响北朝及隋唐数百年北方音乐史的发展历程。隋炀帝大业年间（605—618），官方集中外南北音乐之大成，以部编次，定为《九部乐》。这九部是《清乐》《西凉乐》《龟兹乐》《天竺乐》《康国乐》《疏勒乐》《安国乐》《高丽乐》《礼毕乐》。九部中，除《清乐》《高丽乐》《礼毕乐》与河西地域无关外，其余都是在五凉时代通过河西传入中原的。而被隋炀帝称为华夏正音的《清乐》，它虽非由西域引入，但它能流传下来，却全因河西保护了它。

《清乐》源于汉代古曲《清商三调》。曹魏西晋时，它的乐器形制、歌章古辞，连同曹操父子为它配写的诗赋等，都还流传于世。但在永嘉之乱中，因乐工四散逃亡，从此中原不闻其声。而乐工大部分逃到河西

| 高台魏晋墓《车马出行图》

走廊。张轨时，《清乐》在前凉境内奏响，得以完整保存下来。前秦占有河西后，苻坚迁前凉官府乐工及乐器到长安，《清乐》的丝竹管弦之声才被中原人重新耳闻。也就是说，中原庙堂音乐《清乐》，在河西走廊寄身半个多世纪之后，才重返老家。关于这个经历，史书是这样记载的："属晋朝播迁，夷羯窃据，其音分散。苻永固（苻坚字永固）平张氏，始于凉州得之。"

隋《九部乐》中的《西凉乐》，顾名思义是诞生于或经河西再加工后的音乐体系。对此，史书的记载是：

《西凉》者，起苻氏之末。吕光、沮渠蒙逊等，据有凉州，变龟兹声为之，号为秦汉伎。魏太武既平河西得之，谓之《西凉乐》。至魏、周之际，遂谓之《国伎》。其歌曲有《永世乐》，解曲有《万世丰》，舞曲有《于阗佛曲》。其乐器有钟、磬、弹筝、搊筝、卧箜篌、竖箜篌、琵琶、五弦、笙、箫、大筚篥、长笛、小筚篥、横笛、腰鼓、齐鼓、担鼓、铜钹、贝等十九种为一部，由乐工二十七人演奏。

也就是说，《西凉乐》是五凉时代音乐人改编西域龟兹音乐而成，原名《秦汉伎》，始由北魏传入中原。所谓伎者，是指从事乐舞职业者，又称伶人。舞者称舞伎，乐者称乐伎。

总之，所谓《秦汉伎》，是指流变后的龟兹音乐，它流变的过程是以西域音乐为母本，将河西音乐元素或汉族清乐元素嫁接其上，最后诞生的新乐种。正因如此，它所使用的乐器，除大量西域乐器如琵琶、筚篥之类外，又加入钟、磬、长笛、横笛等中原乐器。关于这点，北齐祖珽有一封给文宣帝高洋的上书，其中说到有关原委。祖珽说：在苻坚末年，吕光受命去平西域，在西域得到“胡戎之乐”，加以改编，杂入了汉族的音乐，于是称《秦汉乐》。

上文说过，吕光平西域后，用两万头骆驼，满载着西域珍宝和百戏杂伎返回河西，这《龟兹乐》及其乐工、乐器当是吕光所掳百戏杂伎中的一部分。吕光将它带到河西后，这部音乐先在河西回荡，后几经波折传到平城。在这过程中，《龟兹乐》形成了许多变种，除《西凉乐》外，隋初另有《西国龟兹》《齐朝龟兹》《土龟兹》三部流行于世。开皇年间（581—600），它盛行于长安的大街小巷。

但《龟兹乐》作为母本音乐，它的流变到此并未终结。隋大业六年（610），高昌国（今新疆吐鲁番）向隋炀帝进献《圣明乐曲》一部，其中歌曲有《善善摩尼》，解曲有《婆伽儿》，舞曲有《小天》《疏勒盐》。于是，《龟兹乐》又加入了这些乐曲和舞曲的音乐元素。也就是说，从吕光以拿来主义把《龟兹乐》带到河西，其音乐在河西荡漾许久，它后来流变形成的乐曲中，或多或少都杂有河西的原生态音乐。至如大业年间加入高昌乐后形成的乐部，其乐器大都使用丝竹笙箫鼓钹贝等，与《西凉乐》基本相同，区别是没有了钟磬之类，增加了鼓类。

《九部乐》中的《天竺乐》，顾名思义是古印度音乐。但它传入中原，势必也经由五凉时代的河西。因此不可避免地要杂以凉州音乐。

有关《天竺乐》内传的记载是这样的：由于自张骏起前凉完全掌控了西域，西域诸国须年年向前凉纳贡。张重华时，西域诸国向前凉的贡品就包括乐人和舞者，被概称为方伎。其中有一支《天竺乐》队伍，他们带来的歌曲有《沙石疆》，舞曲有《天曲》；乐器有风首箜篌、琵琶、五弦、笛、铜鼓、毛员鼓、都昙鼓、铜钹、贝等九种，这部音乐由十二人组

| 高台地埂坡鼓乐图

成的乐队进行演奏。

可见，《天竺乐》传入河西的时间，比《龟兹乐》的传入还要早四十多年。

一般说来，西域艺术是歌舞相伴的。至少是“舞者之伎”在舞蹈时必须有“乐者之伎”予以伴奏。于是，当诸如《西凉乐》《龟兹乐》在河西乃至北方大地上流行开来时，汉魏以来的各种舞蹈形式如《章斌之舞》《武始之舞》《大韶之舞》《大武舞》以及源自西域的《胡旋舞》，来自江汉上游的《巴渝舞》等，或浓妆，或淡抹，五彩缤纷，婆娑登场，大大丰富了人们的生活，特别是给那些达官贵人提供了更多的享乐形式。到北魏以后的北齐时代，皇室贵族沉溺于西域乐舞的轻歌曼舞中，几至癫狂。北齐文襄帝高澄及后来北朝君王因酷爱“胡戎之乐”，搞得国内上行下效，将政风也由此败坏下去。据史书记载，北齐文襄帝还影响了他以后的北齐帝王，以致传习西凉乐舞的风气到齐武成帝河清年间（562—564）达到极盛状况，连像曹妙达、安未弱、安马驹等乐府伶人也因此获得高官厚禄，有的甚至得以封王开府。他们头戴冠冕，身着朝服，“簪缨”从事“伶人”差事。

| 高台魏晋墓《歌舞宴乐图》

齐后主高纬是个能手执乐器倚弦而歌的人。每当他的歌声一起，那些宦官侍者

齐唱共和。史家认为，就是这种放诞的西域乐舞导致政治混乱，将北齐王朝送上了不归之路。当然，这只是一种说法而已。北齐亡国，原因很多，它与《西凉乐》没有必然联系，对此，本书不予讨论。

由于五凉时代辗转从河西传入中原的西域乐舞极具鲜活生动的艺术生命，所以在北周灭掉北齐后，以及后来的隋唐，《西凉乐》《龟兹乐》仍备受社会各界所喜爱。《旧唐书·音乐志》说：自周隋以来，管弦杂曲将数百曲，多用《西凉乐》，鼓舞曲多用《龟兹乐》。

音乐的经久不衰取决于它的艺术魅力。唐代杜佑在《通典》中谈到《西凉乐》和《龟兹乐》时说：龟兹琵琶、五弦、箜篌、胡鼓、铜钹、沙锣，声音“铿锵镗锴”，雄浑响亮得使人惊心动魄。而抚筝的声音“新靡艳丽”，弹奏时如泣如诉，有时就像人在低声吟哭，令听者感到阵阵凄怆。因为有如此强烈的震撼力和感染力，所以诸如《西凉乐》《龟兹乐》之类的音乐及与它们相伴随的舞蹈在隋唐时期仍焕发着生命力，占据梨园行主旋律位置。被称为“周隋遗音”的唐代《破阵乐》之所以那样脍炙人口，《胡旋舞》之所以那样曼妙绝伦，追根溯源，与五凉时代河西走廊与西域文化的亲缘关系的形成有很大关系。

书画艺术是五凉时代的又一朵艺术奇葩。

索靖（244—303），敦煌人，是历史上著名的书法家。他生平的主要时间在西晋度过，但作为五凉时代敦煌索氏家族的成员，他的事迹与河西有紧密联系。

索靖出身于官宦家庭。青年时代他与同郡友人氾衷、张甝、索紾、索永四人游学洛阳，入太学学习，被称为“敦煌五龙”。索靖学业成功后，以博通经史兼长纬学而名扬河西，后被敦煌长吏征辟入仕并调往京师任尚书郎，又相继担任过雁门太守、酒泉太守等职。“八王之乱”发生，索靖组织秦、雍、凉三州义兵为保卫洛阳最后战死。时为张轨到凉州的第三年。永嘉之乱中，索靖之子索綝与武威人贾疋等拥立晋愍帝在长安即位。

索靖的祖母是张芝的姐姐。张芝，敦煌渊泉（今瓜州）人，东汉著名的书法家，最擅长草书，人称“草圣”。索靖因与张芝有姻亲关系，加之本人也以草书见长，所以后世有人认为索靖书法是受张芝之传。其实，索靖草书既取法张芝，又博采韦诞等人的书法，是在兼收并蓄之后自成一体的书法艺术。唐代张怀瓘在他的著作《书断》中，称赞索靖草书“有若山形中裂，水势悬流，雪岭孤松，冰河危石，其坚劲则古今不逮”。就是说索靖草书别具风格，在字迹的形神和气势方面，古往今来无人可望其项背。

魏晋时代我国书法艺术登峰造极。北方书法家的翘楚是卫觊、卫瓘父子。索靖的草书堪与卫觊相媲美。由于索靖是尚书郎，卫觊是尚书令，二人都是尚书台官员，又同时为著名书法家，时人称他们为“一台二妙”。两人书法作品均受到晋武帝和朝野士人喜爱。东晋时，卫瓘的族孙女卫铄居住江南，被人尊称为卫夫人，王羲之少时曾从其学书。即使这样，与索靖书法相比，卫氏在一些方面仍略逊一筹。适如《晋书·索靖传》所说：论笔法，卫瓘胜过索靖，但楷法，卫瓘远远赶不上索靖。

索靖是书法家，也是学者和书法理论家。他的《五行三统正验论》是一部辩理阴阳气运的著作。其他作品有《索子》《晋诗》各20卷。他专论书法的《草书状》对草书艺术的描写绘声绘色，文辞之美叫人叹为观止。该文收录在《晋书·索靖传》中，至今仍可视作欣赏、揣摩、学习草书艺术的指南。

中原流寓河西的江式家族既是古文经学家族，也是书法世家，其书法源于卫觊的真传。卫觊仕曹操、曹丕、曹叡三代，工于鸟篆、隶书。史书说江式六世祖江琼跟随卫觊学习古文字和书法，流寓河西后，一应学术代代传承。可见卫氏书法也是五凉时代河西的艺术瑰宝。北魏孝文帝太和十八年（494），北魏自平城迁都洛阳，江式为各宫门手书篆字板题，这是卫氏书法从河西向中原的回输。

绘画是五凉时代的又一个艺术领域，现在还能看到的作品主要是壁画，敦煌莫高窟保存最多。此外，20世纪七八十年代以来，在酒泉、嘉峪关和张掖高台等地发现的多座魏晋十六国时期的墓葬，保留了大量砖画、木板画、壁画等作品。其中丁家闸五号墓因墓室内绘满了壁画，所以被称为丁家闸五号壁画墓。此墓规模宏大，装修富丽堂皇，壁画内容丰富多彩，有当时社会的生产生活场景，有传说中的西王母等神仙故事，有主人生前宴饮行乐图等等。其中的《宴饮行乐图》，墓主人头戴三梁进贤冠，身着红黄相间袍服，左手执一柄羽毛扇，双膝跪坐矮榻之上，斜倚三足几案，身后两侍者执华盖站立。主人右前方的屈足方案上，摆着酒具。酒案左右两侧有乐伎舞伎等伶人在表演。从绘画看，丁家闸五号墓的墓主身份高贵，甚至有人认为该墓主就是西凉国主李暠。关于该墓的墓主身份，学术界尚有争议。有人认为后来发现的同样位于丁家闸的小土山墓才是李暠墓。此不赘述。

丁家闸五号墓壁画内容涉及政治、经济、军事、民族民俗各个方面，这里不再详述。

酒泉、嘉峪关和张掖高台等地发现的魏晋十六国时期的墓葬，不论形制大小，其画作的艺术风格与丁家闸五号墓壁画有一个共同点，那就是都显得质朴、写实、勾勒细腻。线条和透视关系都十分清晰分明。在着色用彩上，已突破了汉代那种红黑白、粉白相间的色彩搭配模式，基本具备了绘画“六法”要求。将它与现存南朝绘画相比，彼此虽有差别，但艺术要素大体相同。这说明五凉时代，河西与江南在文化交流时，绘画技法也互有影响。

# 时代都会
## ——姑臧城

五凉时代的姑臧被唐代人叫作凉州城。唐朝诗人有许多咏凉州的诗篇。

唐玄宗天宝十三载（754），诗人岑参自长安去北庭都护府（今新疆吉木萨尔县北），途经武威，有感河西繁华，写下著名诗篇《凉州馆中与诸判官夜集》。诗云：

弯弯月出挂城头，城头月出照凉州。
凉州七里十万家，胡人半解弹琵琶。
琵琶一曲肠堪断，风萧萧兮夜漫漫。
河西幕中多故人，故人别来三五春。
花门楼前见秋草，岂能贫贱相看老。
一生大笑能几回，斗酒相逢须醉倒。

诗中的“凉州七里十万家，胡人半解弹琵琶”两句，虽是盛唐时代武威的写照，但诗人对凉州的描写宛如把人们带进了五凉时代。那时的武威城，已经是一座人口稠密，胡汉杂居，人文发达的城市。要问历史上五凉时代的武威城和盛唐时代诗人岑参笔下的武威城有什么不一样的地方，回答是：五凉时代的武威城在人口的繁庶程度上要远远超过盛唐。诗中说天宝年间凉州有10万户居民，但史书记载公元439年北魏灭掉沮渠牧犍治下的北凉，收到的凉州户口是20万。这意味着五凉时代落幕时的凉州常住人家两倍于岑参诗所描写的“十万家”。诗人作诗与史家写史不同，前者重视意境，后者忠于事实。因此我们不能说岑参所讲不对，而只能说史书记载更加准确些。

那么，岑参诗中的“凉州七里”有什么来历呢？

我们知道，凉州州府所在的姑臧城，原本是西汉匈奴盘踞河西时修建的临时建筑，它“南北七里，东西三里”，匈奴称它“盖藏城”。又因它形状狭长，宛如卧在地上的一条龙，被汉族人叫作“卧龙城”。诗人作诗，重在写景，岑参诗中所咏的“凉州七里”，大概就是根据历史上姑臧城“南北七里”。但也有人认为岑参诗中的“凉州七里十万家”或许是“凉州七城十万家”之误，理由是司马光的《资治通鉴》对唐代姑臧城的规模有专门记载：唐肃宗至德二年（757），“武威大城之中，小城有七”。在这点上不至于错讹。至德二年是公元757年，岑参死于唐大历五年，即公元770年，岑参死时武威城“小城有七”已巍然在立，作为一个大诗人，他不可能不知道这一点。他怎么能把“七城”写作“七里”呢？在这里我们只能说，诗歌就是诗歌，要求诗人按实际存在去描写武威城，那就如要求画家去摆弄相机一样。当然，岑参如能将“凉州七里”写成“凉州七城”，那也许显得更加妥帖。

那么，凉州城是怎样从原来的“七里”变成“七城”的呢？胡三省的解释是：张氏据有凉州后，对原先“南北七里，东西三里”的城池进行扩建，新增修了四座城，每座城“箱各千步”，连同旧城，变成了五座城。还有两座城，他说不上是谁建的。其实，胡三省的说法来自郦道元《水经注·都野泽》转引的王隐《晋书》上的有关记载。该记载在《资治通鉴》“又增筑四城箱各千步”的文字之外，还多了一些字，如说东城叫“讲武场”，北城叫“玄武圃”，两城都“殖果园”，里边都有宫殿建筑群。又说中城内建有“四时宫”，以作春夏秋冬随季节游玩之用。还说新建四座城连同旧城，共形成了五座城池。各城之间有“街衢相通”，有22道门可供进出。每个城里的宫殿观阁都雕梁画栋，金碧辉煌。

根据胡三省和郦道元的说法，原先的卧龙城被改造为一座具有规模的都会之城，是张氏家族到河西时的事情。对这一点，本文在前面已有涉及，谈到过张轨扩大姑臧城池，张茂继其父再次“大城姑臧，修灵钧台”，张骏在原来的姑臧城外兴建姑臧南城，起谦光殿，并在谦光殿四周各起一殿，依四时而居。也就是说从张轨到张骏，是王隐《晋书》所载凉州城建的辉煌时期。张骏时，五凉时代的姑臧城变成了名副其实的凉州城，真正成了河西都会。所谓“凉州虽处戎域，号有华风”，大概也与凉州城具有了中原城市的恢宏气势和建筑格局有关。

那么，经过张氏三代人兴建后的武威城和五凉前的武威城在规模上有哪些变化呢？贾小军对这个问题有所研究。他谈道：魏晋时期，1华里相当于今天的339.847 2米，四舍五入，相当340米。“南北七里”合今天的2 380米，“东西三里”合今天的1 020米，长宽相乘，五凉以前的卧龙城面积为2 427 600平方米。

张氏增筑的四城，“箱各千步”，其中的“箱”又可写作“厢”，是指四方形的周长。西汉时五尺为一步，魏晋时略有变化，但变化不大。按5尺为1步计算，千步合5 000尺，相当于今天的944.02米。如果是正方形，那么每边的边长相当于236米，面积相当于55 696平方米。于是，四座城的总面积约为222 784平方米。这222 784平方米就是前凉时扩建的武威城面积。经扩大后，加上原有的卧龙城，武威城的总面积达到了2 650 384平方米，略当于2.7平方公里。1983年编制的《武威城区总体规划》设定城区面积为12.5平方公里，照此看来，1 600多年前的前凉武威城，其城市面积已达到今天武威市城区面积的四分之一以上。

在贾小军之外，还有一种说法，将算出的五凉武威城周长与当时的洛阳城、建康城周长做比较。算法是：每个新建小城边长各千步，如按旧的习惯每360步为1里计算，千步约为2.8里，那么四城厢周长共为11里，与卧龙城周长20里合计，总共周长为31里。西晋时洛阳城南北九里七十步，东西六里十步，合计周长为30里。而东晋建康城周围20余里。结论是五凉时代的武威城规模与洛阳不相上下，而比建康城还要大。讨论问题固然是仁者见仁，智者见智，但古代礼制对“各安其分”要求非常之严格，任张氏怎么“大城姑臧”，张氏家族也不可能把武威城修成洛阳城的规模，那是奢僭逾制，是王法大忌。贾小军认为，这种算法很可能是对武威城的形制做了不合理的估计。他认为张氏扩建后的武威城，如果用今天的航拍，俯视之下的边墙形制应是“凸”字形，而不是四四方方。因此城的周长或许可与建康城相比，但肯定比不过洛阳城。

古代城市的扩建，原因是多方面的，但基本原因是适应政治经济文化发展的需要。拿五凉时代的姑臧城来说，历经张轨、张茂、张骏三代人的扩建和兴建，城市规模大了，楼台殿阁多了，不同的建设规划有不同的使用目的。张轨时，凉州政府初建，势必要增加城市设施，但在“南北七里，东西三里”的卧龙城内搞一些馆舍之类即可，又何须“大城姑臧”呢？而且张轨“大城姑臧”之举好像也没人提出非议，不像张茂修建灵钧台时那样，有人批评此举无故劳役百姓，并装神弄鬼借张轨名义向张茂提出警告。可见，张轨“大城姑臧”是从实际需要出发。当时凉州面对着“中州避难来者日月相继”的形势，人口陡增，匈奴留下的“卧龙城”规模狭小，已不能满足人口日增的要求，扩大面积以容纳更多人口势在必行。

关于永嘉之乱前后大量中原人口避乱到达河西之事，前文屡有述及。作为4世纪初河西历史上的重大事件，它使凉州人文环境发生了天翻地覆的变化，将原本地广人稀的凉州一下变成人口密集区域。下面，我们从东汉开始说这个变化过程。

东汉永寿三年（157）是东汉王朝最后一次清查全国户口，清查的结果是武威、张掖、酒泉、敦煌、金城五郡除酒泉郡，共有民户27 476户，合人口111 123口。其中人口数中不包括酒泉郡，原因是记载阙如。这里，我们不妨粗略估算一下。史载酒泉郡有人口12 760户，按每户3~4人计，合人口约51 000口。那么，永寿三年河西五郡总人口在16万上下。这作为一组数字。

西晋泰始元年（280），晋王朝结束三国纷争局面统一了中国，此后粗略统计人口，计得河西五郡外加新设立的西郡共六郡之地（实际辖地相当于过去的五郡）有户24 200，人口阙如。如仍按每户3~4人计算，总人口应在10万左右。这又是一组数字。

将以上两组数字做比较可以看出，西晋泰始年间河西总人口比东汉永寿年间人口减少了6万左右。这说明东汉到西晋初年，河西总人口呈下降趋势。

下面看看五凉开端时河西的人口情况：

西晋永宁初年（301），张轨出仕凉州，时去泰始初才不过20年时间，上述人口下降的趋势发生逆转。由于这时中原接连发生大乱，中原人口持续流入河西，张轨不得不新设武兴、晋兴两个侨郡以安置流民。如参照泰始年间各郡人口数，每个侨郡可安置8~9万户人家，以每户4口人算，两个侨郡受安置的总人口当在30~40万之间。那么粗略做估计，在4世纪初，河西新增人口不会少于40~50万。

最早避难来到河西的中原人家，应当是家业富厚的官宦人家，他们落脚的首选地自然是姑臧。张轨要对他们“礼而用之”，必须先做到“士庶有别”，不扩大姑臧城的规模是不行的。

当然，张轨“大城姑臧”也与名分有关。据史料，永兴中（304—306），晋惠帝加张轨安西将军，晋封安乐乡侯，邑千户。紧接着，张轨扩修姑臧城，这叫名正言顺。

张茂继张轨之后“复大城姑臧，修灵钧台”，完全出于政治和军事方面的考虑。张茂对这一点直言不讳。他对别驾吴绍说，修城筑台一是鉴于兄长张寔“怛然失身于物”，遭人暗算而死的教训；二是本着“王公设险，武夫重闭”原理，为防范突然到来的危机。

张骏时期，是姑臧城市建设的高潮时期。随着前凉的强盛以及王权的上升，张骏在其父祖两代人已完成的城建工程以外，另兴建起一座城池，与原先的老城连接。由于新城坐落于老城南边，称为姑臧南城，原来的旧城自然被称为姑臧北城了。张骏在南城修筑了谦光殿，以金玉装饰，作为朝廷集会的地方。在谦光殿四面各起一殿，以青、赤、白、黑四色相别，供他春、夏、秋、冬四季居住之用。四座旁殿的边上“皆有直省内官寺署,一同方色”，用作执勤官员和侍卫们办公、待命的场所。可见，这是一个规模宏大的宫殿建筑群。

也就是说，张骏以后，凉州府衙和武威郡衙可能依旧留在姑臧北城，而新建的南城是王宫专属地。所谓的东苑、西苑夹王宫而立，又称东城和西城。城内划出区域，一部分供禁卫军驻扎，里面有演兵场；一部分作为苑囿禁地，供作王室鹿场、果圃以及游玩宴乐之用。

这样区分后，北城就成了专门的凉州和武威地方政府所在地以及居民区。那么，五凉时代，武威城区的居民人口有多少呢？上面说过，北凉灭亡时北魏收得户口20万，可能这个数字是北凉全国户口数。如按每户4人计，北凉在编人口约为80万，如将不在编的隐户以及羌、鲜卑等民族人口计算在内，那么，总人数当在百万上下。即使按总人口80万计，当时北凉只占有河西四郡，这80万人中，武威郡怎么也应占到四分之一，即20万。这里举后凉时的例子，看武威到底有多少人口。后凉末年，沮渠蒙逊围攻吕隆统治的武威城，造成城内粮食短缺，每斗谷卖到5千文钱，“人相食，饿死者十余万口”。根据这个记载，当时武威城里居住的人口肯定在十万以上。就按饿死一半算，那人口也在20万以上。

一个拥有20万人口的城市，可以想见那它有着怎样的繁华。而这繁华还不仅表现在人口众多上，还表现在城市的景致上。五凉时代的建筑师和工匠们倾尽巧思，在武威城里建起鳞次栉比的亭台楼阁、水榭苑池，光称堂的有闲豫堂、湛露堂、琨华堂、宣德堂、游林堂等；称宫的有永训宫、永寿宫等；称殿的有谦光殿、龙翔殿、宜阳青殿、朱阳赤殿、政刑白殿、玄武黑殿、平章殿；称观的有宾遐观、飞鸾观、融明观等；称阁有万秋阁、紫阁；此外台有灵钧台。

作为武威城的交通设施，除“街衢相通”外，与街衢以及宫殿相连的城门总共有22个，它们各有其名。宫门南门叫端门，东门叫青角门。中城门叫广夏门，北门叫洪范门，南门叫凉风门，东门叫青阳门，还有史书对方向记述不明确的朱明门、当阳门、安昌门、九宫门等等。为数众多的城门通向四面八方，将武威城置于四通八达的交通网络中心。

五凉时代的凉州城，除南城宫殿群、东西苑以及北城署衙乃至太学、兵营等禁地外，凡不属于封禁的街衢两旁和坊肆区域为民居和商铺所在。当然，这种格局也许并非一成不变。史书记载，张天锡三年(366)，“西苑牝鹿生角，东苑铜佛生毛”，可见，即使东苑内的佛教寺院是专供王室礼佛或供奉佛教三宝之用，也一定有僧人居住其中。

至于武威城的城防，也可以说是固若金汤。作为王城的南城，除谦光殿及其四个配殿周围设有“直省”禁卫力量外，东西两苑都有驻军。

这点从郭麐起兵时谋划推王乞基挑头，认为“两苑之众”的劲旅都是王乞基部下，只要掌握了王乞基，军队必为己所用。这“两苑之众”平时可能就是“配厢值”，也就是担任武威城防，必要时随吕光亲征。沮渠氏家族在后凉初期就承担过类似防务。为保卫都城，武威城外也有大军屯扎。如北魏对北凉用兵时，原为南凉宗室的平西将军源贺给太武帝献方略说:姑臧城外有四部鲜卑，都是我祖父（指秃发乌孤父亲秃发思复鞬）旧日的部民。只须我在军前向他们“宣国威信，示以祸福”，他们必然相率投诚。外援一解除，姑臧成了孤城，攻打起来便易如反掌。这作为武威城外援的军事力量便是拱卫都城的武装。

可见，从张氏前凉起，姑臧城的建设就日渐往规模成型、功能完备的名邑大都方向发展。到五凉时代落幕时，它已成为集政治、军事、文化各项功能于一体的河西大都会。而在经济方面，它更是通货四方的贸易中心。早在前凉时，武威已设置“市长”，作为专管贸易的官吏。张骏时的市长谭详，他曾提议拿府库粮食放贷，秋后以“三倍征还”，被张骏训斥为是“反裘伤皮”之议。

五凉文化的兴盛，在很大程度上是与武威城的发展联系起来的。这里聚集着大量有志之士和饱学之士，是他们改变着凉州僻远落后的面貌，让五凉鲜活的文化呈现出有形和无形两个层面。

这里，我们借用唐代诗人元稹《西凉伎》的四句诗，看诗人听过的西凉州有没有五凉时代凉州城的影子。元稹诗说：

吾闻昔日西凉州。人烟扑地桑柘稠。

葡萄美酒恣行乐，红艳青旗朱粉楼。

# 时代文化的见证
## ——佛教石窟

如果说五凉时代的凉州城以及许多文化艺术作品现在已被历史的尘埃淹没了的话，那么至今保留在深山大漠中的五凉佛教石窟仍在默默地向今天的人们诉说着昨日河西走廊曾经的辉煌。

武威天梯山石窟是河西最早的佛教石窟，它被称作是中原佛教石窟的鼻祖。

记载中，五凉时代第一位在天梯上聚众传道的人是前凉初期的刘弘。

刘弘，京兆人氏（今西安市人），很可能也是永嘉时为避乱而流寓凉州的。史书说，张寔继父亲张轨坐镇凉州时，刘弘“挟左道，客居天梯第五山，燃灯悬镜于山穴中为光明，以惑百姓，受道者千余人，寔左右皆事之”。

天梯山位于武威市南约五十公里处，山中群峰叠嶂，草木繁茂，道路崎岖，山顶终年积雪。在古代，是僧人们修行的好地方。现存佛教石窟群既是僧人们修行和生活的场所，也是僧人和古代能工巧匠的杰作。由于石窟开凿早，影响深，被称为我国石窟鼻祖。现在一般认为，天梯山石窟创立于北凉，高僧昙曜亲身参与了营建，但并未注意到最早在天梯山传道的人叫刘弘。在史书中，将刘弘传道的场合称为“山穴”，它可能是自然形成，更可能是经过人凿斧削造成的。如果是后者，那刘弘无疑是天梯山石窟史的开篇者。刘弘所传的“道”，被张氏统治者列为“左道”，并说他以此蛊惑百姓，那是因为刘弘先说过“天与我神玺，应王凉州”的话，后来又发生了张寔被刘弘信徒阎沙、赵仰暗杀的事。一件有预谋有行为结果的公案昭然若揭，刘弘还能辞其咎吗？

仔细分析，刘弘所“挟”之“道”，并非张寔说的什么“左道”，所谓“燃灯悬镜”，是崇尚光明的意思，也正与佛教信仰符合。佛教诸佛中有燃灯佛，佛教将其列为过去佛，而列释迦牟尼为现在佛。燃灯佛也被称作燃灯道人或定光如来。据佛教故事说，释迦牟尼成佛前从定光如来受戒，因此燃灯佛还是释迦牟尼的师傅。《魏书·释老志》记载说，张轨以后的凉州，信佛已成风气，刘弘在天梯山的洞穴中燃灯讲经，招来信徒有千人之多，这不足为怪。但它又怎能酿成公案呢？这可能与张寔过于紧张和劳累导致的幻觉有关。事情是这样的：有一天，张寔仰面，见寝宫房梁之间似有影子晃动，再仔细看，是个有身无头的人像。张寔不由得一阵厌恶，由此落下心病。后来听人说，刘弘“天与我神玺，应王凉州”云云，以致连他身边的侍卫官阎沙和赵仰不但与刘弘攀上乡亲，还都成了刘弘信徒，密谋要谋害自己拥戴刘弘。将这一系列线索串联起来，张寔本着先下手为强，逮捕刘弘并将他处死。阎沙等不知道刘弘被杀，在当晚暗杀了张寔。张茂即位后，为兄报仇，诛杀阎沙及其党羽数百人。

透过上述事件的前因后果看，这个案子是有隐情的。但作为对五凉大事的记载，它包含着多方面的历史信息:第一，在张寔继其父接掌凉州的事情上，凉州是有不同声音的；第二，前凉初期天梯山已有佛教道场，无论刘弘“燃灯玄镜”的山穴是自然形成还是人工开凿，但它无疑是佛教石窟雏形；第三，刘弘本人不是僧侣，可能只是狂热的佛教传布者，很容易被官府视作旁门左道；第四，在正统的汉族士人眼里，佛教是“胡戎”信仰，张寔对佛教在身边迅速蔓延是有戒心的。

刘弘在天梯山石穴的佛事活动，应该作为天梯山佛教石窟的开篇。

天梯山形成佛教石窟群是在北凉以后。有关记载说沮渠蒙逊时，高僧昙曜亲自住持了天梯山石窟的开凿，后经北魏、北周、隋唐、西夏、宋元明清，历代都有营造。但它之所以被称为石窟鼻祖，是因为敦煌莫高窟的营建受到它的影响，特别是后来中原地区佛教石窟的营建，是步天梯山石窟后尘的青出于蓝而胜于蓝之作。原因是昙曜通过参与天梯山石窟营造积累了工程经验，后在北魏都城平城将经验发挥得淋漓尽致。公元460年—465年他主持完成的云冈昙曜五窟，就是继天梯山之后佛教石窟的经典之作。北魏迁都洛阳后，营建龙门石窟，其法式也受到天梯山石窟多方面的影响。

天梯山现存佛教石窟三层，包括大小石窟17处。其中的13窟是一座唐代大型石窟，窟高30米，宽19米，深6米。内有巨型释迦牟尼坐像一尊，坐像高28米，宽10米，凝神端坐，右臂向前伸开。释迦牟尼坐像两旁有文殊、普贤菩萨，广目、多闻天王以及迦叶、阿难六尊造像。造像各个神态庄重，沉稳威严。窟内南北两壁有大幅壁画，绘有青龙、猛虎、梅花鹿、树木花卉等。最引人注目的是大象和白马驮有发光的经卷的绘画，它反映了佛经从西域到河西的传播历程。

现存天梯山石窟的营建法式有三种：五柱型或称五塔型、中心柱型、覆斗顶型。

五柱型石窟的底面呈长方形，窟中央偏后有中心柱，四面开龛。窟的四隅各有一分层方型柱，与中心柱构成五柱型。因五座直立的拱柱各呈宝塔状，又被称作五塔型窟。

中心柱型石窟的底面近似呈正方形，中心有方柱直达窟顶，双层龛顶部四面成斜坡，形成覆斗形状的窟顶。

覆斗顶型石窟的底面近似略呈正方形，顶部是覆斗藻井，三壁开窟。

三种石窟类型中，前两种多为北凉和北魏石窟，后一种多为隋唐及后代石窟。一应石窟只有唐代大型窟保存一铺七躯造像，另外还有一些残存的北魏石佛头像和北周、隋代菩萨，以及唐代释迦说法像。石窟表面壁画多为西夏、元、明作品，剥离数层后始见北凉作品。北凉壁画风格别致，所绘菩萨大眼直鼻厚嘴唇，头发卷曲头戴宝冠，腰围长裙上身半裸，画风明显受西域影响，又兼具河西本土特色。线条与敦煌北凉壁画近似，呈现朴实古拙之美。

除过天梯山石窟，与北凉有关的佛教石窟还有位于今玉门市玉门镇西南50公里处的昌马石窟，位于今肃南裕固族自治县西北的文殊山石窟，位于今张掖市民乐县西南与肃南裕固族自治县交界处的马蹄寺石窟。其中马蹄寺石窟规模较大，由南寺、北寺、上中下三个观音洞、金塔寺、千佛洞等七处70多个石窟组成石窟群，而以金塔寺保存最为完整。金塔寺有东西两窟，距地面60多米，窟平面为方形，内有中心塔柱，现存彩塑造像200余尊。

五凉石窟营建史上最重大的事件就是敦煌莫高窟。唐武周圣历元年(698)，李怀亮（又名李克让）在《重修莫高窟佛龛碑》文中这样说：前秦建元二年，有一个法名叫乐僔的和尚，他“戒行清虚，执心恬静”，为找到适合自己的修行地，常独自在林间野地里踯躅。一天，他走到敦煌鸣沙山下，忽然看到山间有金光闪闪，隐隐好像千座佛像，随后他“架空凿岩，造窟一龛”。接着，又来了法良禅师，他在乐僔开凿的佛窟一侧又继续开窟。莫高窟佛窟的兴起，源于乐僔、法良二位。

按照李怀亮所述，莫高窟的营造始于前秦建元二年，也就是公元366年。其实，公元366年的河西是前凉天下，敦煌属于前凉的沙州管辖。十年后的公元376年，前秦灭掉前凉后，敦煌才归属前秦。把莫高窟始建与前秦联系起来，是混淆了历史。

关于莫高窟的始建时间，有据可查的是敦煌文书《沙州城土境》，其中记载莫高窟始建于永和八年癸丑岁初。永和是东晋穆帝司马聃的年号，八年是公元352年，这一年是前凉主张重华在位的第七年。这时前凉已掌控西域十多年，正是佛教徒们取道河西来去无阻期间。佛教徒东来西往途经敦煌时，最理想的休憩打坐之地便是远离尘嚣，矗立在宕泉河谷的鸣沙山东麓。其实，早于此前的西晋初年，月氏僧人竺法护已侨寓敦煌。比竺法护稍晚的高僧法猷（又称昙猷），他就是敦煌人氏，张重华在位时正是法猷在敦煌坐禅苦修期间。研究莫高窟的专家们认为，这些早期在敦煌出世的高僧们都有凿窟修行的可能，只是他们的事迹没被记录下来而已。但莫高窟在西晋时已成为佛教圣地，这已为“晋司空索靖题壁号仙岩寺”的文献所证明。

可见，早在西晋时，今敦煌莫高窟坐落的地方已有称作仙岩寺的佛寺。北朝至隋代，仙岩寺又被称作崇教寺。直到发现隋代营造的第423窟内墨书题记《莫高窟记》，莫高窟才闻名于世。把这些历史和乐僔等的事迹结合起来看，张氏统治时期是莫高窟佛教石窟诞生时期。

整个五凉时代是莫高窟石窟发展的重要时代，而发展的高峰时期在北凉，原因是五凉时代的北凉是佛教最昌盛的时期。

有关北凉与莫高窟结下的缘分，文献记载得详明而具体。《法苑珠林》在《敬佛事篇第一·北凉河西王沮渠蒙逊》条中说：“今沙州东南三十里三危山，崖高二里，佛像二百八十，龛光亟发。”这虽然是说《法苑珠林》成书期公元668年前后的情况，但强调的是沮渠蒙逊与莫高窟之间的关系，说明北凉对推动莫高窟的营建与佛教石窟文化的繁荣起了重要作用。目前莫高窟第268、272、275三窟，就是北凉作品。这三座石窟在建筑风格方面不尽相同，但内存壁画和造像无论内容还是题材，都彼此联系，互为补充。说明三座石窟是经过统一设计和营造的。

莫高窟现存的十六国、北魏、西魏、北周等魏晋南北朝时期的石窟有39座，北凉时期的三座石窟坐落在中心位置。这又说明莫高窟是以北凉三窟为基础逐步扩大规模的。也就是说，今天展现在我们面前的莫高窟是以北凉三窟为中心向南北两个方向延伸形成的庞大佛教石窟群。它的布局是：接北凉268窟向南，直至246窟，其中只有256窟有后代扩建的痕迹。接北凉275窟向北，石窟群分为上下两层，都是北朝时期的石窟。

莫高窟的艺术价值早已蜚声中外，它的艺术价值是不可估量的。北凉三窟作为开莫高窟先河的作品和五凉时代佛教石窟文化的代表作，无论它的石窟造型还是窟内的造像、壁画，都表现得别具风格。

先看第268窟。窟呈东西纵深走向，顶部平整，窟西壁开龛，龛内有泥塑交脚佛像一尊，窟顶部有壁画，这些都是北凉原作。其余壁画是北魏以后的作品。窟内南北二壁各有二禅窟，今编号为267、269、270、271窟，窟内画的千佛和供养人，是隋代作品。第268窟的形制与布局，在整个莫高窟中独一无二。

再看第272窟。它与268窟毗邻，位于268窟北侧。窟的平面呈方形，窟顶呈穹庐兼覆斗形。窟内西壁开龛，龛内有泥塑坐佛一尊。窟顶绘有莲花图案，四壁绘千佛及化生。所有造像绘画都是北凉作品。窟外南北两侧各开二禅窟，其中北窟编号为273窟。两禅窟内现存壁画是隋代作品。

最后是第275窟。它南邻272窟，东西纵向坐落。紧贴西壁有泥塑交脚菩萨一尊，南北二壁上方各开一圆券形和三阙形龛，龛内分别塑有思维菩萨和交脚菩萨，下部绘故事画。该窟造像和大部分壁画是北凉作品，有些壁画经后代加工。窟外门南侧开一小禅窟，今编号为274窟，顶部呈人字坡形，西壁开窟，里边原有塑像今已不复存在，壁画是隋代作品。

研究石窟文化的专家认为，北凉时期，由于以沮渠蒙逊为代表的统治者笃信佛教，以莫高窟为代表的佛教石窟文化应运而生，与此前的天梯山石窟文化构成了我国佛教石窟文化的开山之作。与石窟同时出现的是北凉在河西营造的众多佛教造像石塔。考古工作者在敦煌、酒泉已发现了十多座沮渠蒙逊和沮渠牧犍时期的造像石塔，它们在题材、内容、艺术风格等方面与莫高窟北凉三窟有共同的特点。

五凉时代随佛教盛传诞生在河西走廊的佛教石窟，是我国古代文化宝库中的一颗璀璨明珠。除史书以外，它最有资格为我们讲述五凉历史文化，它见证了一千六百多年前河西走廊的文明。

# 五凉文化的影响

陈寅恪在《隋唐制度渊源略论稿》中谈到五凉文化的影响时说："秦凉诸州西北一隅之地，其文化上续汉、魏、西晋之学风，下开魏、齐、隋、唐之制度，承前启后，继绝扶衰，五百年间延绵一脉，然后始知北朝文化系统之中，其由江左发展变迁输入者之外，尚别有汉、魏、西晋之河西遗传。"还说，"又西晋永嘉之乱，中原魏晋以降之文化转移保存于凉州一隅，至北魏取凉州，而河西文化遂输入于魏，其后北魏孝文、宣武两代所制定之典章制度遂受其影响。故此魏、齐之源其中亦有河西之一支派，斯则前人所未深措意，而今日不可不详论者也。"

陈先生是最早注意到五凉的国学家，他对五凉文化所做的价值评估，至今被着眼于古代甘肃历史的人们视为圭臬。他做出的河西文化、北朝文化、隋唐文化"五百年间延绵一脉"的著名论断，概括了五凉文化对历史的深远影响。翻检有关北朝以及隋唐的史书，许多篇章都刻有五凉文化留下的印记。可以说，五凉文化，史不绝书。

现在人们都知道一点，就是连创建了盛唐帝国的李渊、李世民、李隆基等在追踪家世时，都要拿李暠做标签。唐高祖李渊说李暠是他的七世祖，唐玄宗李隆基追尊李暠为兴圣皇帝。虽然这被陈寅恪先生视为"假冒牌"，但也说明大唐帝国时期对五凉时代的追思。这个现象从另一侧面反映着五凉文化的影响。

我们知道，五凉时代的文化成果引人注目，主要原因是五凉时代的河西走廊人才济济。无论是来自中原家世学术绵延不绝的衣冠才俊，还是自汉代以来祖祖辈辈生息于河西的士林翘楚，还有那些建造了城池和开凿了石窟的能工巧匠们，所有五凉的文化成果都是他们心血和汗水的结晶。公元439年，随着五凉时代落幕，北魏王朝将这各行各业的人才统统强行内迁，把他们搬到了自己的国都平城。从此，平城代替姑臧成了北方人文最发达的地方。而北魏王朝也开始步入了新的时代，那就是文教和制度建设的“文治时代”。司马光在《资治通鉴》中一言以蔽之，说由此做起点，“魏之儒风始振”。

平城时代的北魏，统治是很落后的。这是因为它的建立者鲜卑拓跋氏起家于漠北。太武帝拓跋焘通过武力入主中原后，鲜卑贵族以落后统治对待中原文明。由于自永嘉之乱后，魏晋王朝原有的礼乐制度散失殆尽，北魏入主中原后处于无典可依，无章可循的状况中，即使邯郸学步，也处处“多违旧章”。这种状况恰好给了被迁到平城的河西士人施展才能的机会。而北魏的政策是：虽将凉州“降户”列为“隶杂户”，但利用照旧。于是，许多高才硕学的人重新被分配工作。如索敞、常爽两人，他们被派去办学兴教，做鲜卑贵胄子弟的老师。经他们多年执教，平城的文教事业得到提振，涌现出一大批有汉族文化教养的新型官僚。索敞门下光尚书牧守就出了十多人。常爽的门徒有尚书左仆射元赞、平原太守司马真安、著作郎程灵虬等。

五凉文化留给后世的遗产以及对后来历史的影响，本书在前面已多有涉及。这里补充一点，那就是北朝制度建设与五凉文化的关系。

北魏孝文帝迁都洛阳后，北魏进入了政权汉化时代。这一时期，河西士人后裔作为制礼作乐的主力军，为北魏典章制度的创设发挥了重要作用。这里仅举李宝后裔李冲、李韶为例。

李宝是李翻的儿子，李暠的孙子。公元421年，北凉攻占敦煌，他与他的舅舅率西凉臣民2千人退往伊吾。公元442年，北凉残余势力在沮渠无讳带领下撤往西域后，李宝重返敦煌，并归附了北魏。两年后，他被征入平城，先任外都大官，后历任镇南将军、并州刺史、内都大官、镇北将军等职。李宝有六个儿子：李承、李茂、李辅、李佐、李公业、李冲。六个儿子中，小儿子李冲对北魏制度建设贡献最大。由于这个原因，李冲成为太和年间功勋卓著的人，深受孝文帝及文明太后宠信。而其家族也从此"贵盛无比"。孝文帝定族姓，将陇西李氏列为北方士族之冠，门第遥遥领先于北方其他士族。唐朝皇帝选择李暠做祖先，除去李暠西凉国君的身份外，也因为陇西李氏家族源远流长，贵盛无比。

李冲对北魏制度建设的贡献主要有两点，一是制定乐仪，二是议定三长制。

上面说过，北魏在灭北凉前，是一个朝堂无乐的国家。原因是中原的乐工在永嘉之乱时逃到了河西，他们把魏晋遗留下来的"器服"一并带到河西。前秦灭前凉后，作为乐部中的《清乐》虽部分被重新找到并回输长安，但前秦灭亡时，其"太乐诸伎"120人悉数被建立南燕的慕容德掠往广固（今山东益都西北）。慕容德弟弟慕容超继其兄为南燕主后，于公元405年请求后秦主姚兴放回被扣在长安的母亲时，姚兴提出用"太乐诸伎"来交换。就这样，被南燕掳去的太府乐工们才重返长安。但后秦不久为刘裕统率的东晋北伐军摧毁，刘裕撤军不久，赫连勃勃又占据长安，历经颠沛流离之苦的太府乐工们又不知逃亡到哪里去了。这就给北魏在乐仪方面留下了空白。

但历史也有峰回路转处。从永嘉年间算起，到苻坚从凉州往长安搬迁乐工，《清乐》已在河西流传半个世纪之久，它的余音深入人心。深受后凉、西凉统治者喜欢。于是，被称作《秦汉伎》或《国伎》的音乐在河西经久不息，被吕光小朝廷加入从龟兹带来的音乐元素，摇身变为《西凉乐》，在后凉亡国后，又被沮渠蒙逊的北凉朝廷全部继承。北凉亡国后，直接被北魏搬到平城，但它虽在太武帝以后开始使用，但毕竟不是华夏正音。于是，孝文帝迁都洛阳后，组织李宝后裔李冲、李韶、李彦等人根据他们家族流传的版本予以校正和修改，使其接近原先的《清乐》曲调及仪仗规制，供朝廷庆典和宴飨之用，从而有了北魏正式的乐仪。

李冲的另一项杰作是“三长制”的建立。史书记载说，北魏初期没有编户制度，依靠的是叫作“宗主督护”的办法向民间征发税收徭役。于是，宗主和百姓常通过瞒报户口和人头逃避税役。太和九年（485），孝文帝要推行“均田制”，要按人口授田和按户口征发赋税徭役，首先必须健全户口编制。在这种形势下，李冲设计了“三长制”。“三长制”的内容是把百姓按五家为单元进行编制。即五家为邻，五邻为里，五里为党。邻设邻长，里设里长，党设党长。三长管理代替了原来的“宗主督护”，从而使户口税役管理真正落实到了基层。也就是因为“三长制”消除了北魏长期存在的户口不实问题，加强了北魏统治功能。李冲才格外受到孝文帝和他祖母文明太后的青睐，并大大光宗耀祖了一把。

李冲的再一件功劳是主持和参与洛阳的兴建。史书记载，太和十七年（493），孝文帝命司空穆亮、尚书李冲、将作大匠董爵经营洛阳。但洛阳从规划到动工，都是李冲独当一面，这有史书记载为证。《魏书·李冲传》说：“李冲机敏有巧思，洛阳初基，安处郊兆，新起堂寝，皆资于冲。”所谓“皆资于冲”就是一切李冲说了算。陈寅恪在《隋唐制度渊源略论稿》中肯定了这一点，他还进一步认为北魏新洛阳城的规制参考了五凉时代的姑臧城。

李韶是李承长子，他在孝文帝延兴年间（471—478）袭爵姑臧侯，任仪曹令，主管礼仪方面的事。北魏朝廷修订车服及羽仪制度由他主持。孝文帝计划把国都从平成迁往洛阳，召他咨询意见，他回答道：洛阳是九鼎所在，有七百年建都历史，地理位置处于中心，各地进贡机会均等，最好的建都之地莫过于此。李韶的回答使孝文帝十分满意，让他兼任将作大匠并参定朝仪。可见，洛阳城的建设也有他的匠心。

到宣武帝时，河西士人后裔在北魏制度建设方面仍在发挥作用。常爽的孙子常景在修订《魏律》的过程中，从议定“科条”到参酌今古，再到排列律条次序和起草律文，每个环节都参与其中，直到《魏律》正式以20篇发布为止。后来常景又受命与太常刘芳撰定《朝令》。撰定《朝令》进行到中途，刘芳去世，最后由常景一人完成。常景在撰定《朝令》的同时，还负责《朝仪注》的编写，这部鸿篇巨制共50余卷，内容由注文和太和以来实行的朝仪组成。

五凉后裔能对北魏文治做出不朽贡献，既是北魏统治者对五凉文化有清醒认识的表现，也是李冲、常景等大批来自凉州的士人后裔在中原对五凉文化的弘扬。

陈寅恪在谈到五凉文化对后世的影响时举刑律为例，他说了如下一段话：

北魏刑律“汇集中原、河西、江左三大文化因子于一炉而冶之，取精用宏，宜其经由北齐，至于隋唐，成为两千年来东亚刑律之准则也”。

陈寅恪将“河西因子”作为北朝到隋唐制度的重要渊源，说明了五凉文化的历史地位及其历久不衰的影响和魅力。

# 后　记

本书是业师赵向群先生应甘肃教育出版社邀约而写。先生是五凉史研究的权威，有撰写《五凉史探》和《甘肃通史（魏晋南北朝卷）》的基础，写“五凉文化”自然最合适不过了。2012年下半年，老师刚接到稿约时，因我正好到西北师范大学读博士，有意与我一起完成，但老师考虑到我的学业任务重，当时我又正好参与兰州大学刘光华先生主持的“甘肃建置志”项目，于是决定自己单独完成。至2013年8月完稿，前后历时大约一年。其间几次到老师家中，偶尔遇到他感冒或身体不适，但因老师向来身体康健，因此也未想及其他，只是请老师注意身体而已。教师节前夕，侯文昌师兄打电话请老师一起过节，才知老师已在兰州军区兰州总医院住院多日。

我们第一次去医院看望老师，老师告诉我本书初稿已经完成，但因身体的原因，剩余的出版事宜让我去做，并特别嘱咐我为本书写篇后记。老师哲嗣晓东先生告诉我们，医院检查的结果是肺癌晚期，但老师当时还不知道自己的病情。我不敢相信身体向来很好的老师突患恶疾，因此一直心存侥幸，希望在他身上能有奇迹出现。此后我几次到医院探望，病床上老师交代的仍是本书的出版问题。11月初，当我把书稿的清样拿给老师看时，老师非常高兴，还笑着调侃道：“就是这本书要了我的命啊!”老师的阔达大度，令人怆然!2013年底，晓东先生把老师接到深圳治疗，我也没能去看望老师，而今想来，后悔不已。2014年元月的一天，晓东先生从深圳打来电话，再次询问本书出版事宜，老师以病弱之躯还在电话中叮嘱我一定把本书最后的工作做好。由于本书的出版计划在2014年，一时无法出版，因而老师到去世也没见到本书出版，留下无尽的遗憾。2014年春节前几天，我还与老师的女公子晓雯联系，虽不敢问老师的病情，但一直把心里的渴望看成事实，想着老师一定会好起来。哪料2月10日（正月十一日）接到晓东先生的短信，老师已于正月初一与世长辞，那次和老师的电话联系竟成永诀！回想往日与老师在一起的点点滴滴，不禁潸然!

赵师1942年生，原籍山西平遥，1966年毕业于兰州大学历史系，是当年聆听著名历史学家赵俪生先生系统讲授“中国通史”课的学生之一，深受赵俪生先生影响，他与陈家声、王劲、侯文惠等先生一起，被称作赵俪生先生在兰州大学历史系66届本科生中的“八大弟子”。兰州大学毕业后分配到天水工作，20世纪70年代中期调入西北师范大学历史系，历任讲师、副教授、教授，前后近四十年。先生治学严谨，学术领域宽广，在魏晋南北朝史、中国经济史、西北史等领域颇多建树，尤精于五凉史、经济史，代表著述有甘肃人民出版社出版的专著《五凉史探》《甘肃通史（魏晋南北朝卷)》，发表于《西北师大学报》《文史哲》等刊物的论文《西晋课田法新议》《河西著姓社会探赜》《汉晋之际河西经济区的变迁》《论十六国时期河西主要民族的地位和作用》《魏晋五凉时期河西民族融合中的羌化趋势》等。在担任西北师范大学历史系硕士生导师期间，指导的研究生先后有王万盈、王咏梅、方高峰、张小虎、张晓连、陈英、郭宏珍、翟桂金、许桂花、安瑛、刘小平、孙彦、侯文昌、常倩、洪卫中、张琳、贾小军等，目前大多在国内高校教学、科研一线工作，其中王万盈先生还是我大学期间的老师。

赵师语言机智幽默，板书美观大方，讲课深受学生欢迎。他所讲授的《魏晋南北朝史》《中国古代经济史》等课程颇受学生好评。当年老师形象地讲述《诗经·豳风·七月》中“同我妇子，馌彼南亩”时同学们大笑的情景，一如眼前。赵师一生潇洒和善，平易近人，不拘小节，对学生的提携和关怀也不拘一格。2005年，先生的大作《五凉史探》重印时，蒙先生不弃，我和洪卫中师兄、张琳师姐负责书稿校对事宜，老师还让我写一篇序言。我深感学识浅薄，既不敢领此大任，又觉得恭敬不如从命，最终勉力而为之，将自己学习《五凉史探》的心得写出来交给老师，老师欣然采纳。我本人也为此自豪过好长时间。而今想来，深为自己当年的年少无知而羞愧，更为老师不拘一格的提携而感激。我家境贫寒，老师了解我的窘境，经常周济于我。至今我家里还保存着一件当年老师送我的呢子大衣。而今睹物思人，倍感伤痛。

本篇《后记》最初写于2013年9、10月间，本来较短，只是交代受老师委托负责出版事宜等，因为老师去世，我又做了较大的修改。另外，书中所附图片是根据甘肃教育出版社要求由我选的，一部分是我在河西实地考察时所拍摄，还有一部分引自相关考古报告或文章，受本书体例限制，未能一一注明出处，在此深表谢意和歉意。

谨以这篇《后记》来表达我对赵老师的悼念和追思之情。

贾小军谨识

2014年2月15日